O PROFISSIONAL DO AMANHÃ

INTEGRANDO TECNOLOGIAS E PESSOAS PARA A FORÇA DE TRABALHO DO FUTURO

Alexandra Levit

O PROFISSIONAL DO AMANHÃ

INTEGRANDO TECNOLOGIAS E PESSOAS PARA A FORÇA DE TRABALHO DO FUTURO

TRADUÇÃO
UBK Publishing House

© 2019, Alexandra Levit
Copyright da tradução © 2020, Ubook Editora S.A.

Publicado mediante acordo com Kogan Page. Edição original do livro, *Humanity Works*, publicada por Kogan Page.

Todos os direitos reservados. Nenhuma parte deste livro pode ser utilizada ou reproduzida sob quaisquer meios existentes sem autorização por escrito dos editores.

COPIDESQUE	Rowena Esteves
REVISÃO	Larissa Oliveira e Iana Araújo
PROJETO GRÁFICO	Bruno Santos
CAPA	Kogan Page
ADAPTAÇÃO DE CAPA	Bruno Santos

Dados Internacionais de Catalogação na Publicação (CIP)
(Câmara Brasileira do Livro, SP, Brasil)

Levit, Alexandra
O profissional do amanhã: integrando tecnologias e pessoas para a força de trabalho do futuro / Alexandra Levit ; tradução UBK Publishing House. -- Rio de Janeiro : Ubook Editora, 2020.

Título original: Humanity works : merging technologies and people for the workforce of the future
Bibliografia.
ISBN 978-65-86032-73-4

1. Inovações tecnológicas I. Título.

20-36433　　　　　　　　　　　　　　　CDD-658.4063

Ubook Editora S.A
Av. das Américas, 500, Bloco 12, Salas 303/304,
Barra da Tijuca, Rio de Janeiro/RJ.
Cep.: 22.640-100
Tel.: (21) 3570-8150

Este livro é dedicado a todos os profissionais globais que constroem carreiras significativas e gratificantes no mercado de trabalho do futuro.

SUMÁRIO

Prefácio **9**
Introdução **12**

1. Este não é o mesmo mercado de trabalho dos seus pais **17**
2. Os avanços tecnológicos e o próximo capítulo da indústria **38**
3. Os humanos como commodities valorizadas **62**
4. Estruturas evolutivas de trabalho **93**
5. A mecânica da economia GIG do amanhã **117**
6. Escolha sua aventura — personalização de carreira **139**
7. O futuro da cultura e da experiência no local de trabalho .. **160**
8. Adeus, CEO careta **189**
9. O quebra-cabeça organizacional **211**

Agradecimentos **235**
Referências bibliográficas **236**

PREFÁCIO

Como alguém que dedica a vida e a carreira a pensar no futuro, as pessoas me perguntam o tempo todo sobre o futuro do trabalho. Querem saber que tipos de emprego vão existir, que tipos de novas habilidades inimagináveis serão necessárias, e o que a sociedade fará quando robôs e IAs acabarem com todos os empregos e nos substituírem. Há muito medo e incerteza lá fora, e essas conversas parecem sempre ter a mesma premissa angustiante: nosso trabalho e modo de vida estão sob ameaça de forças além do nosso controle. Que deprimente! Felizmente, o futuro do trabalho não é tão sombrio; na verdade, é muito animador.

Todos sabem que vivemos em uma época de disrupção e mudanças sem precedentes na economia e na força de trabalho. Quer você seja um CEO, um líder de equipe, um freelancer, um zelador ou um cozinheiro, pode sentir as placas tectônicas da economia movendo-se sob nossos pés e ao nosso redor. O medo é uma resposta humana natural à mudança, mas esses medos estão enraizados em um equívoco comum que assola tantas conversas sobre o futuro. É a noção implícita de que o futuro é algum tipo de inevitabilidade amorfa, "algo que está prestes a acontecer" e para o qual devemos apertar os cintos e nos preparar. É como se perdêssemos autoridade, tivéssemos poucas escolhas e estivéssemos sendo levados pela maré. Isso não poderia estar mais longe da verdade, e definitivamente não tem de ser o futuro dos nossos empregos ou empresas.

Durante toda a minha vida — e especialmente desde que assumi o comando da World Future Society em 2016 — fiz da minha missão mudar essa mentalidade comum, mas equivocada, sobre o futuro. A alternativa é o que eu chamo de "a mentalidade do futuro", e é tão simples e intuitiva que nos esquecemos do quanto é verdade: nós criamos o nosso futuro. O futuro é o que fazemos dele. Nós o criamos a cada ciclo trimestral, a cada dia de trabalho e a cada momento. Criamos o futuro em cada escolha que fazemos e em cada interação que temos.

É por isso que estou tão satisfeita que Alexandra tenha escrito este importante livro sobre um dos temas mais relevantes do nosso tempo. *O profissional do amanhã* é um guia essencial para as enormes mudanças que estamos fazendo coletivamente em nossos locais de trabalho e em nossos empregos. Os casos, pesquisas e análises de especialistas nestes capítulos ajudam o leitor a entender plenamente como os paradigmas da força de trabalho estão mudando. Alexandra também consegue, com sucesso, lembrar-nos constantemente da humanidade fundamental em todos os aspectos do mundo do trabalho. Melhor ainda, ela nos ajuda a pensar sobre os tipos de problemas e questionamentos que precisamos considerar para nos adaptarmos e comandarmos um mercado de trabalho em transformação.

O profissional do amanhã pode desempenhar um papel crucial ajudando líderes a entenderem como impulsionar as habilidades humanas na era do rápido avanço da tecnologia e da mudança. Para que as empresas tenham sucesso no século XXI, funcionários e colaboradores devem ver além das especialidades e cargos para se tornarem eternos aprendizes ágeis. Devem treinar para ver possibilidades não-lineares e se sentirem confortáveis com a ambiguidade. Este livro pode ajudá-lo a ir além da sua antiga meta de entregar ganhos sólidos e superar a concorrência. Ele pode ajudá-lo a aliviar o estresse das formas insatisfatórias e improdutivas de viver e trabalhar.

O trabalho não é apenas sobre renda ou sucesso: é sobre a energia que colocamos no mundo, o impacto que temos sobre os outros e o significado que damos para nossas vidas. Quanto aos robôs, eles podem fazer mais coisas por nós para focarmos nossa energia em sermos criativos e mais produtivos. Quando os velhos conhecimentos ou habilidades não são suficientes, temos que continuar aprendendo para que possamos nos tornar não apenas trabalhadores melhores e mais úteis, mas humanos melhores. Fazemos a escolha de sermos "jovens" ou "velhos": podemos envelhecer cronologicamente, mas as nossas mentes devem manter-se ágeis, ou ficaremos para trás. Se pudermos adotar a agilidade, empatia e curiosidade necessárias para este novo mundo, não há limite para o que podemos alcançar.

Somos os trabalhadores que estávamos esperando. **Somos o futuro do trabalho.** Temos que saber disso e reafirmar constantemente para podermos moldar o futuro que queremos.

Eu não poderia estar mais esperançosa e entusiasmada com a nova economia e a força de trabalho que estamos criando. Só precisamos assumir a nossa autoridade e criar o mundo que queremos. *O profissional do amanhã* é um recurso fundamental para construirmos um mundo de trabalho mais esperançoso e positivo.

Julie Friedman Steele
CEO, World Future Society
Chicago, IL

INTRODUÇÃO

Imagine o momento em que você está prestes a acessar um site. Uma mensagem surge na tela: comprove a sua humanidade. Você realiza um grande feito de inteligência, como somar 4 + 3, e acessa. Obrigada, WordPress!

No trabalho do futuro, provar a nossa humanidade não será tão fácil. E, além disso, pode ser ainda mais difícil provar por que alguém deveria se importar com o fato de sermos humanos.

De acordo com a consultoria global McKinsey (Manyika et al, 2017), com a ajuda de softwares de inteligência artificial (IA), quase cinquenta por cento das atividades dos trabalhadores já podem ser delegadas a uma máquina. A consultoria estimou setenta profissões, das quais noventa por cento das responsabilidades de trabalho podem ser automatizadas, desde correios e padeiros até contadores e técnicos de laboratório. Em 2001, a plataforma Watson, da IBM, derrotou um campeão humano no programa de perguntas e respostas, *Jeopardy*, mas não parou por aí.

Agora ela consegue diagnosticar câncer e fazer declarações de impostos complexas. De acordo com a PwC (Torlone et al, 2016), quase sessenta por cento dos CEOs planejam cortar empregos nos próximos cinco anos por causa da robótica, mas apenas dezesseis por cento dizem que planejam contratar mais pessoas por causa dela.

No outono de 2017, escrevi um artigo para o *The New York Times* sobre automação de trabalho. Eu disse que poderíamos confiar que em certas profissões, como professores e cuidadores, os seres humanos nunca seriam substituídos por robôs, devido ao alto nível de interação pessoal necessário.

Mas, de acordo com Richard Yonck, diretor executivo e analista da Intelligent Future Consulting, e autor do livro *Heart of the Machine* [*Coração da máquina*] (Yonck, 2017), nunca devemos dizer nunca. "A partir de meados dos anos 2000, devido ao aprimoramento de hardwares e algoritmos de computador, avançamos em relação ao *deep learning* (aprendizagem profunda). Como resultado, estamos desenvolvendo programas de computação emocional e softwares conscientes dos nossos humores e intenções e que são capazes de responder em conformidade."

No Japão, o rápido envelhecimento da população e a diminuição da força de trabalho levaram a avanços significativos na robótica social. A Riken e a Sumitomo Riko Company lançaram o Robear, um robô de enfermagem que parece um urso alto e branco e que pode levantar os pacientes da cama e ajudá-los a se mover. Forte, gentil e nada ameaçador, o Robear pode conversar e interagir com os pacientes.

Em um mundo onde robôs podem fazer mais e mais, onde isso nos deixa como humanos? Como os líderes construirão equipes humanas integradas que possam competir em um mundo de negócios em constante evolução e disrupção enquanto permanecem produtivas, sãs e capacitadas para o mercado?

Comecei a pensar sobre isso aos doze anos. Crescendo nos subúrbios de Washington, D.C., eu adorava ler e assistir ficção científica com meu pai. Gostava dos livros da série *O jogo do exterminador*, enquanto meu pai preferia *Jornada nas Estrelas: A Nova Geração*. Um dia, nós cruzamos duas cidades até a sede da World Future Society (WFS). Lá, conhecemos as previsões sobre a vida no século XXI. Minha invenção favorita era algo chamado televisão interativa — uma minitelevisão portátil que nos permitia escolher a música que queríamos ouvir, ou o filme que queríamos assistir. Em 1988, era fascinante pensar em conseguir entretenimento instantâneo, sob demanda. Os dias de deixar o rádio ligado, com a esperança de que o DJ tocasse o último *single* da Madonna, tinham passado. Eu estava obcecada com aquelas ideias. Naquele momento, decidi que queria ser futurista — ou alguém que faz previsões baseadas nas tendências atuais — quando crescesse.

Claro que a WFS tinha razão. A televisão interativa foi a precursora do dispositivo que ninguém mais larga: o smartphone. E eu também tinha razão: tornei-me futurista. Para isso, no entanto, tive que me reinventar, assim como os líderes de hoje devem fazer se quiserem orientar suas organizações na direção certa. Eu precisei focar no objetivo.

Quando me formei na Universidade de Northwestern, fui trabalhar em uma grande empresa de relações públicas em Nova York. Levei alguns anos para aprender como as coisas funcionavam, e percebi que não era sustentável para mim no longo prazo. A competição era muito feroz. O trabalho era extremamente estressante. Os dias eram muito longos. Eu queria ter uma família e precisava de uma carreira que me permitisse passar tempo suficiente com meus futuros filhos. Além disso, meu patrão me odiava. Pouco a pouco, comecei a colocar as peças no lugar para criar minha própria consultoria sobre o futuro dos negócios e do trabalho. Escrevi alguns livros e trabalhei de graça. E, quando o meu primeiro filho nasceu, em 2008, tomei a decisão de abrir o meu negócio.

Hoje, sou a futurista que sonhei que seria, e também sou uma verdadeira empregada do século XXI. Nas últimas seis semanas, trabalhei para uma dúzia de clientes diferentes, participei de quatro equipes virtuais e fiz duas teleconferências no meio da noite. Tento antecipar o que meus clientes precisam e considerar maneiras de resolver seus problemas antes mesmo que eles saibam que os têm. Eu mantenho meus olhos na evolução do mercado para poder mudar de direção se necessário.

Quando não sei como fazer algo que as pessoas estão pedindo, faço um curso on-line aberto, *massive open online course* (MOOC). E o mais importante, eu me concentro em ensinar as organizações a fazer a mesma coisa, para si mesmas e para seus funcionários.

Não somos observadores passivos à espera de que as coisas aconteçam. Pelo contrário, podemos determinar as circunstâncias, incluindo as que compõem o mundo do trabalho e que são mais significativas para nós, e podemos dar passos para tornar esta vida uma realidade. Podemos pensar sobre o que está acontecendo em nossas organizações, ajustar nossas metas para que estejamos preparados, podemos agir e podemos, é claro, fazer correções ao longo do caminho. E é exatamente isso que vamos fazer aqui. Os nove capítulos seguintes explorarão a demografia, os avanços tecnológicos, as estruturas de trabalho, as prioridades organizacionais, os modelos de liderança, as carreiras individuais e os papéis humanos que se concretizarão nos próximos anos. Ilustrando as principais conclusões com pesquisas acadêmicas, minhas próprias pesquisas com organizações como Business Roundtable, Deloitte, MBO Partners e a Career Advisory Board da Universidade DeVry, estudos de caso, entrevistas com especialistas e histórias interessantes, espero que o livro incite curiosidade, criatividade, inovação e otimismo conforme sua empresa avança em direção aos meados do século.

Eis o que encontrarão nos próximos capítulos. O capítulo um explora as mudanças demográficas, a maior participação dos *baby boomers* no mercado de trabalho, as previsões de escassez de competências e o aumento da mão de obra multinacional e das reservas globais de talentos. No capítulo dois, vamos falar sobre o papel da automação e das máquinas inteligentes na concepção e gestão de organizações eficazes do século XXI. O capítulo três examina como as profissões humanas mudarão nos próximos quinze anos, bem como as competências que irão garantir que suas equipes humanas possam manter parcerias com máquinas, e como você, como líder, pode incentivar maneiras novas e mais ágeis de aprendizagem.

O quarto capítulo foca no trabalho em equipe, no horário flexível, na colaboração virtual e *swarms* (ou mutirão), bem como na administração de tecnologias de acesso remoto como realidade aumentada, realidade virtual e telepresença, enquanto o quinto investiga os fatores que impulsionam o crescimento da economia GIG, e por que o trabalho por contrato é atraente tanto para empregadores quanto para empregados.

O capítulo seis explora a personalização de carreiras, ajudando os líderes a promoverem movimentos laterais ou em rede, o desenvolvimento de funcionalidades cruzadas, integração trabalho/vida e tecnologias vestíveis na jornada de carreira da sua equipe.

O capítulo sete mergulha nos aspectos culturais que irão impulsionar o sucesso organizacional em longo prazo e identifica os componentes da experiência ideal do funcionário do século XXI, incluindo como facilitar interações significativas em cada fase do ciclo de vida do funcionário e como usar essas interações para impulsionar o engajamento e o desempenho.

O capítulo oito traça a evolução do estilo de liderança de comando e controle para uma abordagem mais transparente, adaptável, plana e adequada ao local de trabalho em meados do século XXI, enquanto o capítulo final se concentra nas peças centrais do quebra-cabeça organizacional — da marca e ética à ruptura e expansão — que os líderes devem integrar até o momento em que as realidades da força de trabalho de 2030 baterem à nossa porta.

Cada capítulo irá destacar dois estudos de caso ou questões, que são projetados para lhe dar ideias concretas sobre como alguns de nossos conceitos mais abstratos podem ser implementados em um ambiente de negócios do mundo real. Cada um também conclui com um plano de ação para impulsionar o seu pensamento e começar a trabalhar em resultados que irão solidificar a sua preparação para uma equipe e organização prontas para o século XXI.

Lembre-se: cientistas da computação e engenheiros não constroem o futuro. Nós construímos. Vamos começar.

1
ESTE NÃO É O MESMO MERCADO DE TRABALHO DOS SEUS PAIS

Em uma conferência recente, conheci um jovem de dezesseis anos chamado Josh. Ele aguardou pacientemente depois da minha sessão para poder apresentar-se. Em seu terno feito sob medida, gravata listrada e sapatos brilhantes, Josh parecia muito mais velho. Apenas suas meias, com losangos neon, entregavam a verdadeira idade de Josh e seu lugar em uma geração de jovens altamente motivados, mas também individualistas.

Josh disse que frequentou uma ótima escola especializada em matemática e ciências. Mesmo assim, as aulas não eram suficientemente desafiadoras para ele, então, todos os dias, ele estudava on-line, resolvendo problemas difíceis de física com estudantes da Ásia. Josh queria perguntar se eu achava que devia ir para a faculdade. "Sinto que posso aprender tudo o que preciso virtualmente", disse ele. "E minha futura competição no trabalho estará on-line, e não na sala de aula de uma universidade americana."

Graças à diminuição constante das taxas de natalidade nos Estados

Unidos e à recessão, Josh faz parte da relativamente pequena geração Z, que inclui pessoas nascidas entre 1996 e 2012. Eu também fazia parte de uma pequena geração, conhecida como geração X, de pessoas nascidas entre 1964 e 1979, mas quando me formei na faculdade, era um vale-tudo. Simplesmente não havia pessoas da geração X suficientes para preencher as necessidades das organizações dos Estados Unidos. Um gen X talentoso podia ter qualquer trabalho que quisesse.

Mas Josh tinha razão, a situação dele é muito diferente. Não há tantos gen Z assim nos Estados Unidos, mas o quanto isso importa? Josh não vai competir por empregos com outros americanos. Em vez disso, terá que concorrer de igual para igual com os melhores candidatos em sua área no mundo. É por isso que ele está estudando física com esses jovens, e por isso que não tem certeza se uma universidade americana será o melhor uso de seu tempo e dinheiro.

Antes de nos aprofundarmos em como vamos trabalhar nos próximos anos, é útil entender quem vai trabalhar. As forças gêmeas da demografia e da globalização afetarão quem procura emprego e onde. Neste capítulo, vamos abordar as mudanças demográficas documentadas, a participação duradoura dos *baby boomers* no mercado, a escassez de competências projetada e o aumento contínuo da força de trabalho multinacional e das reservas globais de talentos.

A QUEDA DAS TAXAS DE NATALIDADE AFETA A POPULAÇÃO

Quando o Censo dos Estados Unidos fala em crescimento populacional, os americanos estão acostumados a ouvir boas notícias. Mas os números mais recentes são um pouco preocupantes. Conforme relatado no *Wall Street Journal* (Adamy e Overberg, 2016), a população aumentou em apenas 0,7 por cento, a menor taxa de crescimento desde os anos da Grande Depressão de 1936 e 1937. Em 2016, a taxa de fertilidade nos Estados Unidos caiu para o ponto mais baixo desde que começou a ser registrada, há mais de um século, de acordo com os Centros de Controle e Prevenção de Doenças dos Estados Unidos. A taxa geral de natalidade — o número de nascimentos para cada mil mulheres entre 15 e 44 anos — no fim de 2016 era de apenas 59,8 nascimentos para cada mil mulheres (Park, 2016).

Isso não é novidade para os europeus. Em muitos países desse continente, a taxa de crescimento é inferior aos níveis de substituição, o que significa que a população está diminuindo. E isso não é necessariamente uma razão para entrar em pânico. Afinal, as taxas de natalidade caíram drasticamente nas nações desenvolvidas durante a Revolução Industrial e logo após a Primeira Guerra Mundial, e todos se recuperaram.

A população das nações industrializadas será impulsionada em grande parte pela imigração. Segundo D'Vera Cohn, analista do Pew Research Center, esses países se tornarão ainda mais diversos nas próximas décadas (Cohn, 2016). Até 2055, por exemplo, os Estados Unidos não terão uma única maioria racial ou étnica. Atualmente, quase catorze por cento da população nasceu fora do país, contra apenas cinco por cento em 1965. A Ásia substituiu a América Latina como a maior fonte de novos imigrantes, e a imigração africana vem duplicando a cada década desde 1970.

Entretanto, a população no mundo em desenvolvimento está explodindo. De acordo com o Fundo de População das Nações Unidas, os avanços nos medicamentos modernos e a melhoria das condições de vida reduziram significativamente a mortalidade de recém-nascidos, crianças e grávidas, contribuindo para o aumento da expectativa de vida. Embora os níveis de natalidade tenham diminuído, eles não reduziram no mesmo ritmo que os níveis de mortalidade (United Nations Population Fund, 2017).

Graças à melhoria das expectativas de vida e aos elevados níveis de natalidade, há mais mulheres em idade reprodutiva hoje em dia. Isso contribuirá para um número relativamente elevado de nascimentos, mesmo que essas mulheres tenham, em média, menos filhos. A população dos países menos desenvolvidos do mundo dobrará até 2050 e, em alguns países, poderá até triplicar (United Nations Population Fund, 2017).

A Índia está em vias de se tornar o país mais populoso do mundo até 2050, com 1,6 bilhões de pessoas. Depois, há a China. A nação asiática tem atualmente a maior população do planeta, e chegará a 1,45 bilhão em

2030. A política do filho único da China foi recentemente alterada para permitir que todas as famílias chinesas tenham dois filhos, elevando o número de nascimentos no país para 17,86 milhões em 2016 (BBC, 2017).

O que essas tendências populacionais significam para a sua força de trabalho e o que se pode fazer para garantir que suas operações não sejam prejudicadas pela escassez de mão de obra? Você saberá no fim deste capítulo.

OS MILLENNIALS DOMINAM A FORÇA DE TRABALHO

Desde 2015, os millennials, ou pessoas nascidas entre 1980 e 1995, tornaram-se maioria da força de trabalho. Ao pensar em millennials, com frequência imaginamos jovens que demoram a amadurecer, repletos de dívidas enormes e vivendo com os pais. Eu deveria saber, converso com as organizações sobre os millennials (também conhecidos como geração Y) desde que eles começaram a entrar no mercado de trabalho, em 2002.

Mas a verdadeira imagem dessa geração hoje é bem diferente. Recentemente, trabalhei com a Deloitte para realizar um estudo sobre a liderança dos millennials, pesquisando 1.200 profissionais líderes em oito países: Brasil, Canadá, China, Alemanha, Índia, México, Reino Unido e Estados Unidos. Também entrevistamos 38 líderes de opinião e líderes empresariais dos oito países sobre suas atitudes e preocupações em relação à liderança da geração millennial.

De acordo com nossa pesquisa, cinquenta por cento dos millennials atualmente empregados já correspondem à nossa definição de líder, o que significa que eles têm autoridade para tomar decisões e pelo menos dois subordinados diretos. Quarenta e quatro por cento deles têm apenas três a cinco anos de experiência, mas 41 por cento têm quatro ou mais subordinados diretos. Em contraste, na mesma idade, a maioria dos *baby boomers* e gen X ainda estava em posições de nível júnior (Smith e Turner, 2017).

As organizações não prepararam adequadamente esses jovens profissionais para serem gerentes, e isso é percebido. Dos millennials que ocupam cargos de liderança atualmente, apenas 36 por cento disseram que se sentiam prontos quando assumiram o cargo e trinta por cento ainda não se sentiam prontos no momento da pesquisa, citando a gestão de pessoas ou situações difíceis, a falta de experiência e a condução de conflitos como suas principais preocupações ao assumir um papel de liderança (Smith e Turner, 2017). Globalmente, os desenvolvimentos da força de trabalho que discutiremos nos próximos capítulos serão impulsionados em grande parte pelos millennials e suas preferências, mesmo quando as gerações X e Z ganharem influência e os *boomers* continuarem atuando.

A DESAPOSENTADORIA DOS *BOOMERS*

Quase vinte por cento dos americanos com 65 anos ou mais estão trabalhando, de acordo com os dados mais recentes da Secretaria de Estatísticas Trabalhistas dos Estados Unidos (Desilver, 2016). Essa é a maior população de cidadãos mais velhos empregados desde a década de 1960, antes dos Estados Unidos promulgarem o sistema Medicare. Isso, combinado ao fato dos *baby boomers* — ou os nascidos entre 1946 e 1963 — estarem atingindo a idade tradicional de aposentadoria em massa, significa que os Estados Unidos têm o maior número de trabalhadores mais velhos da sua história. Até 2020, espera-se que um terço dos trabalhadores britânicos tenha mais de cinquenta anos (Ansell, 2016).

Vários fatores influenciam a extensão de carreira recente dos *baby boomers*. De acordo com as Nações Unidas, a China está envelhecendo mais rapidamente do que qualquer outro país na história recente. A taxa dos que dependem da aposentadoria na China poderá atingir 44 por cento até 2050. Esse índice compara a diferença entre aqueles que não fazem parte do mercado de trabalho e aqueles que estão trabalhando, e um valor tão alto irá colocar uma enorme pressão sobre as fontes governamentais e pode forçar muitos chineses idosos a voltar a trabalhar de alguma forma (Rapoza, 2017).

Enquanto isso, o Transamerica Center for Retirement Studies descobriu recentemente que quase metade dos trabalhadores americanos idosos estava passando por problemas financeiros que os forçava a continuar trabalhando. Alguns estão se aposentando mais tarde do que o planejado porque a crise financeira devastou suas poupanças, enquanto outros não tinham nem reservas. Outros ainda estão lutando contra a escalada do custo de vida em suas regiões e com o fato de que a previdência social não é a galinha dos ovos de ouro que já foi (Transamerica Center for Retirement Studies, 2016).

As necessidades de cuidados de saúde, que aumentam, compreensivelmente, à medida que as pessoas envelhecem, custam mais do que custavam no passado. No momento em que este livro é escrito, o site da Fidelity diz que "este ano, um casal com 65 anos e aposentado pode gastar cerca de 245 mil dólares em cuidados de saúde durante a aposentadoria, em relação aos 220 mil do ano passado. O número aumentou 29 por cento desde 2005, que era de 190 mil dólares" (Fidelity, 2015).

Para além dos desafios de saúde normais, o *baby boomer* médio vive mais e é fisicamente capaz de trabalhar mais tempo do que o indivíduo médio nas gerações anteriores. Como George Lorenzo relatou em um artigo recente da Fast Company, o Pew Research Center descobriu que os *baby boomers* não se consideram velhos até cerca dos 72 anos. "A maior parte das noções culturalmente antigas e distorcidas sobre como se aposentar estão rapidamente se tornando ultrapassadas", escreve Lorenzo. "Muitos *boomers* já não se veem jogando paciência, golfe, pescando e relaxando durante o restante dos seus dias" (Lorenzo, 2016).

Isso está de acordo com a minha experiência. Meus sogros nasceram em 1942 e são membros da geração tradicionalista. Com 62 anos, eles deixaram seus empregos, mudaram-se para a Flórida e nunca mais pensaram em trabalhar novamente. Mais de uma década depois, eles ainda gostam de passar seus dias com os amigos em sua comunidade de aposentados. Jogam mah-jong e tênis e comem várias refeições. É como um acampamento para idosos.

Meu pai, por outro lado, é um *baby boomer*. Ele se "aposentou" perto dos setenta anos, mas não se adaptou nem um pouco ao novo estilo de vida. Ele tinha muito tempo livre nas mãos. Eu o observava andar pelo apartamento, suspirando e reclamando de doenças misteriosas, até que finalmente sugeri que ele conseguisse um emprego de meio período. Então, meu pai começou a ensinar psicologia e estatística on-line, e depois se inscreveu como voluntário em uma casa para desabrigados. Ele só recuperou a sua saúde mental e física depois de ter preenchido a agenda com atividades produtivas.

Meu pai não é uma exceção. Segundo o artigo de Lorenzo, um estudo realizado pela Rush University Alzheimer's Disease Center, em Chicago, aponta para uma vida de propósito (identificada como tendo um forte senso de sentido, que frequentemente provém do emprego remunerado essencial e/ou trabalho voluntário) como altamente conducente à redução da suscetibilidade ao AVC, demência, problemas de movimento, incapacidade e morte prematura (Lorenzo, 2016).

E um fator crítico é que muitos *baby boomers* gostam de estar empregados. A pesquisa da Transamerica, por exemplo, mostrou que mais de um terço das pessoas com mais de 65 anos ainda estão empregadas porque gostam de trabalhar e querem permanecer ativas. Em um artigo para a Bloomberg, Ben Steverman afirma que a educação tem um papel aqui. "O Center for Retirement Research do Boston College descobriu que as pessoas com diplomas universitários e de pós-graduação tendem a trabalhar até mais tarde em relação àqueles com menos escolaridade", diz ele (Steverman, 2017).

Enquanto os *boomers* precisam e querem trabalhar, a maioria não quer fazê-lo integralmente, por muitas horas, como fizeram no início de suas carreiras. Em um artigo para o blog Knowledge@Wharton, Stewart Friedman, diretor do Work/Life Integration Project da Wharton, disse que esta década inaugurou a era da aposentadoria sob medida. Friedman sugeriu que a transformação dos mercados de trabalho vai ser cada vez mais útil para as pessoas que querem trabalhar menos, mas que ainda querem ser ativas. "Já não é tudo ou nada", diz ele. "Vamos ver cada vez mais pessoas que atingem a idade de aposentadoria fazendo coisas que lhes permitem continuar trabalhando em meio período e continuar a serem ativos de forma a poderem utilizar os seus talentos" (Knowledge@Wharton, 2016).

No mesmo artigo do blog Knowledge@Wharton, Joseph Quinn, professor de economia do Boston College, e Kevin Cahill, economista pesquisador do Sloan Center on Aging and Work do Boston College, relataram os padrões de saída do mercado de trabalho. Eles afirmam que sessenta por cento dos trabalhadores que abandonam suas principais carreiras acabam por fazer outra coisa. "Nós encontramos um número razoável de pessoas, quinze por cento, que ficaram fora por cerca de quatro anos e depois voltaram ao mercado de trabalho", diz Quinn. "Chamamos isso de 'desaposentadoria'. As pessoas voltam por causa das finanças ou porque estão muito entediadas" (Knowledge@Wharton, 2016).

Como é esse trabalho? Bem, muitos dos *boomers* de hoje estão felizes por abraçarem a economia GIG. É um ambiente em que as vagas temporárias são comuns e as organizações contratam trabalhadores independentes para compromissos de curto prazo; vamos falar sobre isso com muito mais detalhes no capítulo cinco. A empresa de compartilhamento e modelo de economia GIG, Uber, recentemente alegou que tem mais motoristas com mais de cinquenta anos do que menos de trinta. A economia GIG fornece aos *boomers* a oportunidade de alcançarem um trabalho que consideram gratificante pessoalmente.

A Encore.org é um exemplo de organização conhecida por dar segundas oportunidades, e tem prestado numerosos serviços relacionados aos *boomers* idosos, incluindo o The Purpose Prize, que foi dado a mais de quinhentos inovadores acima dos sessenta anos que levaram suas competências e talentos para comunidades em todo o mundo. Outra empresa, a Experience Matters, reúne *boomers* e organizações sem fins lucrativos de forma a beneficiar ambos.

Mesmo os *boomers* que só querem ganhar dinheiro têm opções infinitas na economia GIG. "As oportunidades para trabalhar como freelancer, consultor, vender produtos e serviços on-line tornaram-se possibilidades reais para os boomers", contou Nancy Collamer, autora de *Second-Act Careers: 50+ Ways to Profit from Your Passions During Semi-Retirement* [*Carreiras do segundo ato: mais de cinquenta maneiras de lucrar com sua paixão durante a semiaposentadoria*], à Fast Company. "A quantidade de dinheiro necessária para iniciar um negócio on-line é muito menor do que se você tentasse estabelecer um negócio físico" (Lorenzo, 2016).

Uma última razão, mas igualmente importante, para que os *boomers* trabalhem por mais tempo é que os empregadores querem que eles fiquem. Embora a discriminação de idade seja real quando se trata de contratar *boomers* para novos empregos, aqueles que já estão empregados muitas vezes percebem que têm a vantagem quando se trata da aposentadoria. Quando as empresas percebem que eles são ricos em conhecimento institucionalizado, que é difícil de substituir, elas passam a oferecer benefícios, tais como programas de aposentadoria faseada; uma maneira de os trabalhadores reduzirem o número de horas de trabalho enquanto aproveitam os benefícios da aposentadoria por etapas ou trabalhos flexíveis e de meio período.

De acordo com o blog Knowledge@Wharton, citado anteriormente, o governo dos Estados Unidos, confrontado com uma onda massiva de aposentadorias por vir, tem implementado essa ideia em muitas das suas agências. Com as leis anteriores, os funcionários que já podiam se aposentar, mas queriam continuar em meio período tinham pouco incentivo econômico para isso, uma vez que os benefícios da aposentadoria seriam muitas vezes iguais ou superiores ao que seria o seu salário trabalhando em meio período.

O programa de aposentadoria faseada do governo permite que os trabalhadores se aposentem de parte de seu emprego, enquanto continuam fazendo outra parte do trabalho e ganhando benefícios adicionais da aposentadoria proporcionais ao novo nível de emprego. Em troca, alguns trabalhadores são requeridos a dedicar vinte por cento do seu tempo a orientar as novas gerações de trabalhadores.

A aposentadoria dos *boomers* será uma questão importante para as organizações até a década de 2030 e, em meados do século, começaremos a enfrentar a aposentadoria dos millennials. E toda vez que há um grande número de pessoas se aposentando, as organizações tendem a sofrer interrupções causadas pela perda de conhecimento institucional, despesas associadas à contratação e treinamento, e déficits de produtividade à medida que os novos funcionários começam a entrar no ritmo.

Portanto, é fundamental que os líderes desenvolvam soluções mais sofisticadas para evitar a fuga de cérebros. Ser mais proativo com respeito à aposentadoria é um bom primeiro passo. Analise a demografia em sua região, indústria e empresa para determinar quando os segmentos de sua população de funcionários estarão se aposentando, e quais habilidades e conhecimentos essenciais levarão consigo. Então, não deixe simplesmente seus funcionários de alta performance saírem porta afora sem manterem uma conexão com a empresa. Pergunte-lhes sobre seus planos, e se eles estariam interessados em permanecer em um papel de mentor, consultor ou em tempo parcial. Se você sabe que alguém está saindo, encoraje uma transferência de conhecimento contínua e detalhada que, dependendo do funcionário, pode envolver reuniões individuais, documentos on-line, *wikis* ou tutoriais em vídeo.

Destaque
Programa de aposentadoria faseada da Ford

Na *Harvard Business Review*, Rebecca Knight compartilhou a história de Julie Lavender, diretora de relações pessoais e políticas de empregados da Ford. Julie disse que ficou nervosa quando Maria, uma de suas melhores funcionárias, que havia trabalhado na montadora por quase trinta anos, anunciou os planos de se aposentar.

Julie tinha inicialmente entrado em pânico porque Maria tinha uma função complicada trabalhando em compras governamentais e *compliance*. Maria também era extremamente detalhista e tinha relacionamentos profissionais muito próximos que tinham demorado para serem construídos. Ela seria uma funcionária muito difícil de se perder.

Com a aprovação de Julie, Maria candidatou-se ao programa de aposentadoria por fases da Ford, que permite aos futuros aposentados trabalharem em meio período durante seis meses com pagamento integral. Sua candidatura foi aceita e Julie ficou imediatamente aliviada. Ela sabia que a situação de Maria em meio período lhe permitiria recrutar e treinar seu substituto da melhor maneira possível.

Julie viu em Kelly uma boa sucessora. No início, Maria optou por trabalhar três meses em tempo integral e depois ter três meses de folga com pagamento em tempo integral, mas o *timing* foi desafiador, já que Kelly estava lidando com uma promoção recente, bem como negociações sindicais. Então Maria decidiu passar a trabalhar em meio período, dando a ela mais tempo com Kelly.

Julie supervisionou as duas funcionárias enquanto Kelly e Maria trabalhavam juntas em um plano de transição abrangente. A transferência de conhecimento foi facilitada por um sistema Ford baseado em tecnologia que permitiu a Maria armazenar informações de referência para Kelly, incluindo códigos de acesso, instruções de escrita de relatórios e detalhes de contato. Maria também apresentou Kelly a todos os principais *players*, internos e externos, que eram pertinentes ao sucesso no cargo.

No fim, Maria desembarcou e Kelly subiu a bordo de uma forma que demonstrou respeito e apreço por Maria e confiança e entusiasmo por Kelly. Quando a licença remunerada de Maria acabou, ela foi a convidada de honra de uma festa da empresa e garantiu a Kelly e outros colegas que eles poderiam entrar em contato a qualquer momento com perguntas ou preocupações. Melhor de tudo, ela provavelmente estava falando a verdade (Knight, 2016).

A ESCASSEZ DE MÃO DE OBRA E AS DISCREPÂNCIAS DAS COMPETÊNCIAS

De acordo com um artigo recente da Society for Human Resource Management (SHRM) de Pamela Babcock, o economista chefe do Conference Board, Gad Levanon, afirmou em uma conferência sobre aquisição de talentos que o mercado de trabalho está se estreitando. Isso deve-se, em parte, ao fato dos trabalhadores se aposentarem, mas um abrandamento da produtividade do trabalho é também um fator a ser levado em conta. Nos últimos cinco anos, a produtividade de trabalho no setor não agrícola (um subconjunto da economia excluindo as seguintes atividades: administração pública geral, residências privadas, organizações sem fins lucrativos a serviço de particulares e das explorações agrícolas) cresceu apenas 0,5 por cento ao ano, diferentemente dos dois a três por cento na década anterior à recessão de 2008. Enquanto isso, o desemprego caiu para cinco por cento, o que os economistas consideram pleno emprego (Babcock, 2016).

Não haverá praticamente nenhum crescimento da população em idade ativa até 2030, o que significa problemas para os líderes organizacionais que já têm dificuldade em contratar e reter trabalhadores qualificados. O índice de escassez de mão de obra do Conference Board compara as faltas esperadas para a década seguinte baseadas em circunstâncias como o quanto de crescimento é esperado de uma área de mercado, quantas pessoas serão contratadas ou se aposentarão, se é necessário educação ou experiência para realizar o trabalho, quão flexível é a área, se um diploma é necessário e se as posições podem ser deslocadas ou feitas remotamente ou por trabalhadores estrangeiros (Babcock, 2016).

O envelhecimento da população combinado com a reforma do sistema de saúde significa uma escassez enorme e global de profissionais de saúde. Muitas categorias de emprego, incluindo os terapeutas ocupacionais e físicos, podem crescer até quarenta por cento até 2024. A procura também ultrapassará a oferta em várias profissões STEM, sigla em inglês para ciência, tecnologia, engenharia e matemática, com a maior escassez projetada no domínio da matemática (por exemplo, atuários e estatísticos).

No artigo de Babcock, Levanon comentou que as posições de trabalho do comércio especializado (como maquinistas, operadores de fábricas e sistemas, e eletricistas) também estão em alto risco, em parte porque muitas pessoas estão se aposentando e poucos trabalhadores mais jovens querem ingressar na área. Por exemplo, 42 por cento dos trabalhadores do transporte ferroviário deverão se aposentar na próxima década. A automação resolverá algumas dessas falhas, mas, como falaremos no próximo capítulo, quanto mais complexo for o trabalho, mais difícil será confiá-lo a uma máquina.

Atualmente sou presidente de uma organização sem fins lucrativos, o Conselho Consultivo de Carreira, que foi criado pela Universidade DeVry em 2010 para oferecer orientação que ajude os candidatos a um emprego a avançarem. Nosso estudo de pesquisa anual, o Job Preparedness Indicator [Indicador de preparação para o trabalho] (JPI), rastreia as lacunas entre o que os gerentes de contratação estão procurando e o que os candidatos estão oferecendo. Uma iteração recente da JPI mostrou que, apesar da globalização e da tecnologia disponível para explorar candidatos de qualquer lugar, a maioria das empresas ainda prefere contratar localmente. De fato, 75 por cento dos gerentes de contratação disseram que não estavam dispostos a realocar candidatos de outros lugares (Levit, 2014). Isso significa, no entanto, que as organizações podem não ter as habilidades exatamente onde são necessárias.

Os estados de Nevada, Arizona e Flórida, que ainda estão se recuperando da crise imobiliária, têm um desemprego acima do normal e não estão sofrendo a escassez de mão de obra de, digamos, Nova York. Outro fator que afeta os estados é a composição etária ou a proporção de pessoas de três a dezessete anos e de cinquenta a 64 anos. Até 2030, todas as pessoas que atualmente têm entre três e dezessete anos estarão em idade ativa, e a maioria das pessoas que hoje tem idades compreendidas entre cinquenta e 64 anos estará fora do mercado de trabalho.

À medida que nos aproximamos de 2030, o que as organizações podem fazer para lidar com a escassez de mão de obra e a inadequação das competências geográficas? Babcock sugere avaliar as condições futuras do mercado de trabalho por ocupação e região. Visar grupos de trabalhadores anteriormente inexplorados, incluindo novos imigrantes, trabalhadores mais velhos que adiam a aposentadoria e trabalhadores desmotivados ou subempregados. Uma vez que certos setores e regiões sofrerão uma escassez mais significativa do que outros, seja flexível nas suas políticas de contratação. Por exemplo, em vez de insistir em uma contratação local que venha fisicamente ao escritório todos os dias, considere se o trabalho pode ser feito remotamente por alguém que viaje até a empresa uma ou duas vezes por mês.

Também é possível considerar a possibilidade de realocar as operações, e não apenas uma vez. Como o ex-CEO da Manpower, Jeffrey Joerres, disse em uma entrevista recente à *Harvard Business Review*, com Amy

Bernstein, a localização dos *pools* de talentos não é constante. "Estamos vendo habilidades sob demanda surgirem em diferentes áreas de um país ou do mundo. Durante alguns anos, o melhor lugar para encontrar desenvolvedores de TI foi a Cracóvia, depois passou para Kiev, porque a Cracóvia ficou saturada", diz ele. "É uma mentalidade nômade que significa que você deve estar pronto para se mudar quando necessário." Essa abordagem, chamada de análise de micromarket ou *microfoot printing*, envolve uma mudança rápida de trabalho de um país para outro para ficar à frente dos concorrentes (Bernstein, 2016).

Se você precisa de um exército de talentos e os soldados certos não parecem existir, dê um passo atrás. Discutiremos no próximo capítulo, e mais adiante no livro, como é mais fácil do que nunca recrutar precisamente os trabalhadores que você necessita quando se precisa deles.

Destaque
O mercado de trabalho global da saúde em 2030

O setor de saúde é uma das indústrias que serão mais significativamente afetadas pela mudança demográfica e pela escassez de competências. Em 2013, Jenny Liu e seus colegas pesquisadores do Instituto Nacional de Saúde (National Institute of Health, NIH) usaram dados de 165 países do Observatório Global de Saúde da Organização Mundial da Saúde para prever a demanda por profissionais da área em 2030. O modelo foi baseado no crescimento econômico, demografia e cobertura de saúde, e previu que, até 2030, a demanda global por profissionais na área aumentará para 80 milhões de trabalhadores (Liu et al, 2017). Trata-se do dobro do número atual, mas prevê-se que a oferta desses profissionais atinja apenas 65 milhões no mesmo período.

Estamos, portanto, perante uma escassez líquida mundial de aproximadamente quinze milhões de trabalhadores da saúde.

Liu e seus colegas propuseram que o crescimento da demanda por profissionais de saúde será maior entre os países de alta e média renda no leste e no sul da Ásia, impulsionado pelo crescimento econômico e populacional e pelo envelhecimento. Esses países enfrentarão escassez de mão de obra porque a procura excederá a oferta. Em contrapartida, muitos países de baixa renda enfrentarão um baixo crescimento da demanda e da oferta, ambos muito abaixo do que será necessário para alcançar uma cobertura adequada dos serviços essenciais de saúde.

Em algumas nações menos desenvolvidas, a demanda pode ficar abaixo da oferta projetada, levando a trabalhadores de saúde excedentes em uma especialização em países que enfrentam escassez aguda em outra especialização. Esse é um exemplo clássico do tipo de incompatibilidade de competências de que falamos anteriormente.

Então, o que podemos fazer? Felizmente, Liu e seus colegas acreditam que a escassez global projetada para 2030 pode não ocorrer se a produtividade do trabalho puder ser aumentada com um melhor uso da tecnologia, melhor desenvolvimento de competências e reformas institucionais.

Isso exigirá que a comunidade internacional determine que tipo de investimentos adicionais são necessários para aumentar o número de profissionais de saúde nos países que enfrentam a escassez. Temos também de encontrar uma forma de alcançar uma maior produtividade e eficiência com uma capacidade limitada no número desses profissionais disponíveis, bem como uma distribuição e mobilização mais eficazes dos profissionais dentro dos países e entre eles.

Os pesquisadores do NIH indicaram que há oportunidades para adaptar a trajetória do número e dos tipos de profissionais que estão disponíveis para atender às metas de saúde pública e à crescente demanda por profissionais em países de alta e média renda, especialmente. Os ganhos de eficiência apoiados pela tecnologia e a alteração da combinação de competências contribuirão para que sejam necessários menos trabalhadores para fornecer níveis de serviço equivalentes.

No entanto, não é assim tão simples. Existe também a possibilidade de os avanços tecnológicos poderem aumentar o âmbito e a complexidade das intervenções de cuidados de saúde e conduzir a uma procura ainda maior de profissionais altamente qualificados. Tanto o governo como a indústria devem manter-se a par desses desenvolvimentos para que possamos criar as políticas mais eficazes em tempo real (Liu et al, 2017)

O APROVEITAMENTO DOS *POOLS* DE TALENTOS GLOBAIS

Os avanços tecnológicos nas últimas duas décadas revelam que o país de origem e a etnia de cada um já não ditam onde se pode trabalhar. Os países em desenvolvimento estão produzindo tantos trabalhadores qualificados como os países desenvolvidos, e mesmo as pessoas que residem em áreas rurais distantes podem competir de maneira eficaz se tomarem a iniciativa de adquirir as competências certas. A colaboração pode ocorrer facilmente através de fronteiras e fusos horários.

"As vagas de emprego, que anteriormente só podiam ser anunciadas em jornais locais, por uma rede pessoal de contatos ou agências de recrutamento nacionais, são agora disseminadas por toda a parte pela internet", escreve a SHRM Foundation no seu artigo, "Engaging and Integrating a Global Workforce" ["Envolvendo e integrando uma força de trabalho global"]. "Funcionários com mentalidade global podem identificar oportunidades no exterior ou em empresas multinacionais por uma variedade de canais on-line como o LinkedIn" (SHRM Foundation/ Economic Intelligence Unit, 2015).

À medida que nos aproximamos da metade do século, o número de canais provavelmente aumentará exponencialmente, mas ainda haverá limitações. Embora você possa enviar seu currículo de qualquer lugar, qual é a probabilidade de um gerente de contratação de um país considerar um candidato de outro? Além do viés do gerente de contratação, funcionários com mentalidade global precisarão superar desafios logísticos e uma mudança potencial para o tipo de trabalho flexível que discutiremos com mais detalhes no capítulo cinco.

As organizações voltadas para o amanhã estarão ainda mais preocupadas em aumentar a produtividade sem alterar o número de funcionários, levando a uma mudança da mentalidade de posse de talentos para a mentalidade de atração de talentos. Uma das possibilidades é construir uma estratégia externa, global e de base tecnológica que se concentre nos trabalhadores contratados e na terceirização, e que tire partido dos salários competitivos internacionais dos freelancers.

Braden Kelly, arquiteto de negócios sociais da pioneira de inovação, Innocentive, concordou com essa abordagem, comentando: "Duas das habilidades de trabalho mais importantes nesse novo mundo serão a capacidade do indivíduo e da organização para desconstruir o trabalho em unidades portáteis que possam ser executadas por uma mistura de talentos internos e externos, e construir um plano para distribuir, agregar, integrar e executar as partes componentes para atingir o objetivo geral do projeto" (Kelley, 2014). Fiquem atentos, porque falaremos muito mais sobre isso no capítulo cinco.

A globalização da força de trabalho, no entanto, está sendo impulsionada por mais do que apenas tecnologia. De acordo com o documento de pesquisa da SHRM Foundation, a liberalização do comércio e o afrouxamento das barreiras comerciais proporcionam benefícios, incluindo o adiamento ou a eliminação dos deveres aduaneiros e isenções fiscais, e têm incentivado as empresas a se expandirem internacionalmente e a comercializar seus produtos e serviços em uma escala global. As maiores empresas do mundo se estenderam através das fronteiras até o ponto em que há mais operações e funcionários em outras partes do mundo do que em seus países de origem.

Em um artigo para a SHRM intitulado "Tapping into the global talent market" ["Entrando no mercado global de talentos"], Lynn Shotwell, diretora executiva do Conselho para a Imigração Global, e Andrew Yewdell, especialista em imigração global do mesmo conselho, sugeriram que uma economia futura bem-sucedida continuará a depender do movimento transfronteiriço de capital humano. "A entrega eficiente de bens e serviços dependerá do talento estrangeiro encontrado na cadeia de abastecimento", escrevem. "Corresponder à procura transfronteiriça de talentos é um dos maiores desafios de capital humano do século XXI" (Shotwell e Yewdell, 2016).

Shotwell e Yewdell especularam que o processo mais urgente relacionado ao acesso aos *pools* de talentos globais está relacionado às políticas e processos de migração que obstruem o acesso oportuno, previsível e flexível a talentos. Por exemplo, nos Estados Unidos, o limite insuficiente do visto H-1B e os limites anuais de *green cards* criam um gargalo de talentos, impedindo que os empregadores contratem os imigrantes altamente qualificados de que precisam. Do mesmo modo, no Reino Unido, o Brexit pode ter um impacto negativo na contratação de trabalhadores de outros países da União Europeia. E, segundo eles, à medida que os governos implementam sistemas de rastreamento eletrônico mais sofisticados e investem em mais auditorias de registros de empregadores, mesmo um trabalho breve, casual e inocente sem as devidas permissões pode resultar em multas, interdição, danos à reputação e até mesmo penalidades criminais para executivos globais e funcionários.

"Ao gerenciar operações globais de talentos, o cumprimento das autorizações de trabalho e residência não deve ser a única área de preocupação", dizem Shotwell e Yewdell. "Os empregadores devem monitorar cuidadosamente o cumprimento das leis fiscais, das leis anticorrupção — como a Lei de Práticas de Corrupção no Exterior dos Estados Unidos e a Lei do Suborno do Reino Unido — e das leis que regulam o recrutamento internacional de mão de obra, como a recente Lei da Escravidão Moderna britânica. Em alguns casos, a vigilância deve estender-se à gestão da cadeia de abastecimento, como é o caso da Lei de Transparência da Cadeia de Suprimentos da Califórnia."

Como Shotwell e Yewdell apontaram, gerenciar a mobilidade global é demorado e incerto. Podemos pressionar por melhores processos de migração, mas eles não acontecerão da noite para o dia, e obstáculos inesperados podem atrasar a contratação ou a implantação de funcionários estrangeiros essenciais (Shotwell e Yewdell, 2016).

O aproveitamento de *pools* de talentos globais acarreta outros riscos. Nem toda educação é gerada de forma igual, e as diferenças culturais às vezes desempenham um papel mais importante do que gostaríamos. Embora as organizações multiculturais e sua variedade de experiências diversas muitas vezes permitam maior criatividade e inovação, elas também podem gerar problemas de comunicação. Uma abordagem global, na qual uma empresa contrata funcionários locais que também entendem o mercado maior da organização, é essencial e será discutida em maior detalhe mais adiante no capítulo final.

À medida que mais empresas se tornam multinacionais, o desafio de certificar-se de que os valores organizacionais abrangentes são implementados de forma consistente ocupa o primeiro plano. Há também preocupações sobre a divergência de padrões morais e éticos em uma era de crescente escrutínio e supervisão, para não mencionar os dilemas da propriedade intelectual.

Apesar dos riscos potenciais, os benefícios dos *pools* de talentos globais superarão em muito as desvantagens. Aqui estão estratégias para ter em mente ao se aventurar no novo território da expansão do mercado de talentos:

- **Compreender as complexidades envolvidas na contratação no novo mercado.** Os regulamentos que envolvem tudo, desde as políticas de mobilidade global e de migração até as autorizações e a gestão do trabalho contratual, variam de país para país.
- **Ouvir os especialistas no mercado de talentos.** Eles podem ajudá-lo a compreender os riscos e oportunidades de encontrar um mercado e a contratar dentro dele, além de promover uma integração eficaz depois de começar.
- **Procurar aconselhamento para traduzir sua cultura, valores e políticas.** Você vai querer ter certeza de que eles fazem sentido na nomenclatura do novo mercado e de que incentivam a colaboração entre uma força de trabalho diversificada.
- **Estabelecer comunidades de talentos digitais.** As propriedades on-line mostram o seu conhecimento da força de trabalho local e oferecem uma oportunidade de interação em tempo real com potenciais contratações efetivas e/ou freelance no novo mercado.
- **Considerar enviar pessoas da sede em missões de curto prazo.** As temporadas de três a seis meses na nova região irão garantir que existam ligações confiáveis entre o centro e os raios de atuação.

Obviamente, a tecnologia desempenhará um papel fundamental à medida que você se expande para novos mercados de talentos. No próximo capítulo, falaremos sobre o papel da automação e das máquinas inteligentes na criação de uma força de trabalho global mais eficiente.

PLANO DE AÇÃO

Como líder, você deve fazer um brainstorm com executivos seniores, líderes de pensamento da indústria e membros da equipe para responder às seguintes perguntas. A evolução de suas respostas ao longo do tempo garantirá que você esteja bem preparado para o mercado de trabalho de 2030:

1. Em que faixa etária se encontra a maioria dos seus empregados? Como isso mudará nos próximos dez anos?
2. Como você está treinando seus líderes da geração millennial em ascensão para tomar as rédeas de sua organização? O que pode fazer para melhorar o desempenho de seus atuais líderes dessa geração?
3. Como você vai garantir a transferência efetiva de conhecimento de seus *baby boomers* se aposentando? Como se adaptará ao desejo dos *boomers* de contribuir por mais tempo?
4. Que escassez de habilidades sua organização está enfrentando agora? Suas lacunas estão diminuindo ou aumentando? Se elas estão se alargando, o que você pode fazer para corrigi-las?
5. Se você está em uma organização multinacional, como pode fazer um melhor trabalho de crescimento e apoio à sua força de trabalho global?
6. Se a sua organização não se expandiu internacionalmente, como você pode começar a mergulhar na reserva global de talentos? Quais barreiras podem impedir o sucesso?

RESUMO DO CAPÍTULO

- Enquanto millennials se tornaram a maioria da força de trabalho global, os *baby boomers* atingiram a idade da aposentadoria fazendo um arranjo que lhes permite trabalhar menos horas e permanecer ativos usando seus talentos.

- Apesar da queda nas taxas de natalidade, a população em nações mais desenolvidas será impulsionada em grande parte pela imigração. Entretanto, a população do mundo em desenvolvimento está explodindo devido aos avanços dos medicamentos modernos e à melhoria das condições de vida.
- As organizações podem enfrentar a escassez de mão de obra e a inadequação das competências geográficas com a avaliação das condições futuras do mercado de trabalho por setor e região. Procure por grupos de trabalhadores anteriormente inexplorados, incluindo novos imigrantes, trabalhadores mais velhos que adiaram a aposentadoria e trabalhadores desestimulados ou subempregados. Uma vez que certos empregos e localizações sofrerão uma escassez mais significativa do que outros, seja flexível nas suas políticas de contratação.
- Estamos passando de uma mentalidade de posse de talentos para um mindset de atração de talentos, que pode ser apoiado por uma estratégia de talentos externa, global e de base tecnológica.
- A questão mais urgente relacionada ao acesso a *pools* de talentos globais envolve políticas e processos de migração que obstruem o acesso oportuno, previsível e flexível aos talentos.

2
OS AVANÇOS TECNOLÓGICOS E O PRÓXIMO CAPÍTULO DA INDÚSTRIA

Estou dentro de uma fábrica de ferramentas elétricas. Como todas as fábricas, esta tem muitas máquinas e barulho. Mas ao contrário da maioria delas, não tem muitas pessoas. Conto seis indivíduos em um espaço do tamanho de um campo de futebol.

"Onde estão os empregados humanos?" pergunto à minha guia. Ela aponta na direção de uma sala de controle escondida. "O resto da nossa equipe está lá em cima, mas restam poucos de nós."

No auge da Revolução Industrial, milhares de homens teriam ocupado este espaço. Mas a fábrica no século XXI é completamente diferente. As linhas de produção desta fábrica são controladas pela Internet das Coisas, ou *Internet of Things* (IoT).

Nos próximos cinco anos, haverá pelo menos cinquenta bilhões de dispositivos conectados entre si por meio da IoT. Esse termo refere-se a qualquer objeto com um interruptor de liga/desliga que pode falar diretamente com outro objeto com botão de liga/desliga sem um constante envolvimento humano. À medida que mais dispositivos estão on-line em diferentes tipos de redes, seu alcance se amplia.

Na usina de ferramentas elétricas, as linhas de produção conversam entre si, informando-se mutuamente quando o volume de produção precisa acelerar ou desacelerar, ou quando há uma peça ou material com problemas, que são identificados por sensores de localização em tempo real. De acordo com a empresa de consultoria global McKinsey, o impacto econômico potencial do uso de IoT em 2025 estará entre 3,9 trilhões e 11,1 trilhões de dólares, e cerca de 1,2 trilhões a 3,7 trilhões serão destinados a aplicações IoT especificamente dentro do ambiente de fábrica (McKinsey Global Institute, 2015).

No futuro, "todos os 'objetos de fábrica' serão integrados em rede", e a "hierarquia de controle tradicional será substituída por uma auto-organização descentralizada de produtos, dispositivos de campo e máquinas", escrevem Detlef Zühlke e Dominic Gorecky em um artigo para o Fórum Econômico Mundial (Zühlke e Gorecky, 2017). E apesar do sucesso desta fábrica em particular, Zühlke e Gorecky não esperam que a indústria de fabricação delegue tudo à IoT imediatamente. Em primeiro lugar, temos de resolver alguns problemas urgentes, incluindo a interoperabilidade, a comunicação caótica e a dificuldade em determinar o retorno do investimento.

Mesmo quando a manufatura inteligente ganhar uma estabilidade, o papel da humanidade estará longe de ser obsoleto. Por um lado, Zühlke e Gorecky estão contando com pessoas e suas organizações para resolver os problemas mais difíceis da IoT. Eles sugeriram que o melhor uso da IoT em um ambiente de fábrica é por meio de uma plataforma neutra que conecta provedores e usuários de tecnologia, independentemente de sua situação competitiva no mundo dos negócios. As empresas terão de trabalhar em conjunto para desenvolver normas independentes e "tecnologias e modelos empresariais próprios para utilização em ecossistemas abertos".

Na fábrica que estou visitando agora, a colaboração entre vários fornecedores está definitivamente em jogo, e isso me lembra outra implementação de IoT que testemunhei recentemente. Voei para Nova

York a pedido da Xerox, que estava lançando uma nova série de impressoras multifuncionais *self-service* em lojas Staples. A Xerox e a Staples trabalharam em conjunto para imaginar e criar um centro de negócios no qual os celulares e aplicativos baseados em nuvem dos clientes se conectassem a todos os dispositivos da loja — desde impressoras de nível empresarial a leitores de cartão de crédito — de modo que os proprietários de pequenas empresas possam entrar e sair sem falar com um único humano.

De pé na loja da Quinta Avenida, percebi o quão longe tínhamos chegado, a ponto da Xerox simplesmente enviar uma máquina pré--configurada para uma loja Staples para os funcionários a conectarem. E quem foi o responsável por essa colaboração? Você adivinhou: os inovadores humanos de ambas as empresas que identificaram uma necessidade do cliente e descobriram a melhor forma de alavancar a tecnologia para resolvê-la.

Para comprovar, os quase dois milhões de robôs industriais que trabalham em fábricas em todo o mundo hoje ilustram que há menos seres humanos na fábrica de ferramentas elétricas que estou visitando agora (International Federation of Robotics, 2016). Mas os que restam têm empregos muito importantes. Os empregados no chão da fábrica nem sempre tinham educação secundária e, no passado, seus trabalhos podem ter consistido em ações de rotina como apertar um parafuso. Mas hoje eles possuem a habilidade única de cuidar das máquinas que automatizam a colocação do parafuso. Esses humanos sabem como as máquinas funcionam, seus pontos fortes e limitações, e como corrigi-las quando apresentam mau funcionamento ou quebram.

Na sala de controle, o papel dos gestores humanos tornou-se muito mais estratégico. Eles têm total visibilidade sobre as operações da planta e são constantemente chamados a tomar decisões de alto nível que afetam diretamente o resultado final. Seu julgamento e intuição são necessários com regularidade, em especial quando suas linhas de produção inteligentes fazem conexões que parecem fazer sentido, mas paradoxalmente não são do melhor interesse do negócio. Por exemplo, um gerente humano pode anular a decisão de uma linha de usar menos um tipo de material porque, embora possa ser rentável, teria implicações negativas para a segurança.

Em outras palavras, a procura por mão de obra pouco qualificada pode ter diminuído, mas a procura por mão de obra altamente qualificada subiu, e continuará a subir. No livro *The Second Machine Age* [*A segunda era da máquina*], Erik Brynjolfsson e Andrew McAfee detalharam a invenção da máquina a vapor, no século XVIII, que deu início à Revolução Industrial e nos permitiu superar as limitações da força muscular (humano e animal) e gerar enormes quantidades de energia útil sempre que preciso. Isso levou às fábricas, às ferrovias, à produção e aos transportes em massa, e à vida moderna em geral. "Agora vem a segunda era da máquina", dizem Brynjolfsson e McAfee. "Computadores e outros avanços digitais estão fazendo pelo poder mental — a capacidade de usar nosso cérebro para entender e moldar nossos ambientes — o que a máquina a vapor e seus descendentes fizeram pelo poder muscular" (Brynjolfsson e McAfee, 2014).

Neste capítulo, vamos discutir algumas das especificidades dessa transformação, começando com o crescimento da Indústria 4.0 no mundo da manufatura e seguindo por uma visão geral de *bots*, *big data* e implementações de aprendizagem profunda, computação afetiva, e aprimoramento humano via tecnologia.

A ASCENSÃO DA INDÚSTRIA 4.0

A fábrica de ferramentas elétricas é um exemplo vivo da Indústria 4.0, uma criação do governo alemão que descreve a próxima fase da fabricação, conhecida como a revolução pós-informação. O Boston Consulting Group (Gerbert et al, 2015) descreveu claramente os nove pilares do avanço tecnológico que sustentam a Indústria 4.0, os quais devemos entender para competir efetivamente nos próximos dez a vinte anos. Vamos resumi-los brevemente aqui (já comentamos sobre alguns e abordaremos a maioria dos outros ao longo do livro):

- **Internet Industrial das Coisas (IIoT)**. Mais dispositivos serão conectados entre si e controladores serão centralizados.
- **Cibersegurança**. A necessidade de proteger os sistemas industriais críticos e as linhas de produção contra ameaças aumentará drasticamente.
- **Nuvem**. A Indústria 4.0 exigirá maior compartilhamento de dados entre locais e fronteiras da empresa.
- **Manufatura aditiva**. São as tecnologias que constroem objetos 3D adicionando camada sobre camada de material, quer seja plástico, metal, concreto e assim por diante. Com a Indústria 4.0, os métodos de fabricação de aditivos produzirão pequenos lotes de produtos personalizados que oferecem vantagens de construção como design complexo e leve.
- **Integração horizontal e vertical do sistema**. *Cross-company*, as redes universais de integração de dados evoluirão e permitirão cadeias de valor automatizadas.
- Big data e análise. A coleta e a avaliação exaustiva de dados de muitas fontes diferentes apoiarão a tomada de decisões em tempo real.
- **Robôs autônomos**. Os robôs se tornarão mais autônomos, flexíveis e cooperativos.
- **Simulação**. Simulações 3D de produtos, materiais e processos de produção irão espelhar o mundo físico em um modelo virtual.
- **Realidade aumentada**. No mundo virtual, os operadores aprenderão a interagir com máquinas clicando em uma representação cibernética.

O quão longe estão as organizações de hoje no que diz respeito ao pleno desenvolvimento da Indústria 4.0? Essa é uma pergunta de um milhão de dólares que a empresa de consultoria global PwC se propôs recentemente a responder em um projeto de pesquisa em larga escala.

Em um artigo para a Strategy Business, os pesquisadores da PwC, Reinhard Geissbauer, Jesper Vedsø e Stefan Schrauf, delinearam uma abordagem de sobrevivência (Geissbauer et al, 2016). Eles questionaram mais de duas mil empresas de 26 países nos setores de produção industrial, incluindo aeroespacial e de defesa; automotivo; químico; eletrônico; engenharia e construção; produtos florestais, papel e embalagens; manufatura industrial; metais; e transporte e logística.

Os resultados foram promissores. Quase um terço dos entrevistados disse que sua empresa já havia alcançado níveis avançados de integração e digitalização, e espera-se que 72 por cento cheguem a esse ponto até 2020. Quase um quarto das melhorias esperadas, tanto na economia de custos como nas receitas, deverá ultrapassar os vinte por cento nos próximos cinco anos.

"As economias de custos são, em grande medida, o resultado de uma maior eficiência e integração tecnológica", comentam os pesquisadores. "A Indústria 4.0 substitui os redundantes sistemas anteriores por um único, amplo e interoperável — o que é muito menos dispendioso."

Cerca de 55 por cento dos entrevistados da pesquisa esperavam ver seu investimento retornando dentro de dois anos, em grande parte devido aos novos recursos, produtos e serviços digitais. "A disponibilidade de dados em tempo real também permite que as empresas ofereçam produtos personalizados, que geram margens mais altas do que as dos produtos fabricados em massa", dizem os pesquisadores.

Esta estimativa de retorno de investimento imediato pode ser um pouco generosa. De acordo com uma análise estatística com mais de seiscentas empresas realizada por Erik Brynjolfsson e seu colega Lorin Hitt, leva uma média de cinco a sete anos para que os benefícios totais de produtividade da automação e computação se tornem visíveis (Brynjolfsson e McAfee, 2014). No entanto, temos de começar em algum momento. Como os profissionais humanos e suas organizações podem tirar o máximo proveito das novas implementações da Indústria 4.0? Podem começar fazendo as seguintes perguntas a si mesmos:

- **Qual é a maturidade digital da nossa organização no momento? Que medidas podemos priorizar para agregar maior valor ao nosso negócio?** (Por exemplo: atualmente, as linhas de produção são principalmente manuais e trabalham muito lentamente para acompanhar as constantes mudanças nas necessidades dos clientes. É difícil alterar os processos e acessar os dados corretos no momento certo. Uma linha de montagem "inteligente" que integre a gestão das encomendas e o controle dos sistemas tornaria as operações mais rápidas e eficientes.)
- **Que projetos piloto de escopo limitado podemos implementar que demonstrem a comprovação do conceito enquanto aproveitamos**

a vantagem de um design flexível? (Por exemplo: trabalharemos com fornecedores adequados para projetar uma linha de montagem inteligente na qual os materiais individuais possam comunicar o que são e como desejam ser processados à medida que se aproximam de cada estação automatizada, e toda a linha será integrada com o gerenciamento de pedidos e controle de sistemas por meio de software baseado em nuvem. O objetivo é começar simples e permitir que o design cresça em sofisticação ao longo do tempo.)

- **Quais capacidades precisaremos para atingir nossas metas e como construí-las com a ajuda de parceiros e novos membros da equipe?** (Por exemplo: atualmente, não dispomos de capacidades internas para conceber e implementar uma linha de montagem inteligente dessa natureza. Precisaremos trabalhar com um fornecedor como a empresa SAP, que é especializada em implementações da Indústria 4.0, e depois treinar nossa equipe para executar o sistema. Precisaremos contratar pessoal permanente com experiência específica em linhas de montagem inteligentes.)
- **Como ganharemos a adesão e o compromisso de nossos líderes para capturar totalmente o potencial da Indústria 4.0?** (Por exemplo: precisaremos demonstrar exatamente o tempo e os recursos que serão conservados usando uma linha de montagem inteligente em comparação com nossos métodos tradicionais, e ajudar nosso CEO a elaborar uma abordagem de comunicação que gere entusiasmo e participação.)

BIG DATA CRESCE AINDA MAIS

De acordo com um relatório da IBM *Marketing Cloud*, noventa por cento dos dados mundiais de hoje foram criados apenas nos últimos dois anos (Loechner, 2016). Dizer que nossa compilação de dados é grande é um pouco de falta de entendimento. No entanto, essas duas palavras, "*big data*", são aquilo com que temos de trabalhar atualmente.

Todos já ouvimos falar de *big data*, mas o que significa o termo exatamente? Resumindo, *big data* refere-se à captura e análise de grandes quantidades de dados gerados por novas e poderosas tecnologias. Essas análises fornecem as principais visões do negócio para que possamos determinar melhor os padrões, prever os resultados futuros e tomar decisões mais responsáveis.

Em muitas organizações o uso de *big data* começou na esfera de RH, porque as empresas precisavam entender melhor o recrutamento, desempenho e mobilidade dos funcionários. Agora, porém, os líderes estão clamando por implementações de *big data* em cada parte das operações de negócios e estão buscando novas maneiras de incorporar análises em tudo o que fazem. Dentro dos próximos dez anos, os seguintes exemplos de uso de *big data* serão comuns no local de trabalho:

- Examinar redes sociais de emprego como o LinkedIn para identificar os candidatos mais promissores em um mercado.
- Reduzir a discriminação inconsciente durante o processo de contratação, chamando a atenção para a linguagem problemática de postagem de vagas de emprego.
- Prever a probabilidade de sucesso dos funcionários pela captura de certos padrões em vídeo.
- Delegar atribuições com base em dados de produtividade individuais obtidos de aparelhos portáteis.
- Otimizar os horários dos funcionários com base nos padrões existentes de alocação de tarefas.
- Aperfeiçoar as abordagens de formação com base nas preferências individuais de aprendizagem.
- Prever a vulnerabilidade à fraude entre determinadas populações de clientes.
- Compreender os hábitos de compra dos clientes em resposta às condições externas anteriormente imprevisíveis (tais como catástrofes naturais).
- Utilizar o comportamento do cliente no passado para sinalizar e resolver problemas crescentes de serviço.
- Identificar uma crise de reputação pendente por meio de padrões de conversas on-line negativas.
- Combinar análises de transações e contas de fontes díspares para

obter um quadro completo da saúde financeira de uma empresa.
- Calibrar operações em toda a organização para o uso mais eficiente da automação.

Hoje, a maioria de nós mal começou a usar o potencial de serviço de *big data*. De acordo com o relatório *Global Human Capital Trends* [*Tendências globais de capital humano*] da Deloitte (Pelster e Schwartz, 2017), estas ações ajudarão os líderes a cumprirem suas metas:
- **Decidir quem será responsável pela análise.** Há um consenso crescente de que os melhores programas de análise são da competência de um grupo dedicado e multidisciplinar que inclui líderes organizacionais e representantes de todos os departamentos. Talvez essa função possa eventualmente ser descentralizada, mas, por enquanto, a centralização produzirá um resultado mais forte.
- **Criar sua abordagem analítica.** Incentivar a integração e utilização de dados estruturados e não estruturados de fontes internas e externas. Para fornecer valor, a equipe de análise deve traduzir as informações em insights e soluções. Embora você precise ter a tecnologia certa para fazer isso, não subestime a importância dos analistas de dados humanos. Sem o seu julgamento e intuição, todos os dados do mundo não terão nenhum valor.
- **Desenvolver um roteiro plurianual de investimento e educação.** Comunicar os principais stakeholders que o investimento se destina a construir uma nova função empresarial (não apenas uma equipe técnica), e que envolverá um compromisso de longo prazo. Isso é importante para definir o nível de expectativas, você pode dizer aos seus colaboradores que um programa piloto em um único departamento será lançado ao longo do próximo ano e, em seguida, se o piloto for bem-sucedido, será expandido para departamentos adicionais no ano seguinte.
- **Treinar o rh e parceiros de negócios sobre implementação e uso.** Identificar um currículo ou outro parceiro para ajudar na educação, implementação de ferramentas padrão e padronização de relatórios e informativos.
- **Limpar e proteger seus dados.** As empresas devem considerar a qualidade dos dados em todos os níveis, implementar políticas de

privacidade e anonimato e implementar cuidadosamente práticas para proteger os dados dos funcionários contra roubo e mau uso. Muitas empresas têm equipes de governança para assegurar que todos os dados relacionados às pessoas são coordenados à medida que a empresa se reorganiza, adquire outras companhias e implementa novos sistemas.

Destaque
Como a Wegmans usou a análise de dados para selecionar os benefícios dos funcionários

O site re:Work do Google compartilhou como a Wegmans Food Markets enfrentou o desafio do aumento dos custos de plano de saúde à medida que a organização se expandia rapidamente (Google, 2017). Em vez de mudar arbitrariamente o plano de benefícios dos funcionários para reduzir custos, a Wegmans quis compreender como os empregados avaliaram comparativamente esses benefícios para que a satisfação deles também melhorasse.

Ao utilizar uma análise conjunta, que ajuda a determinar como as pessoas valorizam os diferentes atributos, a Wegmans descobriu que os benefícios dos planos de saúde eram um fator crucial na decisão dos funcionários em ingressar e permanecer na empresa. A análise mostrou que mesmo a oferta de planos de cobertura básica para empregados que no momento não eram elegíveis levaria a um valor incremental significativo devido à forma como os funcionários consideravam seus planos de saúde.

Os resultados da análise mostraram que um investimento de 107 dólares por trabalhador não elegível custaria 1,5 milhões de dólares, mas pareceria ser um investimento de 32,5 milhões na visão dos funcionários. Consequentemente, a Wegmans poderia controlar custos sem reduzir a satisfação da sua equipe.

OS *BOTS* SÃO O NOVO QUADRO DE FUNCIONÁRIOS

A minha filha de sete anos gosta de fingir que seus ursinhos de pelúcia são seus filhos. Ela tem longas conversas com eles, e cada um tem sua própria personalidade. Sheepy é respondona e gosta de se arrumar, enquanto Foxy é o pacificador que gosta de jogos competitivos. Mal sabe a minha filha que, nos próximos anos, ela terá um robô particular para conversar.

Um *bot* (abreviação de robô, em inglês — original, eu sei) é um dispositivo ou peça de software que potencializa a IA e o aprendizado de máquina para executar comandos ou tarefas rotineiras. O aprendizado de máquina é uma aplicação de IA que fornece aos sistemas a capacidade de aprender automaticamente e melhorar a partir das experiências sem ser explicitamente programado.

No mercado de trabalho da década de 2020, os *bots* pessoais se tornarão tanto valiosos assistentes quanto colegas. O seu *bot* particular será capaz de fazer tudo desde agendar reuniões e reservar voos a coletar dados para seus relatórios e acionar contatos do seu network com os quais você não falava há algum tempo.

Atualmente o Google está trabalhando arduamente na criação de um MasterBot que será a mãe de todos os *bots* pessoais que vimos até agora. O MasterBot será a plataforma central da sua presença digital, mantendo todas as suas informações e dados em um só lugar e reunindo serviços de outros *bots* quando necessário. Por exemplo, imagine que você foi demitido inesperadamente de seu emprego, mas acredita que a ação viola o contrato de trabalho que assinou. Informe seu MasterBot sobre isso, e ele poderá examinar mais de perto os detalhes do documento e, se for o caso, entrar em contato com o *bot* do seu escritório de advocacia para que ele possa aconselhá-lo sobre os próximos passos.

Até 2030, o seu MasterBot será capaz de aconselhar se uma mensagem irritada que você está digitando a um colega é exagerada e, sem precisar pedir, irá lhe enviar as direções para o seu restaurante japonês preferido quando observar que está em determinada cidade a negócios.

Mesmo antes de chegarmos à fase do MasterBot, existem benefícios imediatos a serem obtidos com a utilização de *bots* criados para um fim específico. Por um lado, a maioria dos *bots* não requer novas ferramentas. Em vez disso, eles podem ser usados em cima dos formulários de comunicação existentes para que os funcionários não precisem aprender mais uma interface. E a conversa bidirecional que você pode ter com um deles transforma até mesmo as tarefas mais chatas em um pouco mais suportáveis. Por exemplo, as despesas de uma viagem de negócios: planejar a melhor maneira de compilá-las e enviá-las para um reembolso mais generoso é mais divertido do que a entediante introdução de dados que ocorre com o software padrão de relatório de despesas.

Se você é um gerente que tem que incomodar outras pessoas para elas realizarem tarefas administrativas, pode dizer adeus a essa dor de cabeça. Seu *bot* pode fazer isso para você, e se as pessoas que estão sendo procuradas se magoarem com o *bot*, que assim seja. Já que o robô continuará a alertá-las alegremente até que a tarefa esteja completa, não haverá escalada na negatividade. Da mesma forma, você tem um chefe ou um cliente que não responde ao e-mail e/ou nunca retorna suas chamadas? O *chatbot*, dentro de uma estrutura de mensagens instantâneas, pode acelerar muito o feedback e a tomada de decisões.

Os *bots* também aumentam a probabilidade de sua equipe receber mensagens críticas. Digamos que seu CEO acaba de anunciar uma nova mensagem da empresa que deve ser incluída, em tempo real, em uma série de documentos que seu grupo está montando. Você pode não ter tempo para esperar pela reunião semanal de atualizações, e se enviar um e-mail, as pessoas podem ignorá-lo. Um *bot*, por outro lado, pode garantir que a mensagem apareça com detalhes no dispositivo de cada membro da equipe.

Os *bots* também são muito mais multitarefas do que as pessoas, especialmente na área de serviços customizados. Um humano que é representante de atendimento ao cliente só pode estar ao telefone ou em chat com uma pessoa de cada vez, mas um *bot* pode interagir com centenas (ou mesmo milhares) de pessoas ao mesmo tempo, gerando resposta e resoluções de problemas muito mais rápidos. Claro que os robôs não podem ser tudo para todas as pessoas. Se você tiver um conflito com um cliente humano, por exemplo, é melhor sentar-se pessoalmente e resolver o problema. E quanto ao atendimento ao cliente, quantas vezes *você* gritou ao telefone: "Você não entende o que estou dizendo! Eu só quero falar com uma PESSOA!" Até que os *bots* se tornem tão sensíveis, empáticos e engenhosos quanto os atendentes humanos de serviço ao cliente, que realmente sabem o que fazem, eles não podem ser uma solução universalmente implementada.

ATÉ ONDE VÃO AS MÁQUINAS?

A aprendizagem profunda, que é a capacidade das máquinas de imitar mais de perto as ações do cérebro humano, é um passo importante no crescimento dos robôs autônomos mencionados pela BCG anteriormente no capítulo. O caminho por essa toca de coelho começou em 2011, quando o professor de Stanford, Andrew Ng, fez do Google X Lab, na sede da empresa no Vale do Silício, sua casa e iniciou um projeto chamado Google Brain.

O Google Brain abrangeu uma rede conectada de dezesseis mil computadores programados para imitar aspectos da atividade cerebral humana, procurando padrões recorrentes na internet. Em três dias, o sistema treinou-se com sucesso para reconhecer um gato baseado em dez milhões de imagens digitais tiradas de vídeos do YouTube.

O Google Brain é um exemplo de uma rede neural artificial, projetada com base nos neurônios densamente interconectados do cérebro humano. Possuindo cerca de um milhão de neurônios e um bilhão de conexões simuladas, o Google Brain original era dez vezes maior do que qualquer rede neural profunda antes dele, e nos últimos anos, Ng criou redes que são dez vezes maiores do que o Brain original.

O Google Brain e suas redes neurais subsequentes representam o que muitos consideram ser a nova fronteira da IA, a aprendizagem profunda. Ela treina computadores para reconhecer padrões em dados e, em seguida, classificá-los e categorizá-los como um cérebro humano poderia fazer instantaneamente. Atualmente, a aprendizagem profunda na forma de reconhecimento de imagem e fala é usada em aplicativos como o recurso de identificação do Facebook e na Siri do iPhone. Especialistas em IA já estão trabalhando em aplicativos de linguística computacional que permitirão que as máquinas decifrem facilmente uma variedade de linguagens humanas, tanto faladas como escritas.

Na área de processamento da linguagem natural, os benefícios são enormes. Por exemplo, enquanto um humano canadense francês seria mais preciso na tradução de um documento comercial em inglês para a língua francesa, o mesmo humano provavelmente não seria capaz de traduzir o documento para idiomas como árabe, suaíli ou sueco. O Google Translate, por outro lado, pode fazer isso e muito mais.

A maturação da aprendizagem profunda, juntamente com a capacidade das máquinas de executar algoritmos mais complexos, será uma combinação poderosa. Na década de 2020, veremos que as máquinas com esse recurso assumirão as seguintes funções operacionais:

- Definição do escopo de um projeto.
- Alinhamento com outras áreas de negócio.
- Análise de riscos.
- Desenvolvimento de cronogramas, *timelines* e orçamentos de projetos.
- Atribuição de tarefas aos recursos adequados.
- Implementação de software e outros componentes técnicos.
- Avaliação de resultados do negócio.

Isso dificilmente o surpreenderá em um livro como este, mas de acordo com o CEO da Algorithmia, Diego Oppenheimer, os sistemas de aprendizagem mais precisos são aqueles que usam um paradigma de computação *human-in-the-loop*, no qual os humanos estão preparados para fornecer orientação e corrigir erros. "Embora tenhamos visto enormes variações na qualidade e precisão de sistemas puramente controlados por máquinas, elas tendem a ficar aquém das taxas de precisão aceitáveis", afirma Oppenheimer. "Por outro lado, a combinação da classificação comandada por máquinas melhorada pela correção humana proporciona um caminho claro, com precisão aceitável" (Oppenheimer, 2017).

Geralmente a intervenção humana vem em duas formas. A primeira envolve a rotulagem humana de um conjunto de dados original que será alimentado em um modelo autodidata, e a segunda é quando os seres humanos corrigem as previsões imprecisas geradas pelo modelo. Como, por exemplo, a equipe da Algorithmia recentemente se associou aos especialistas de IA para construir um fluxo de trabalho de aprendizado *human-in-the-loop* para treinar melhor o sistema de recomendações chamado "acho que você pode gostar disso" da plataforma de moda Tizkka. A empresa inseriu humanos no processo, solicitando ajuda para corrigir erros nas previsões geradas pela IA do sistema. A atuação de humanos no circuito aumentou muito a precisão, o que se traduziu em maior engajamento para o aplicativo da Tizkka.

Os autores Brynjolfsson e McAfee provavelmente concordariam com o modelo *human-in-the-loop*. "Em princípio, as máquinas e os seres humanos têm pontos fortes e fracos muito diferentes, de modo que a máquina tem mais probabilidade de complementar os humanos do que de substituí-los", dizem eles na obra *The Second Machine Age*. "A produção efetiva requer tanto insumos de máquinas quanto humanos, e o valor dos insumos humanos aumentará, e não diminuirá, à medida que o poder das máquinas crescer" (Brynjolfsson e McAfee, 2014).

A INTEGRAÇÃO DE MÁQUINAS COM ROSTOS E SENTIMENTOS

Robôs industriais que se parecem com computadores dos anos 1970 (ou seja, caixas do tamanho de pequenas salas), *chatbots* e aprendizagem profunda de algoritmos são maravilhosos. Mas o que acontece quando robôs reais com rostos chegam aos nossos escritórios? Em algumas empresas, isso já está acontecendo. Em seu artigo para o Fórum Econômico Mundial, o diretor administrativo da JLL, Peter Miscovich, falou sobre JiLL, seu recepcionista robô em Sydney, que se parece com uma pessoa e auxilia com entregas, reconhece e cumprimenta funcionários e encontra hospedagem para os visitantes (Miscovich, 2017). Este tipo de automação pode ser a mais assustadora de todas porque é a incorporação literal da substituição humana.

Mas há uma razão pela qual ainda não se veem robôs humanoides correndo por aí. No que veio a ser conhecido como o Paradoxo de Moravec, o conhecido engenheiro de robótica Hans Moravec diz: "É relativamente fácil fazer com que os computadores exibam nível adulto de desempenho em testes de inteligência, difícil é dar-lhes as habilidades de uma criança de um ano quando se trata de percepção e mobilidade" (Stuttaford, 2017).

E esses desafios não devem ser subestimados. Em *The Second Machine Age*, Brynjolfsson e McAfee discutem um modelo de trabalho originalmente proposto pelos cientistas do MIT, Daron Acemoglu e David Autor (Brynjolfsson e McAfee, 2014). O modelo sugere que todo o trabalho pode ser dividido em uma matriz dois a dois: cognitivo versus manual e rotineira versus não rotineira. Até agora, os avanços em computação e automação fizeram com que a demanda por trabalho envolvendo tarefas de rotina diminuísse drasticamente, independentemente de serem cognitivas ou manuais.

Isso levou à polarização do trabalho: um colapso na procura por trabalhos de rendimentos médios, enquanto os empregos cognitivos não rotineiros (como ciência espacial) e os trabalhos manuais não rotineiros (como faxineiros), que exigem percepção e mobilidade humana, têm-se mantido relativamente bem.

Nos últimos anos, fizemos alguns progressos no sentido de superar o Paradoxo de Moravec. Brynjolfsson e McAfee descreveram a criação do Baxter, um robô inventado pela Rethink Robotics (fabricante de iRobot). O Baxter tem aparência humanoide, e o que o torna diferente dos robôs industriais tradicionais é que ele pode lidar com uma infinidade de tarefas manuais, e pode ser facilmente ensinado a fazer novas tarefas por trabalhadores humanos de baixo nível hierárquico em vez de engenheiros altamente qualificados (Brynjolfsson e McAfee, 2014).

Outra área que provou ser desafiadora para a robótica é a emoção. Afinal de contas, se os robôs vão assumir responsabilidades que exijam interação efetiva com os humanos, é melhor realmente se assemelharem a eles. Esse dilema levou ao desenvolvimento da disciplina conhecida como computação afetiva. De acordo com Richard Yonck no livro *Heart of the Machine*, a computação afetiva envolve reconhecimento, interpretação, replicação e potencialmente a manipulação das emoções humanas por computadores e robôs sociais.

Como o futurista, Ian Pearson, diz a Yonck: "Para trabalhar bem com humanos, a IA precisará ter empatia. As máquinas precisarão ter suas próprias respostas emocionais ao mundo ao redor. Prefiro viajar em um avião com piloto automático que se preocupe tanto com a turbulência como com os passageiros, e prefiro consultar um médico IA que se preocupe se vivo ou morro" (Yonck, 2017).

Várias aplicações de computação afetiva estão no mercado hoje. O Beyond Verbal, baseado em Tel-Aviv, é uma empresa de análise de emoções que extrai e identifica os sentimentos transmitidos pelas entonações na voz humana, o que significa que os robôs que utilizam a tecnologia podem julgar o seu humor e estado de espírito no instante em que você interage com eles. A Emoshape, de Londres e Nova York, fabrica uma EPU (*emotion processing unit* ou unidade de processamento de emoções) que pode ser usada em robôs para dar aos usuários a impressão de que a máquina está experimentando emoções. Além disso, a Hanson Robotics está projetando robôs com *Conversational Character*, cujos rostos incrivelmente expressivos e realistas são construídos usando acionadores e motores de baixa potência que simulam mais de sessenta músculos principais do rosto e pescoço humanos. Esses são então revestidos com um material semelhante à pele conhecido como Frubber (ou borracha de carne) (Yonck, 2017).

Não é difícil ver como a IA afetiva poderia se tornar uma parte integral de nossa vida profissional. Yonck dá o exemplo de uma funcionária que já deveria ter recebido um aumento. Em vez de se sentar com outra pessoa para defender seu caso, ela poderia conversar com um robô de negociação salarial que tem acesso imediato aos seus dados de desempenho e a capacidade de ler seus níveis de confiança, incerteza, constrangimento e frustração. Lembra-se da minha filha e dos bichinhos de pelúcia que ela trata como filhos? Imagino um mundo em que estou tão conectada ao meu assistente pessoal emocionalmente inteligente quanto ao meu colega favorito. Eu não seria exceção. Yonck compartilhou um estudo de pesquisa da Universidade de Washington em que a doutoranda Julie Carpenter descobriu que as pessoas que interagiam com robôs rotineiramente os antropomorfizavam, expressando raiva e tristeza genuínas quando as máquinas eram danificadas (Yonck, 2017).

Quão mais sofisticados os robôs podem ficar, e quanto tempo isso vai demorar? Para responder a essas perguntas, temos que consultar Gordon Moore, o cofundador da Intel, que em 1965 observou que o número de transistores por centímetro quadrado em circuitos integrados duplicava todos os anos desde a sua invenção. Moore previu que essa tendência de duplicação continuaria, e que em 1975 os circuitos de computador seriam quinhentas vezes mais poderosos do que eram em 1965 (Encyclopaedia Britannica, 2017).

Em uma releitura da Lei de Moore, o cientista da computação, futurista e "gênio inquieto" (segundo o *Wall Street Journal*) Ray Kurtzweil descreveu sua Lei de Aceleração de Retornos, na qual a tecnologia existe em um *loop* de feedback positivo, forçando a taxa de mudança a acelerar ao longo do tempo e resultando em níveis secundários de crescimento exponencial (Kurtzweil, 2000).

O fato de que a Lei de Moore se manteve por várias décadas é um testemunho dessa velocidade contínua e vertiginosa do avanço tecnológico. E mesmo uma aplicação modesta dessa lei ou da Lei de Aceleração de Retornos significa que veremos máquinas inteligentes em nossas vidas, mas como serão exatamente ainda não podemos imaginar. O autor e matemático Vernor Vinge chamou essa situação de singularidade tecnológica, porque acredita que em breve chegará um momento em que, tal como acontece com uma singularidade física, as condições serão tão diferentes do que podemos imaginar (ou seja, o desenvolvimento da superinteligência da máquina) que será impossível prever o que o mundo se tornará mais adiante (Vinge, 1983).

Mas será que esses robôs superinteligentes chegarão a ser verdadeiramente conscientes? E o que queremos dizer com isso? A consciência, obviamente, significa coisas diferentes para pessoas diferentes, mas no modelo proposto inicialmente pelo professor da Universidade de Nova York Ned Block, a consciência é dividida em duas categorias (Block, 1995): consciência de acesso, que é a habilidade de acessar informações sobre nossas vidas intelectuais; e consciência fenomenal, que é a habilidade de processar experiências sutis e subjetivas.

A inteligência artificial já obteve informações de acesso de uma forma básica, porque os sistemas podem identificar e comunicar a situação do seu próprio funcionamento interno. A consciência fenomenal nas máquinas pode, de fato, surgir em algum momento, em um futuro não muito distante, mas é provável que exista ao longo de um espectro e que esteja presente de um modo muito diferente do que nos humanos.

Se as máquinas desenvolvessem alguma forma de consciência, estariam melhor preparadas para substituir os trabalhadores humanos? A história tem nos mostrado que quando os avanços tecnológicos resultam na eliminação de um tipo de emprego ou categoria de habilidade, as pessoas se recuperam desenvolvendo empregos e habilidades inteiramente novos. Por exemplo, no reinado da rainha Elizabeth I, a monarca recusou-se a conceder a patente de William Lee para uma máquina de tricô automática, porque receava que "as jovens donzelas ficariam abandonadas à fome». Mas a tecnologia de tecelagem avançada acabou ganhando, e surpresa(!), criou quase quatro vezes mais empregos para as pessoas nas novas fábricas de tecelagem.

No entanto, como esse processo leva tempo e como podemos não ser capazes de acompanhar o ritmo acelerado da evolução tecnológica, é provável que pelo menos algum aumento na taxa de desemprego seja realidade no mercado de trabalho de um futuro próximo.

Por sua vez, Brynjolfsson e McAfee estão otimistas. "Enquanto houver necessidades e desejos não atendidos no mundo, o desemprego é um grande aviso de que simplesmente não estamos pensando o suficiente sobre o que precisa ser feito", afirmam. "Não estamos sendo suficientemente criativos para resolver os problemas que temos usando o tempo e a energia das pessoas que perderam seus empregos" (Brynjolfsson e McAfee, 2014). A criatividade e a resolução inovadora de problemas são, de fato, traços-chave que irão demonstrar o valor continuado da humanidade, e discutiremos isso em detalhes no próximo capítulo.

Destaque
A *blockchain*

Se você não está inserido no mundo financeiro, talvez ainda não esteja familiarizado com a *blockchain*. Mas as aplicações dessa tecnologia estão crescendo e, até 2030, sua compreensão e seu uso serão rotineiros em quase todas as ocupações e terão um grande impacto na forma como trabalhamos.

Uma *blockchain* é uma estrutura de dados que permite criar um registro digital de transações e compartilhá-lo entre uma rede de computadores. Ela usa criptografia para permitir que cada participante na rede manipule o registro de forma segura, sem a necessidade de uma autoridade central, muitas vezes cobradora de taxas. O Bitcoin foi o primeiro aplicativo construído usando a plataforma em 2008. A principal premissa do Bitcoin é o envio digital de pagamentos entre duas pessoas ou organizações sem a interferência de uma instituição financeira. Toda vez que uma transação é feita, ela é gravada no registro da *blockchain* e cada novo bloco é vinculado aos anteriores via assinatura digital. Uma vez que um bloco de dados é registrado, é difícil mudá-lo ou removê-lo, e para que alguém possa adicionar um bloco à cadeia, os membros da rede devem primeiro certificar-se de que ele é válido.

Alguns componentes-chave sustentam a tecnologia *blockchain*. A primeira é a rede, que pode variar dependendo da organização que estiver configurando a *blockchain*. Pode incluir todos no domínio público (como no Bitcoin) ou um grupo exclusivo de participantes reconhecidos. Os computadores dentro de cada rede são chamados de "nós".

Em seguida, há o mecanismo de consenso, ou seja, o conjunto de regras utilizadas para verificar cada transação. Na rede *blockchain* do Bitcoin, por exemplo, o mecanismo de consenso é chamado de prova de trabalho. Os participantes do diagrama de rede executam algoritmos para confirmar as assinaturas digitais anexadas aos blocos, a fim de validar novas transações. Uma vez aprovadas, as transações são agrupadas em um bloco. Eles são então redistribuídos para todos os nós, que são responsáveis por assegurar que todos os registros correspondam.

Para seu artigo no blog CIO Journal do Wall Street Journal, o autor Steven Norton consultou a Guardtime, uma empresa que vende produtos e serviços, baseados em *blockchain*, para organizações como a Ericsson AB (Norton, 2016). A Guardtime forneceu o exemplo de uma complexa *blockchain* em ação: "Suponha que uma organização tem dez transações por segundo. Cada uma delas recebe a própria assinatura digital. Utilizando uma estrutura em árvore, essas assinaturas são combinadas e recebem uma única impressão digital — uma representação única dessas transações em um momento específico."

Basicamente, depois de validada, a blockchain armazena e permite aos participantes visualizar a impressão digital. Ela também envia uma cópia para todas as organizações para que possam ficar a par da integridade da transação. Assim que uma transação é alterada, a blockchain cria uma nova impressão digital que também deve ser validada por cada participante de acordo com as regras previamente acordadas pela rede.

Considerando o número de parceiros (internos, externos ou ambos) envolvidos em qualquer processo de negócio, um sistema em que uma multiplicidade de partes eletrônicas pode se comunicar, colaborar e transacionar de forma segura sem intervenção humana é altamente ágil e eficiente.

Apesar dos benefícios óbvios, a tecnologia blockchain tem pouca abertura nos empreendimentos até agora. Uma das principais razões é a falta generalizada de normas. Por exemplo, uma organização deve usar uma rede aberta ou uma rede com permissão (privada)? Quem deve supervisionar a tecnologia para garantir que as blockchains estejam efetivamente regulando a si mesmas, e quais ameaças de cibersegurança podem surgir que coloquem em risco a integridade de uma blockchain?

Além disso, há a questão da interoperabilidade. Que software deve ser utilizado, e como conseguir que uma grande rede de participantes, a maioria dos quais tem uma rede complicada de soluções de tecnologia da informação, concorde em usar a mesma tecnologia? Com a blockchain ainda em sua infância, essas são perguntas que as organizações estão começando a responder à medida que experimentam diferentes implementações.

Como exemplo, o The Guardian informou que a empresa japonesa GMO Internet começou a pagar alguns dos salários de seus funcionários em bitcoin para obter uma melhor compreensão da moeda virtual. A oferta está aberta a cerca de quatro mil funcionários e está ajudando a organização a desenvolver uma reputação de vanguarda, ágil e focada no futuro. Esse uso interno provavelmente ajudará a GMO em seu negócio de "mineração de bitcoin" a ganhar o direito a receber novas bitcoins como recompensa por ajudar a manter a rede segura (Agence France-Presse, 2017).

CIBORGUES: QUANDO AS MÁQUINAS NÃO SÃO "COISAS"

Lembrem-se dos cilônios do programa de televisão *Battlestar Galactica*. Na série regravada no início dos anos 2000, os cilônios eram máquinas de trabalho em rede com elementos biológicos, incluindo alguns que os tornavam quase indistinguíveis dos humanos. Um cilônio pode ser chamado de ciborgue (abreviatura de organismo cibernético em inglês), que é um ser com partes orgânicas e biomecatrônicas do corpo, ou um organismo que restaurou a função ou melhorou capacidades devido à integração de algum componente ou tecnologia artificial.

Mesmo na vida real, essa não é exatamente uma ideia recente. Por exemplo, qualquer pessoa com um implante coclear ou um membro protético é uma espécie de ciborgue, e provavelmente não demorará muito para que possamos ter chips implantados nos cérebros para nos tornar melhores em nossos trabalhos. Se isto parece rebuscado, considere o trabalho que a Agência de Projetos de Pesquisa Avançada de Defesa dos Estados Unidos está empreendendo para mitigar os efeitos psicológicos da guerra sobre soldados e veteranos. Um projeto, conhecido como Neurotecnologia Baseada em Sistemas para Terapias de Emersão (Systems-Based Neurotechnology for Emerging Therapies, SUBNETs), começou em 2014 com o objetivo de desenvolver um chip que possa ser implantado no cérebro dos soldados. O chip serve como um dispositivo terapêutico para registrar a atividade cerebral, proporcionar estimulação direcionada e ajustar automaticamente a terapia à medida que o próprio cérebro muda.

À medida que nos aproximamos do ano de 2030, a lógica para combinar homem e máquina mudará de reparo para expansão. Conforme as opções melhoram em termos de sofisticação, podemos não ser capazes de dizer onde termina o ser humano e onde começa a máquina. Em outras palavras, seremos híbridos. De fato, em breve chegará o dia em que as máquinas, em nossas vidas profissionais, não serão "coisas" — serão "nós", e nós seremos elas. À medida que essa transformação se realizar, será essencial compreender o valor único que geramos como seres humanos. A seguir, vamos discutir o papel evolutivo do ser humano no meio das máquinas inteligentes, identificar as habilidades e características que não serão substituídas por robôs, e planejar formas para os líderes estimularem os funcionários a desenvolver e aprimorar essas habilidades.

PLANO DE AÇÃO

Responda estas perguntas hoje para estar preparado para o futuro ambiente de trabalho de 2030:

1. Quais funções podem ser automatizadas hoje ou em um futuro próximo? Se seus funcionários humanos não tivessem que realizar essas tarefas, que funções mais estratégicas podem assumir em vez disso? Por exemplo, eles poderiam assumir o papel de treinadores ensinando sistemas de IA como eles devem atuar?

2. Como a participação da máquina pode melhorar e promover o propósito do trabalho de sua organização?

3. Como a inteligência artificial e a análise de dados podem ser usadas para impulsionar o desempenho humano e o crescimento geral dos negócios?

4. Considerando sua mistura de talento humano e tecnologia de IA disponível atualmente, descreva uma equipe humana/máquina dentro de sua organização que possa impulsionar os pontos fortes de ambos.

5. Faça um brainstorm de exemplos de um novo trabalho humano (por exemplo, engenheiro de redes neurais) criados pela aplicação da aprendizagem profunda em sua organização.

6. Graças aos avanços na capacidade de computação, os produtos e serviços podem ser lançados mais rapidamente do que nunca. Como você ajustará seu processo de implantação de acordo com isso? Por exemplo, você pode desenvolver um modelo de negócios simples envolvendo ciclos rápidos de levantamento das necessidades dos clientes, desenvolvendo e criando protótipos de novos produtos e serviços em conformidade, e adaptando-se às mudanças na demanda?

RESUMO DO CAPÍTULO

- A maioria das organizações que implementam automação e outras formas de transformação digital espera obter benefícios completos de produtividade entre dois e sete anos após a realização desse investimento.
- Em muitas organizações, o uso de *big data* começou na esfera de RH porque as empresas precisavam entender melhor o recrutamento, o desempenho e a mobilidade dos funcionários. Agora, porém, os líderes estão clamando por implementações de *big data* em cada parte das operações de negócios e estão buscando novas maneiras de incorporar a análise em tudo o que fazemos.
- Os *bots* são dispositivos ou peças de software que alavancam a inteligência artificial e a aprendizagem de máquina para executar comandos ou tarefas rotineiras. No ambiente de trabalho da década de 2020, os *bots* pessoais se tornarão assistentes e colegas valiosos, combinados em um só.
- A maturação da aprendizagem profunda, juntamente à capacidade das máquinas de executar algoritmos mais complexos, será uma combinação poderosa. Na década de 2020, veremos máquinas de aprendizagem profunda assumirem funções operacionais, incluindo a definição do escopo do projeto e a análise de riscos.
- A computação afetiva envolve o reconhecimento, a interpretação, a replicação e potencialmente a manipulação das emoções humanas por computadores e robôs sociais. À medida que nos aproximamos do ano de 2030, a lógica para combinar homem e máquina mudará do modo reparo para o modo expansão.

3
OS HUMANOS COMO COMMODITIES VALORIZADAS

Minha amiga Erica é advogada de direito da família. Erica exerce a função há quase vinte anos, mas sua vida tornou-se astronomicamente mais eficiente há alguns anos devido à tecnologia *e-discovery*. O software agora permite que ela digitalize e classifique milhões de documentos relevantes usando o mesmo tempo em que ela levava para ler apenas um deles na época da faculdade.

Melhor de tudo, a tecnologia analisa os documentos, apontando anomalias e padrões estranhos de comunicação que irão ajudar o caso de Erica. A ferramenta pode informá-la se há jurisprudência para sua estratégia de defesa além do óbvio, quais de seus colegas são mais propensos a oferecer acordos e em quais circunstâncias, e como um juiz em particular é capaz de deliberar.

— Sério, não sei como defendia casos antes de tudo isso — disse-me Erica.

— Mas não a preocupa que esse software seja um melhor advogado do que você?

— Essa ferramenta já extinguiu algumas funções — admite. — Não empregamos tantos assistentes paralegais ou legais como costumávamos. Mas como litigante, meu trabalho está assegurado em um futuro próximo.

Erica explicou que seu trabalho mais importante é estar na frente de outras pessoas, visitando clientes traumatizados em suas casas, falando sobre desenvolvimentos de casos com familiares preocupados, reunindo seus colegas para apoio contínuo quando as coisas estão indo mal e apresentando argumentos apaixonadamente na frente de um júri.

— Posso sentir o momento exato em que o ambiente na sala de audiências muda, mesmo que seja pouco perceptível, e posso fazer uma rápida mudança de estratégia. Como uma máquina pode fazer isso? — perguntou-me. E eu concordo com ela.

Erica prova seu valor humano todos os dias, utilizando as habilidades humanas únicas de liderança e de trabalho em equipe, sensibilidade interpessoal, criatividade e inovação, julgamento e resolução intuitiva de problemas. Essas habilidades são as razões pelas quais os clientes nunca se contentariam com um robô de direito da família. Não, eles vão sempre pagar mais por Erica.

No capítulo anterior, falamos sobre o *human-in-the-loop*, ou seja, um processo de negócios que aproveita os pontos fortes tanto do ser humano quanto da máquina. O exemplo de Erica ilustra que a profissão de advogado tem, em muitos aspectos, cumprido a promessa dessa ideia. Neste capítulo, vamos dar uma olhada mais de perto na forma como os perfis humanos irão mudar nos próximos quinze anos, bem como as competências que irão garantir que suas equipes humanas possam se manter mesmo com parceiros robôs e como você, como líder, pode incentivar formas novas e mais ágeis de aprendizado.

A EVOLUÇÃO DO PROFISSIONAL HUMANO

No capítulo dois, falamos brevemente sobre como o surgimento da automação e da inteligência artificial irá mudar os requisitos dos profissionais humanos. De fato, a própria natureza das "profissões" humanas está mudando de um dia para o outro. Em *The future of the professions* [O futuro das profissões], de Daniel e Richard Susskind, os autores descrevem o "grande negócio" que as profissões humanas tradicionais fizeram com a sociedade (Susskind e Susskind, 2017):

> Em reconhecimento e em troca das suas competências, experiências e julgamentos, que se espera que apliquem na prestação de serviços acessíveis, atualizados e confiáveis, e no entendimento de que irão sempre atualizar os seus conhecimentos e métodos, formar seus membros, estabelecer e aplicar normas de qualidade do seu trabalho, e que apenas admitirão indivíduos devidamente qualificados, e que agirão sempre de boa-fé, colocando os interesses dos clientes à frente dos seus, nós (sociedade) confiamos nas profissões liberais para lhes conceder exclusividade sobre uma vasta gama de serviços e atividades socialmente significativas, pagando-lhes um salário justo, conferindo-lhes independência, autonomia, direitos de autodeterminação e concedendo-lhes respeito e status.

Esse grande negócio está acordado há muito tempo. Mas como os Susskinds observaram, nossa sociedade de base tecnológica inventou novas formas de organizar o trabalho profissional que são mais afáveis, acessíveis e talvez mais propícias a um aumento na qualidade do que a abordagem tradicional. E nenhuma delas envolve a eliminação total de empregos humanos.

Até agora, muitas profissões existiam em uma espécie de caixa-preta, em que os únicos elementos transparentes aos não profissionais eram os inputs (as circunstâncias do receptor) e os outputs (a orientação do profissional). Essa forma de mistificação não será possível porque muitas formas de trabalho estão sendo desconstruídas em suas partes essenciais. Algumas dessas partes podem ser automatizadas, enquanto outras podem ser completadas por paraprofissionais que não receberam o treinamento completo comum aos profissionais de hoje, mas em quem ainda assim teremos que confiar para entregar o trabalho em um padrão aceitável.

Os Susskinds propuseram que, em um ambiente onde os clientes pagarão pelos outputs, ao invés dos inputs, pelo valor entregue versus o resultado, muitos trabalhos serão transferidos do ofício para a padronização e, eventualmente, para a sistematização. Um analista de processos humanos pode ser responsável por decompor o trabalho profissional, avaliando e estruturando a alocação de tarefas e identificando a forma mais eficiente de executar cada uma delas (Susskind e Susskind, 2017).

Para ilustrar a divisão do trabalho em uma economia baseada na tecnologia, o economista Paul Krugman discutiu a produção de cachorros-quentes (Krugman, 1997). "Introduzir uma máquina mais eficiente para produzir cachorros-quentes significa que o custo total da produção de cada cachorro-quente cairá. Se a empresa baixar o seu preço para refletir isso, a demanda vai aumentar, e número de cachorros-quentes produzidos terá que aumentar", diz Krugman. "No geral, haverá mais trabalho a ser feito, e aqueles que tiveram seus trabalhos automatizados podem juntar-se às fileiras crescentes dos que são necessários para executar as tarefas que não podem ser automatizadas". Quando novas máquinas são introduzidas e como resultado a economia cresce, um novo conjunto de tarefas precisará ser executado, além do conjunto de tarefas existentes. Há certas funções que são realizadas de forma mais eficiente por pessoas e outras por máquinas. Falaremos mais sobre essa alocação de talentos mais tarde.

Quando pensamos em profissões, muitas vezes consideramos campos como medicina, educação, finanças e direito. Os Susskinds compartilharam vários exemplos de como cada uma dessas profissões está se movendo em direção à colaboração homem/máquina e à sistematização geral. Por exemplo, metade dos médicos americanos usa o aplicativo Epocrates, um recurso digital de referência de medicamentos que automatiza a tarefa de descobrir como diferentes remédios interagem. A ShareMyLesson é uma plataforma on-line que permite que os educadores compartilhem suas experiências e insights uns com os outros. Na arquitetura, o SketchUp 3D Warehouse contém milhões de designs que podem ser emprestados ou reutilizados. Na Deloitte, no Reino Unido, a experiência coletiva de 250 especialistas fiscais foi reunida em um sistema para ajudar os principais clientes a preparar e declarar suas declarações fiscais. E, finalmente, no domínio jurídico descrito por Erica, um sistema inteligente prevê decisões judiciais ao comparar os fatos de um caso com um banco de dados de centenas de milhares de casos antigos (Susskind e Susskind, 2017).

Na Sloan Management Review do MIT, os executivos da Accenture, H. James Wilson, Paul Daugherty e Nicole Morini-Bianzino descreveram um estudo com mil grandes empresas que estavam usando ou testando sistemas de IA e autodidatismo. Por meio de uma análise de suas atividades, os pesquisadores delinearam três categorias de trabalhos humanos que facilitarão o uso da inteligência artificial no mundo dos negócios: treinadores, explicadores e sustentadores.

Treinadores são trabalhadores humanos que instruem esses sistemas sobre como atuar. Eles ajudam processadores de linguagem natural e tradutores de linguagem a cometer menos erros e instruem algoritmos de IA a imitar comportamentos humanos. Treinadores humanos também podem ajudar um curso de sistema de IA a corrigir quando uma resposta inapropriada é dada.

Os explicadores diminuem a lacuna entre tecnólogos (e seus sistemas) e líderes empresariais. "Muitos executivos estão desconfortáveis com essa natureza de caixa-preta da aprendizagem por algoritmos de máquinas sofisticadas, especialmente quando os sistemas que elas dominam recomendam ações que vão contra a sabedoria convencional da maioria", dizem os pesquisadores (Wilson et al, 2017). Os explicadores precisarão comunicar, de forma não técnica, exatamente como as máquinas trabalham para que as organizações possam confiar em seus resultados.

Finalmente, como as máquinas carecem de uma bússola moral, os sustentadores são essenciais para defender os valores de uma organização diante de um resultado que pode ameaçá-los. Por exemplo, de acordo com os pesquisadores, um sustentador poderia intervir se um sistema de IA, para aprovação de crédito, estivesse discriminando pessoas de certas profissões porque seria mais lucrativo.

Os Susskinds reforçaram o valor dos sustentadores, comentando que é difícil lidar com a noção de que um robô terá discernimento e que uma máquina pode ser responsável por decisões morais importantes, como desligar ou não um suporte de vida ou conceder a custódia em uma ação de divórcio. "Nós tendemos a querer que outro ser humano reflita e talvez agonize sobre as decisões e conselhos que nos interessam", escrevem (Susskind e Susskind, 2017).

Agora que já refletimos sobre a natureza mutável das profissões, vamos olhar para as habilidades exclusivamente humanas que serão essenciais em um ambiente de negócios dominado pela colaboração homem/máquina.

COMPETÊNCIA HUMANA: LIDERANÇA E TRABALHO EM EQUIPE

A liderança é comumente definida como a arte de motivar um grupo de pessoas a agir para alcançar um objetivo comum. Pedi novamente a alguns dos meus colegas para descreverem os melhores líderes que conhecem em uma palavra, e ouvi "inspirador", "persuasivo", "socialmente inteligente" e "assertivo".

As máquinas podem aprender muito sobre nossos negócios e indústrias, e em algum momento em breve, elas provavelmente terão mais conhecimento do que até mesmo os líderes humanos mais experientes. Mas será que vão entender a arte da motivação? Será que serão inspiradoras ou persuasivas em pressionar os outros a fazer o seu melhor?

Conversei recentemente com uma líder de divisão em uma empresa de software no ranking Fortune 500 — vamos chamá-la de Leslie. Ela estava preocupada porque sua organização tinha se fundido com outra e vários dos seus funcionários seriam realocados para papéis completamente novos, a fim de evitar demissões. "Nenhum deles vai ficar feliz com isso", disse-me Leslie. "Mas é o seguinte: são todos de alto desempenho, e a empresa não quer perdê-los."

Felizmente, Leslie tinha uma arma secreta. Ela conhecia muito bem cada um dos funcionários em questão. Ela entendia suas motivações únicas e relacionadas à carreira e como eles reagiram às mudanças estressantes no passado. Ela planejou personalizar a forma de dar a notícia com uma abordagem que tinha a melhor chance de funcionar com cada pessoa.

Ela seria encorajadora, sincera e elogiosa, e esperaria que as relações já existentes os ajudassem a atravessar esse contratempo.

No fim, Leslie conseguiu manter três quartos do seu pessoal, apesar de terem sido forçados a novos papéis que não tinham previsto. "Não foi um cenário ideal, e eu assumi a responsabilidade por isso. Disse a todos que poderiam me procurar se as coisas não estivessem correndo bem e que encontraríamos uma solução melhor juntos."

É difícil imaginar um líder robô sendo tão bem-sucedido como Leslie em uma situação como essa, porque mesmo que as máquinas se tornem superinteligentes, elas não vão dominar a persuasão humana tão cedo. É difícil acreditar que um líder robô será capaz de identificar a combinação exata de palavras que irá motivar um empregado a ter uma função que ele ou ela não quer pela mesma quantidade de dinheiro. E é improvável que os funcionários humanos fiquem satisfeitos com o grau de confiança e responsabilidade pessoal de um líder robô.

Claro que também não há garantias de que um líder humano tenha as habilidades de Leslie. Essa é uma das razões pelas quais é tão importante assegurar que os gestores em ascensão recebam formação adequada, e que essa formação seja mandatória e apoiada pelo nível superior da organização. Os maus líderes que nunca aprendem a inspirar, empoderar e "conquistar" suas equipes serão os que poderão ser facilmente substituídos por seus homólogos robôs. Esse componente de aprendizagem, que, é claro, requer um foco consciente na formação, aparecerá várias vezes nos próximos capítulos.

Mesmo que as máquinas superinteligentes façam parte de nossas equipes na força de trabalho de 2030, elas não serão capazes de substituir um líder humano guiando uma equipe de funcionários humanos porque, em muitas situações de negócios, é aí que a magia acontece. Como Geoff Colvin diz em seu livro *Humans Are Underrated* [Humanos são subestimados], para quase todos os problemas, são necessárias mais contribuições das pessoas para encontrar a melhor resposta (Colvin, 2016). À medida que as equipes produzem cada vez mais trabalho de melhor qualidade do que os indivíduos separados, os indivíduos tornam-se menos propensos a conseguir se comparar e, por conseguinte, mais propensos a tornar-se parte de equipes que se esforçam por produzir um trabalho ainda melhor.

O resultado é que os humanos que trabalham em grupo são cruciais para o sucesso das organizações e a capacidade de trabalhar em grupo se torna crucial para o sucesso dos indivíduos.

É certamente verdade que as máquinas serão capazes de oferecer algumas dessas variadas contribuições e perspectivas, mas não oferecerão às organizações todos os mesmos benefícios dos colegas de equipe humanos. Como Colvin apontou, quando os humanos trabalham em grupo, opioides são liberados em nosso cérebro. Esses opioides motivam-nos a agir de uma forma que não serve necessariamente aos nossos melhores interesses, mas envolve "se sacrificar pelo time". As máquinas não fazem isso.

Mesmo assim, porém, nem todas as equipes humanas são criadas iguais. Em *Humans are Underrated*, Colvin compartilhou a pesquisa de Alex Pentland do Laboratório de Dinâmica Humana do MIT. Pentland passou anos estudando grupos de sucesso de alto nível e aprendeu que o desempenho depende de como os membros do grupo são socialmente inteligentes, ou, em outras palavras, quão bons eles são em acolher ideias de todos os participantes e em evocar reações em cada um deles. Para que uma equipe humana possa operar em pleno poder, ela deve ter um líder que saiba identificar, treinar, servir de mentor e recompensar os funcionários socialmente dotados.

Os líderes também devem proporcionar amplas oportunidades para que as equipes humanas interajam pessoalmente, mesmo que as suas disposições cotidianas sejam virtuais. Pentland realizou uma experiência com uma organização de atendimento ao cliente na qual todos os membros de uma equipe de vinte pessoas saíam para o intervalo ao mesmo tempo. Ele descobriu que quanto mais os representantes se engajavam uns com os outros, mais sua produtividade individual aumentava.

COMPETÊNCIA HUMANA: CRIATIVIDADE E INOVAÇÃO

Um software inteligente já pode colocar suas fotos juntas em um design esteticamente agradável, recriar pinturas semelhantes às feitas por Gaugin ou Renoir, e até mesmo escrever uma matéria interessante que se assemelha à que você leu na revista *New York Times* da semana passada. Mas até o momento, não pode fazer um trabalho que toque a alma humana a partir do nada.

Pelo contrário, em um futuro previsível, as máquinas dependerão dos seres humanos para lhes fornecer regras e orientações antes de empreenderem esforços criativos. Elas também precisarão que os humanos reconheçam se o trabalho completado por algoritmos artificialmente inteligentes é bom ou se a intenção simplesmente não se traduz — porque as máquinas não saberão a diferença.

Mesmo que uma máquina faça um trabalho decente criando algo artístico, o produto resultante provavelmente não terá o mesmo impacto para alguns compradores humanos. O sucesso do site Etsy.com ou o seu equivalente no Reino Unido, Notonthehighstreet.com, são exemplos fantásticos de quantas pessoas pagarão mais por produtos artesanais em comparação com aqueles que são fabricados em massa.

A resolução criativa de problemas, que se tornou uma marca tão crítica do sucesso empresarial, também não é uma área que possa ser facilmente usurpada por máquinas. À primeira vista, parece que a resolução de problemas seria muito mais fácil para um computador, que pode, afinal, realizar uma análise objetiva em uma fração de segundo.

Mas em *Humans are Underrated*, Geoff Colvin usou o exemplo da busca de um fabricante de automóveis por uma forma mais eficiente de carimbar os painéis das portas para a sua nova picape. Em teoria, um computador poderia resolver o problema mais rapidamente do que uma pessoa, examinando mais dados e pesando em opções mais rapidamente do que qualquer humano. "Na prática, o problema muda inevitavelmente à medida que tentamos resolvê-lo", escreve ele. "Percebemos que o nosso objetivo não era o que pensávamos que seria, ou que nossos esforços revelaram uma ideia que não tínhamos considerado. Carimbar os painéis da porta da maneira antiga, mas torná-los de alumínio, iluminando o veículo e melhorando a eficiência do combustível. Os seres humanos devem abordar estas situações em que não temos a certeza de qual é realmente o problema e redirecionar continuamente os esforços criativos."

Além disso, esforços criativos e inovações com melhor potencial dependem dos benefícios exponenciais da participação humana contínua. Por exemplo, mesmo que o MasterBot do capítulo dois solicitasse um input criativo de um grupo de outros *bots*, seria pouco provável que tivesse o mesmo efeito que uma equipe humana em que os membros se baseiam nas ideias uns dos outros. Conforme Colvin descobriu, quanto mais os membros da equipe humana trocam, mais criativos são seus resultados, e quanto mais olham nos olhos um do outro e mais dispostos estão em confiar um no outro, mais criativos eles são.

E como realistas empresariais, não podemos esquecer que as inovações têm que ser mais do que meras ideias ou conceitos iniciais se querem ser capazes de ter sucesso. A criatividade é mais bem-sucedida quando uma faísca de uma ideia é difundida e depois totalmente desenvolvida por uma equipe de inovadores humanos.

Alguns humanos são naturalmente mais criativos do que outros, mas a boa notícia para os líderes é que a criatividade é uma habilidade que pode ser praticada e aperfeiçoada como qualquer outra. Construa uma equipe que se sobressaia nessa poderosa vantagem humana, encorajando os empregados a passarem um curto período de tempo (talvez uma ou duas vezes por semana) em um ambiente tranquilo para esvaziar a cabeça e clarear as ideias. Eles devem fazer um esforço consciente para parar de pensar em preocupações cotidianas — como o projeto que terão na próxima semana — e então se engajar em uma atividade criativa como desenhar um quadro ou trabalhar em um quebra-cabeça. Ouvir uma música ou ler um poema pode dar asas à imaginação, assim como chamar um amigo artista para fazer um brainstorm sobre como levar a sua criatividade para o próximo nível.

Em um artigo para *Entrepreneur*, o autor Deep Patel (2017) recomenda uma abordagem semelhante. "Dê a si mesmo tempo para deixar sua mente vagar, explorar, sonhar acordado. Mantenha um diário das suas ideias, por mais fantasiosas ou impraticáveis que sejam." Ele também sugeriu aperfeiçoar a criatividade, exercitando todo o seu cérebro, tanto o lado direito quanto o esquerdo. Tente praticar atividades diárias como escrever o seu nome ou escovar os dentes com a sua mão não dominante. Comece a olhar para as coisas de forma diferente — literalmente — usando o seu telefone de cabeça para baixo.

Finalmente, é do seu interesse institucionalizar o intraempreendedorismo na sua equipe. O intraempreendedorismo é a prática de estratégias empreendedoras dentro do contexto de — e alavancando os recursos de — uma organização estabelecida. Muitas empresas encontraram formas criativas de promovê-lo. A Microsoft Garage fica no antigo escritório de Bill Gates e serve como um espaço para os funcionários de qualquer cargo trabalharem em projetos inovadores. Os fins de semana de startups e os programas de incubadora da Coca-Cola incentivam a equipe a desenvolver e apresentar ideias que levarão a empresa ao próximo nível. A empresa de fotografia Shutterstock organiza um *hackathon*, uma "maratona de hackers", anual de um dia inteiro em que funcionários apresentam demonstrações para novas ferramentas que melhorarão a experiência do cliente. Duas ferramentas que agora são usadas rotineiramente — Spectrum (busca por cores) e Oculus (análise de dados) — foram inicialmente desenvolvidas nos *hackathons* e integradas ao negócio da Shutterstock.

Parece bom, certo? E, realmente, as empresas fazem um bom jogo quando o assunto é inovação, mas isso só acontece quando ela é priorizada por líderes seniores. Sua primeira estratégia aqui é estabelecer um comitê dedicado a criar um novo processo de rotação ou serviço por mês. Dê a cada um de seus funcionários uma tarde ocasional ou um dia inteiro para trabalhar em projetos pelos quais eles têm paixão e que levarão o negócio adiante.

Você também deve recompensar a experimentação. Se insistir que seus funcionários sempre sigam as políticas e procedimentos existentes — mantendo-se dentro do orçamento e na linha — sua organização irá sufocar no longo prazo. Comunique ao seu pessoal que eles devem sentir-se livres para mudar. Incentive os funcionários a assumir riscos e a lançar novas iniciativas, e garanta que eles saibam que se uma ideia falhar, suas carreiras continuarão.

COMPETÊNCIA HUMANA: JULGAMENTO

Em 2014, a produtora do *This American Life* [*Esta vida americana*], da NPR, Sarah Koenig, criou um podcast chamado *Serial*, que envolveu uma nova investigação do assassinato de Hae Min Lee, uma estudante do ensino médio de Baltimore que foi estrangulada em 1999. Seu ex-namorado, Adnan Syed, foi condenado pelo assassinato e estava cumprindo pena perpétua, mas quase duas décadas depois do crime, continuava afirmando sua inocência.

No julgamento original de 1999 de Syed, foram apresentadas várias provas que apoiavam um veredito culpado, mas os dados de seu telefone celular destacavam-se. Os dados pareciam mostrar que as chamadas recebidas por ele provavam que seu telefone estava perto do local onde o corpo de Lee foi encontrado. Só depois de *Serial* é que as pessoas começaram a questionar a veracidade dos registros telefônicos. Em 2016, foi concedida a Syed uma audiência pós-convicção para reexaminar as provas de seu processo. Naquela audiência, Gerald Grant Jr, especialista em perícia de telefones celulares e análise de histórico de localização, testemunhou que apenas chamadas efetuadas são confiáveis para o status de localização, e chamadas recebidas não podem ser consideradas confiáveis para isso.

Embora o procurador-geral adjunto de Maryland, Thiruvendran Vignarajah, tenha tentado corajosamente fazer com que Grant admitisse que poderia estar enganado, a testemunha manteve-se firme. E foi em grande parte devido à força desse testemunho especializado que Syed recebeu um novo julgamento no assassinato de Hae Min Lee.

O juiz do Circuito Municipal de Baltimore, Martin Welch, tinha em sua posse provas aparentemente claras e baseadas em dados, mas confiou em Gerald Grant para interpretá-las. Em outras palavras, confiou no parecer do perito.

No artigo, "Judgment calls", os pesquisadores da Accenture, Ryan Shanks, Sunit Sinha e Robert Thomas comentam que julgar é trabalho para humanos, pois envolve a aplicação de curiosidade intelectual, experiência e expertise em decisões e práticas críticas de negócios quando a informação disponível é insuficiente para sugerir um caminho de sucesso na ação.

Os julgamentos são feitos com base em valores, e os valores emergem da nossa experiência de vida. "Os computadores ainda não experimentam uma vida como a que conhecemos e, portanto, não desenvolvem o que chamamos de valores. Isso coloca um limite fundamental aos papéis que podem desempenhar na sociedade" (Shanks et al, 2016).

Rick Robinson, o diretor de tecnologia para engenharia da Amey, concorda com esse sentimento e argumenta: "À medida que usamos computadores cada vez mais poderosos para criar sistemas logísticos mais sofisticados, podemos fazer com que esses sistemas *se assemelhem* ao pensamento humano, mas sempre haverá situações que só poderão ser resolvidas satisfatoriamente se os humanos empregarem julgamento baseado em valores com os quais possamos ter empatia" (Robinson, 2015). O recente escândalo de *overbooking* da United Airlines foi um exemplo espetacular desses pontos. Um cliente foi violentamente removido de um voo saindo do Aeroporto Internacional O'Hare, em Chicago, porque um membro da tripulação precisava de seu assento. Havia, de fato, uma justificativa comercial para a decisão, e ela era baseada na inteligência da máquina.

A United tinha, sem dúvida, um algoritmo de agendamento que dizia — em termos inequívocos — que aquele tripulante em particular tinha de estar naquele avião. A fim de persuadir um cliente a desistir de seu assento voluntariamente, tenho certeza de que a United também empregou um algoritmo para definir a compensação em oitocentos dólares (e nada mais). E provavelmente havia um algoritmo que dizia à United que certo cliente tinha valor limitado para a companhia e que deveria, portanto, ser removido em favor do membro da tripulação, embora ele não concordasse em aceitar os oitocentos dólares em troca de sair do voo.

A United teve problemas nesse caso porque seus funcionários escutaram cegamente os algoritmos, que simplesmente forneceram as melhores decisões sem considerar uma potencial bomba de problemas na repercussão do caso. Nem um único gerente da United apareceu e disse: "Quer saber? Esse homem não vai sair. Se o removermos à força, vamos ficar mal na opinião dos clientes. E se o machucarmos, podemos ser processados. Ambas as coisas serão terríveis para a nossa reputação e para o nosso negócio em longo prazo."

Mas algum gerente podia ter feito isso. Os seres humanos que podem fazer exatamente esses tipos de tomada de decisão serão altamente procurados no mundo do trabalho do futuro. Shanks, Sinha e Thomas revelaram três categorias de trabalho de julgamento humano e forneceram estes exemplos parafraseados:

- **Discernimento**: as máquinas inteligentes podem reconhecer padrões e correlações, mas são menos capazes de compreender o quadro geral por trás dos relacionamentos e de determinar se um resultado específico é positivo ou negativo no grande esquema das coisas. Às vezes, é preciso experiência humana para dizer que os dados não são exatamente o que parecem.
- **Pensamento abstrato**: máquinas inteligentes podem aderir às regras estabelecidas pelos seres humanos e utilizá-las para realizar operações como a identificação de classes de objetos, mas elas não podem dar o passo adicional de sair dessas regras para gerar percepções totalmente novas.
- **Raciocínio contextual**: os algoritmos podem fornecer muitas informações, mas inevitavelmente há lacunas na compreensão que tornam difícil tomar uma decisão baseada apenas em dados. Nesses casos, contamos com o conhecimento humano do contexto pessoal, histórico e cultural.

O mundo dos negócios de hoje tem tudo a ver com velocidade e agilidade, e como tal, a capacidade de fazer julgamentos rápidos e precisos se tornará um diferencial competitivo cada vez mais valioso para os profissionais humanos. Para permitir que o julgamento efetivo floresça em sua equipe, incentive sua aplicação constante. Em vez de protegê-los de cometer erros, incentive-os a tomar decisões individuais que exijam que aperfeiçoem suas habilidades de julgamento. Isto só pode ser feito com a experiência. Em seguida, incentive-os a trabalhar com outros grupos para que a prática do bom senso seja coletiva e multidimensional a serviço da empresa.

COMPETÊNCIA HUMANA: INTUIÇÃO

O AlphaGo é um programa de computador IA desenvolvido pelo Google DeepMind da Alphabet Inc. para disputar o jogo de tabuleiro Go. De acordo com o Google, Go é considerado muito mais difícil para os computadores ganharem do que outros jogos como o xadrez, porque seu fator de ramificação muito maior torna proibitivamente difícil o uso de métodos tradicionais de IA.

O algoritmo do AlphaGo baseia-se no conhecimento adquirido através da autoaprendizagem, especificamente por meio de uma rede neural artificial que recebe formação tanto em jogos humanos como em jogos de computador. O algoritmo pode armazenar não só milhões de partidas jogadas anteriormente pelos mestres, mas também aquelas jogadas contra versões ajustadas do AlphaGo.

Em um artigo para a *Harvard Business Review*, o professor de negócios, Dae Ryun Chang, da Yonsei School of Bussiness, relatou a vitória do AlphaGo sobre o grande mestre de Go Lee Sedol. Chang comentou que a estratégia de jogo da ferramenta revelou fragilidades que seriam prejudiciais se utilizadas em um ambiente de negócios da vida real, e todas elas têm relação com intuição. Intuição é a capacidade de compreender e decidir sobre um caminho baseado no sentimento instintivo e não no raciocínio consciente. E programas de aprendizagem profunda como o AlphaGo, por mais inteligentes que sejam, definitivamente carecem de certos instintos (Chang, 2016). Na terceira partida, por exemplo, o AlphaGo fez alguns movimentos despretensiosos porque estava apenas preocupado em ganhar aquela rodada, mas nos negócios, você gostaria de aumentar sua vantagem para proteger sua vitória em futuros compromissos. Um humano intuitivo sabe que essa é uma estratégia mais eficaz, mas a IA, não.

Outra falha relacionada à intuição do AlphaGo, segundo Chang, é que o programa é consistente em quanto tempo ele usa por movimento. Na única derrota do AlphaGo na quarta partida, o programa fez uma jogada fatal porque não "pensou" em levar mais tempo para analisar mais de perto a situação. Felizmente para os líderes humanos, a nossa intuição ajuda-nos a avaliar que tipo de tomada de decisões será a mais eficaz em dada situação, mas as máquinas inteligentes ainda não atingiram esse ponto.

Finalmente, o AlphaGo foi ensinado a consultar jogos anteriores quando confrontado com jogadas difíceis da concorrência. Mas, como

Chang observou, situações novas exigem soluções inovadoras, e na quarta partida o AlphaGo foi pego de surpresa quando Lee fez um movimento inesperado que não estava no registro do jogo. "Os gerentes muitas vezes procuram em outro lugar, como em um setor diferente confrontado com um problema análogo, para encontrar uma solução única", diz Chang. "Além disso, embora os humanos possam ser mais falíveis do que as máquinas, nossa força está na capacidade de reconhecer nossa falibilidade e melhorar, assim como Lee fez" (Chang, 2016).

Só porque nós humanos nascemos com intuição não significa que temos que ouvi-la. E ouvir é o que temos que fazer se quisermos manter a nossa vantagem competitiva sobre programas inteligentes como o AlphaGo. As sugestões a seguir podem ajudar os líderes e companheiros de equipe a aprimorar essa habilidade humana crítica:

- **Seguir seu instinto**. O sistema digestivo humano e os seus neurotransmissores têm uma relação estreita com o cérebro humano. Os trabalhadores devem ser encorajados a nunca menosprezar reações imediatas e viscerais e a prestar atenção às sensações físicas que acompanham as situações de trabalho. Por exemplo, se uma colega de equipe se sente receosa quando está prestes a assinar com um novo parceiro de negócios, vale a pena dar um passo atrás e avaliar se o negócio é realmente certo para a organização.
- **Deixe sua energia contar a história**. Colegas de equipe humanos que escutam sua intuição sabem que as situações produtivas e funcionais muitas vezes nos energizam, enquanto as improdutivas e disfuncionais fazem o contrário.
- **Sintonize o canal dos sonhos**. As máquinas inteligentes não sonham, é claro, mas os humanos sim, e alguns dos nossos melhores insights vêm em sonhos e em rápidas explosões de pensamento que nos interrompem enquanto nos concentramos em outra coisa. Instrua os membros de sua equipe a registrar por escrito um momento de inspiração assim que ele chegar.

Destaque
Consultoria de gestão transforma modelo de negócios

A consultoria de gestão é a prática de ajudar as organizações a melhorar o seu desempenho por meio da análise dos problemas organizacionais existentes e do desenvolvimento de planos de melhoria. Durante décadas, o valor dessa análise baseou-se na ideia de que as consultorias de gestão tinham acesso a dados que uma empresa não conseguia obter sozinha. De acordo com Walter Kiechel em seu livro *The Lords of Strategy* [*Os senhores da estratégia*], consultorias como Bain & Co criam rotineiramente "a imagem única" — uma ilustração de dados tão perspicaz para um cliente que ela sozinha valia um milhão de dólares em taxas de consultoria (Kiechel, 2010).

Mas nos últimos anos, as organizações têm sido capazes de adquirir capacidades analíticas para coletar e identificar os dados mais significativos, acabando efetivamente com o monopólio dessa função por parte da consultoria de gestão. Isso poderia ter sido o fim de uma indústria, mas ela tem sido capaz de se reinventar, concentrando-se em onde os dados brutos param e onde começa a explicação humana. Como Richard e Daniel Susskind observaram no livro *The Future of Professions* [*O futuro das profissões*], as empresas começaram a terceirizar e a realizar fora do país a maior parte de suas pesquisas de rotina. Elas deslocaram suas energias da venda de dados para a venda de novos produtos que fornecerão conclusões essenciais sobre esses dados, incluindo fluxos de insights de negócios direcionados e tendências relevantes da indústria (Susskind e Susskind, 2017).

Em outras palavras, a proposta de valor mudou dos próprios dados para a solução de determinado quebra-cabeça desses dados — uma solução que apenas consultores de gerenciamento qualificados têm a experiência para oferecer. Apenas o melhor consultor pode ajudá-lo a compreender as toneladas de dados que chegam por seu software e os conhecimentos, por vezes contraditórios, que chegam de suas fontes on-line. Você precisa de uma pessoa que tenha, por um lado, visto uma centena de situações semelhantes, mas que, por outro, entenda o que é diferente sobre o seu cenário específico.

Na busca de reinvenção da consultoria de gestão, algumas empresas se especializaram em setores específicos da indústria, enquanto outras inventaram novos serviços, como a consultoria comportamental ou a aplicação de insights de psicologia social para problemas de negócios. Mas o resultado final é que empresas como Bain, McKinsey e Deloitte não acabaram porque conseguiram mostrar aos clientes que interpretar corretamente os dados requer habilidades humanas como julgamento e intuição.

COMPETÊNCIA HUMANA: SENSIBILIDADE INTERPESSOAL

Como mencionamos brevemente na introdução, no Japão, a Riken e a empresa Sumitomo Riko lançaram recentemente o Robear, um robô que é utilizado em hospitais para ajudar os doentes a subir e sair da cama. À medida que máquinas como a Robear ganham mais recursos, elas podem assumir mais responsabilidades dos enfermeiros tradicionais. Mas se pensarmos no trabalho de uma enfermeira de hospital, ele é muito complexo. Os enfermeiros têm de ser capazes de olhar para os pacientes e julgar a quantidade de dor que estão sentindo. Têm de ir à cabeceira de alguém e medir uma situação baseada em pistas pouco perceptíveis. Eles têm que saber a coisa certa a dizer quando um paciente ou membro da família está nervoso, irritado, deprimido ou ansioso. Então, basicamente, eles precisam de muita sensibilidade interpessoal.

O traço humano da sensibilidade interpessoal é um fator importante para que o trabalho de "babá" ou "cuidador de crianças" talvez seja o último a ser assumido por robôs. Os robôs podem ser capazes de observar fisicamente uma criança humana para que ela não seja atropelada por um carro ou caia na máquina de lavar roupa, mas levará muito tempo até que estejam equipados para criar uma criança da forma como os adultos têm criado os filhos há milênios: com foco no amor, afeto e união.

No capítulo anterior, falamos sobre computação afetiva e os passos que estão sendo dados para desenvolver máquinas inteligentes que tenham as próprias respostas emocionais para o mundo ao seu redor. No entanto, as aplicações mais sofisticadas da computação afetiva, incluindo uma IA com empatia, estão provavelmente a décadas de distância.

Como Yann LeCun, o diretor da equipe de pesquisa em inteligência artificial do Facebook, disse à *Business Insider*: "A maioria das IAs serão especializadas e sem emoções. O piloto automático do seu carro irá apenas conduzi-lo e não será programado para pensar como se sente sobre isso. As emoções do robô serão rudimentares em comparação aos humanos, refletindo seus objetivos programados com base na antecipação de recompensas" (Del Prado, 2015).

Mas se você é uma máquina inteligente e não uma babá, realmente importa que sua sensibilidade interpessoal não esteja à altura da de um ser humano? De acordo com Geoff Colvin, isso acontece porque as interações humanas são mais críticas do que muitas vezes lhes damos crédito. Em *Humans Are Underrated*, o autor discute um estudo recente com 21 mil pacientes com diabetes e 271 médicos. A pesquisa constatou que os pacientes atendidos por médicos empáticos apresentavam níveis mais saudáveis de açúcar no sangue e colesterol e tinham menos problemas clínicos do que os pacientes cujos médicos demonstravam menos empatia (Colvin, 2016).

Certo, mas digamos que você não seja uma babá, enfermeira ou médica. A capacidade humana de se conectar com outros humanos e construir relacionamentos ainda é extraordinariamente valiosa. Colvin também citou o exemplo da American Express, que decidiu descartar os roteiros que surgiam nas telas dos trabalhadores que estavam atendendo ligações telefônicas de serviço ao cliente. Quando os representantes foram autorizados a dizer o que queriam, suas verdadeiras personalidades foram reveladas e eles conseguiram estabelecer uma relação mais forte com os clientes. Os resultados foram surpreendentes e incluíram margens de lucro crescentes, menor desgaste dos funcionários e clientes com maior probabilidade de recomendar a American Express a um amigo.

Os seres humanos também podem usar suas habilidades interpessoais para persuadir outros de uma maneira que não é acessível às máquinas. Colvin mencionou a narração de histórias, em que os ouvintes humanos decidem se confiam em um contador de histórias humano e avaliam o grau de paixão que ele ou ela traz para o conto. Biologicamente, quando ouvimos histórias, nossos cérebros liberam oxitocina, que promove a ligação com outros seres humanos. As histórias geradas por computador, por outro lado, não têm o mesmo efeito.

Colvin diz que as pessoas continuarão a procurar serviços de outras pessoas quando esses exigirem sensibilidade interpessoal, mas o desafio será encontrar outros humanos para fornecê-los. Aqui estão algumas estratégias para compartilhar com os membros de sua equipe para que eles possam estar entre os poucos empáticos de Colvin, que raramente são encontrados e são altamente valorizados:

- **Olhe para a situação de outra forma**. Imagine os fatores que levariam alguém a ter um ponto de vista oposto. Por exemplo, talvez a pessoa tenha tido uma educação incomum, ou uma experiência particular que tenha marcado sua vida. Considere se a opinião da pessoa está errada, ou simplesmente é diferente.
- **Valide aqueles que discordam de você**. Enxergue o ponto de vista alternativo e reconheça-o. Mostre à outra pessoa que você se importa com ele ou ela e que não está fechado a uma discussão, mesmo que vocês não estejam do mesmo lado.
- **Escute, e se estiver em dúvida, escute um pouco mais**. Em vez de ignorar ou julgar automaticamente outro ponto de vista, faça perguntas para chegar ao cerne da questão. Pegue o que alguém diz e peça sua opinião sobre a melhor maneira de chegar a um acordo.
- **Leia clássicos da literatura e peças de teatro**. Sair de situações externas com indivíduos da vida real, explorando personagens fictícios, pode ajudá-lo a praticar a compreensão dos processos de pensamento e motivações dos outros.

A boa notícia é que a empatia e a sensibilidade interpessoal estão agora sendo incluídas em muitos currículos de desenvolvimento de liderança. Alguns programas permitem que os participantes pratiquem a sua utilização em situações da vida real.

Por exemplo, vários sistemas hospitalares em todo o mundo, incluindo as universidades de Baylor e do Missouri, estão colocando seus médicos em treinamentos de empatia com atores representando os pacientes. Os cenários incluem ter uma interação de rotina em uma clínica ou hospital e dar más notícias ou um diagnóstico que mudará a vida da pessoa. Posteriormente, o médico e o ator se reúnem com os facilitadores para revisar o desempenho do médico e como melhorá-lo.

O CONHECIMENTO NÃO É UMA VIRTUDE: MUDANDO A FORMA COMO SUA EQUIPE APRENDE

Só porque os humanos são capazes de ter essas habilidades não significa que eles necessariamente as demonstrem. E, de acordo com a pesquisa que realizei com o Conselho Consultivo de Carreira da Universidade de DeVry, a maioria dos gerentes de contratação sente que os candidatos a um emprego geralmente não possuem habilidades sociais. No primeiro capítulo, falamos da pesquisa anual do Conselho Consultivo de Carreira, Job Preparedness Indicator, que identifica as lacunas entre as competências e os traços que os candidatos têm, e as que os empregadores procuram para preencher as vagas em aberto. Na iteração mais recente, nos três níveis de emprego — júnior, pleno e sênior — os gestores citaram as competências transversais e traços como integridade, resolução de problemas, capacidade interpessoal e capacidade de adaptação — como essenciais, mas não suficientemente presente naqueles que procuram emprego.

Em um estudo de acompanhamento, perguntamos a quinhentos gerentes de contratação sobre as habilidades que os candidatos humanos precisarão em um mundo cada vez mais operado por máquinas. Descobrimos o desejo de maiores habilidades técnicas aplicadas, ou a capacidade de impulsionar a tecnologia para o benefício de uma organização, em vez da capacidade de implantar tecnologias específicas por conta própria. Dos nossos entrevistados, 75 por cento disseram que os empregados devem entender como usar a tecnologia para informar e conduzir decisões de negócios, enquanto 84 por cento afirmaram que os funcionários que sabem como usar as ferramentas tecnológicas certas em suas áreas são mais eficazes (Levit, 2017).

Ambos os estudos revelaram que os trabalhadores já não podem mais aprender uma habilidade e depois achar que é o suficiente para o resto das suas carreiras. As organizações querem que o seu pessoal se aproprie da aprendizagem contínua e da reciclagem quando um conjunto de competências se torna obsoleto ou quando surge uma nova necessidade. Em outras palavras, eles devem ter o que chamamos de aprendizagem ágil.

Um antigo gerente me disse uma vez que eu tinha a capacidade de assimilar informações com rapidez, que ele poderia me dizer como fazer algo e eu então aplicaria esse conhecimento a uma variedade de diferentes situações. Agora vejo esse feedback como um grande elogio, pois ele sentiu que eu tinha agilidade no aprendizado, e isso é fundamental para o sucesso no mundo dos negócios do século XXI.

A agilidade na aprendizagem é a abertura à informação e a capacidade de ganhar e aplicar conhecimentos. As pessoas com essa característica muitas vezes seguem um caminho não tradicional e são capazes de se desenvolver profissionalmente em uma gama de experiências. Pessoas que aprendem com agilidade não são perturbadas por mudanças de direção. Elas estão focadas no resultado final e estão dispostas a se expor. Quando caem, voltam a se levantar. Elas assumem riscos e muitas vezes recebem recompensas proporcionais.

A empresa de consultoria Green Peak Partners colaborou com pesquisadores do Teachers College da Universidade de Columbia para avaliar o valor que a aprendizagem de indivíduos ágeis traz para suas organizações. O estudo descobriu que grandes executivos de empresas privadas, classificados como excelentes pela agilidade no aprendizado em um teste de avaliação, também superaram os pares menos ágeis quando medidos pelo crescimento da receita e pela "classificação da chefia" emitida por seus conselhos (Flaum e Winkler, 2015).

Felizmente, há muito que você pode fazer para promover a agilidade de aprendizado em si mesmo e em sua organização. Por exemplo:

- **Sempre faça a seguinte pergunta.** Quais são as dez maneiras diferentes que eu poderia abordar isso? Você pode não executar todas as ideias que surgirem, mas não deve descartar nada em um primeiro momento.
- **Procure pelo ponto em comum.** Que aspectos de seus projetos atuais são como projetos ou desafios que você já enfrentou anteriormente? Por exemplo, se uma campanha de marketing atual não estiver funcionando como planejado, o problema poderia ser semelhante ao da implementação da tecnologia do ano passado, para a qual você não fez pesquisa prévia de audiência o suficiente?
- **Torne-se mais reflexivo.** Explore o "e se?" e caminhos alternativos para projetos em que está envolvido. Nunca deixe passar uma oportunidade de feedback genuíno, pergunte: "Quais são as três ou quatro coisas que eu poderia ter feito melhor?" Certifique-se de que é uma pergunta aberta, mas específica, para que você possa agir sobre o que aprendeu.
- **Corra mais riscos.** Procure por tarefas extenuantes onde o sucesso não é garantido. Elas podem envolver novas funções, novas partes da empresa ou novos lugares.
- **Evite ficar na defensiva.** Quando um projeto corre o risco de fracassar, não se esforce para cobrir seus rastros ou procure alguém que você possa culpar. Aceite que é falível e reconheça o passo errado. Capture os principais aprendizados e faça um esforço consciente para tomar um caminho diferente na próxima vez.
- **Não desencoraje inconscientemente a aprendizagem ágil dos companheiros de equipe.** Os indivíduos com agilidade de aprendizagem desafiam constantemente o *status quo* e podem parecer "grosseiros" para os colegas mais diplomáticos e liberais. A atitude atrevida pode ser muito desagradável. No entanto, eles têm um valor inegável, e quanto mais indivíduos como esses tivermos trabalhando para nós em todos os níveis, melhor estaremos em nossos esforços para provar o valor de nossa humanidade!

Em seu livro *The Future-Proof Workplace* [*O local de trabalho à prova de futuro*], Linda Sharkey e Morag Barrett escrevem que, no passado, a educação poderia ser descrita pelo "I", ou conhecimento profundo e expertise em uma área. Contudo, a forma do aprendiz do futuro é melhor representada por um "T", porque uma única área de especialização simplesmente não funciona em um local de trabalho cada vez mais complexo. Em vez disso, os trabalhadores devem ser mais flexíveis e possuir conhecimentos em todas as disciplinas. "O mecânico de automóveis de hoje é um grande exemplo do novo aprendiz de 'T', com um profundo conhecimento de mecânica, além de habilidades de engenharia para lidar com a eletrônica incluída no projeto do carro" (Sharkey e Barrett, 2017).

Felizmente, está ficando mais fácil obter uma educação mais geral, ou treinar uma nova habilidade específica, sem um longo processo de busca por diplomas. Graças ao aumento dos cursos livres on-line (*massive open online courses*, MOOCS), os funcionários não precisam nem sequer abandonar suas mesas. O gerente de fundos da Hedge, Salman Khan, lançou a Academia Khan com uma série de palestras no YouTube, destinadas a ensinar matemática aos jovens de seu país. Agora, a academia abriga milhares de vídeos sobre tudo, de história da arte a física, a maioria com apenas alguns minutos de duração. A Udacity oferece "nanocertificados", que fornecem treinamento e certificação em assuntos e habilidades técnicas (cibersegurança, engenharia de software, etc.), e levam de seis a doze meses para serem obtidos.

Surpreendentemente, muitos dos melhores MOOCS são gratuitos. Por exemplo, o cientista da computação, Sebastian Thrun, ministrou um curso sobre IA para estudantes de Stanford enquanto também o oferecia como um MOOC gratuitamente on-line. Mais de 160 mil pessoas se inscreveram.

Os MOOCS representam o futuro da educação, que, como Sharkey e Barrett pontuam, precisa ser reinventada, com foco em como o conhecimento vai ser usado e aplicado. Precisamos também encorajar os nossos cidadãos a avaliarem por si próprios qual o curso seria mais adequado em um determinado momento. O mundo do trabalho do futuro exige que cada um de nós procure e participe rotineiramente na aprendizagem autodirigida.

Se seus colegas de equipe precisam de um modelo para isso, eles precisam apenas olhar para muitos dos alunos da escola de hoje. O popular método de ensino privado, fundado por Maria Montessori no início do século XX, ensina as crianças a seguir a curiosidade em vez de instruções diretas. E mesmo em outros tipos de escolas, a sala de aula invertida está tomando conta. Usando esse método, as crianças utilizam recursos digitais para dominar um tema por conta própria e o instrutor facilita uma discussão posterior. Dessa forma, as crianças podem aprender no próprio ritmo e concentrar-se no material que promove mais interesse e utilidade.

As seguintes ideias adicionais podem ajudar os membros de sua equipe a manter seus conjuntos de habilidades atualizados:

- **Desafie as mentalidades pré-existentes**. Esteja aberto a novas formas de fazer as coisas. Preste atenção aos processos e exemplos que sua equipe está usando para tratar de questões específicas. Se parece que estão lhe dizendo para fazer algo de forma diferente, essa é uma pista de que você precisa atualizar sua postura.
- **Seja curador do seu conteúdo de aprendizagem**. Entre o material disponível gratuitamente on-line e a extensa biblioteca que, inevitavelmente, existe dentro de sua organização, sua equipe provavelmente tem acesso a toda informação necessária. No entanto, cabe à cada equipe assegurar que esses conteúdos estejam organizados e facilmente acessíveis. Por exemplo, minha editora Kogan Page está em processo de criação de uma plataforma digital que permitirá a qualquer funcionário pesquisar e ler o conteúdo de mais de novecentos títulos do acervo. Isso certamente é melhor do que ter que pegar um livro de cada vez na biblioteca!
- **Não se esqueça das suas habilidades manuais**. Quando uma tarefa é automatizada, é fácil esquecer como costumava realizá-la, mas nunca se sabe quando essa habilidade será uma vantagem. Por exemplo, embora eu tenha programas de ortografia e verificação gramatical há anos, ainda pratico o meu domínio da língua inglesa sem essas ferramentas. E, de fato, houve momentos em que um executivo me fez uma pergunta de ortografia ou gramática em uma reunião.
- **Introduza a aprendizagem na sua cultura**. Construa oportunidades de aprendizagem contínua em responsabilidades diárias,

alinhe-as com as expectativas de desempenho e recompense o coaching entre colegas. Embora os recursos on-line possam ir muito longe, não há nada como sentar-se ao lado de um colega mais experiente para aprender algo novo!

Destaque
Gamificação e simulação

Os avanços digitais oferecem a promessa de experiências de aprendizagem convincentes e envolventes. A gamificação, por exemplo, aplica elementos típicos de jogo (por exemplo, pontuação, competição com outros, regras de jogo) a uma tarefa relacionada ao trabalho, enquanto as simulações nos permitem planejar cenários disruptivos do mundo real sem prejudicar a nós mesmos ou nossas organizações. Ambos são divertidos de uma forma que encoraja o progresso, motiva a ação, influencia o comportamento e impulsiona a inovação.

Em um artigo para a *Forbes*, Jeanne Meister do Future Workplace compartilhou o que o Walmart está fazendo com o desenvolvimento de aplicativos e gamificação. Há alguns anos, o Walmart começou a oferecer treinamento em segurança para cinco mil funcionários em oito centros de distribuição. A formação Gamifying Safety Train abordou uma questão de negócio significativa: garantir que uma força de trabalho amplamente dispersa aderisse aos procedimentos de segurança no trabalho (Meister, 2015).

A plataforma de jogos do Walmart era composta por aplicativos de apenas três minutos incorporados ao fluxo de trabalho. Não só o sistema era competitivo (e sim, viciante), mas também levava os funcionários a falar sobre seus rankings no jogo e a importância de aderir aos protocolos de segurança. É esse aspecto emocional da gamificação que tem os benefícios mais profundos para alterar o comportamento dos funcionários e, para provar isso, o Walmart identificou uma redução de 54 por cento nos incidentes de segurança nos oito centros de distribuição que utilizaram a gamificação.

Pensando em simulação, Li Whybrow, do eLearningIndustry.com, explicou como o Lloyds Banking Group, no Reino Unido, incorporou a estratégia em seu programa de atendimento ao cliente. "A nova equipe devia entender a complexidade dos regulamentos e das boas práticas no que diz respeito ao manuseio de dados confidenciais e à verificação de clientes", escreve Whybrow. "Isso não podia ser feito usando dados reais, então a Lloyds trabalhou com vários fornecedores de tecnologia para construir um clone totalmente simulado do sistema usando dados fictícios fornecidos pelo banco" (Whybrow, 2015).

O programa orientado por simulação usa um jardim murado, ou seja, um ambiente que direciona a navegação do usuário, facilitando uma progressão clara. Seu roteiro e *storyboard* fortes, além do rico conteúdo de vídeo, ajudaram os novos funcionários a criar empatia com os clientes e a aprender a buscar ajuda apropriada de recursos internos.

À medida que nos aproximamos de 2030, aplicações mais sofisticadas de gamificação e simulação substituirão ainda mais as técnicas de aprendizagem eletrônica estagnadas dos anos 2000. Adicione um pouco de realidade virtual — sobre a qual falaremos mais tarde — à mistura, e seus colegas de equipe terão uma variedade de opções imersivas e divertidas para aprimorar suas características humanas mais comercializáveis.

A ARMADILHA DA PARCIALIDADE: SUPERANDO O CALCANHAR DE AQUILES HUMANO

Neste capítulo, mostramos que os seres humanos sempre terão certas vantagens sobre as máquinas inteligentes. Mas quando se trata de ser objetivo com seres humanos e tratá-los igualmente na ausência de noções preconcebidas, as máquinas nos vencem.

Não é intencional, e é por isso que se chama preconceito inconsciente. Um viés inconsciente é uma atitude automática em relação a gênero, idade, raça e assim por diante que não estamos cientes de que temos e de que agimos de acordo com isso. Os preconceitos inconscientes estão ligados aos humanos. A capacidade de categorizar rapidamente as pessoas ajudou nossos antepassados a distinguir amigos de inimigos e nos ajuda a classificar bilhões de informações todos os dias.

Mas os preconceitos inconscientes nos impedem de ver as pessoas como indivíduos e, portanto, podemos interpretar mal as suas capacidades. Vemos o que nosso preconceito diz que vamos ver, e damos peso extra a qualquer informação que o reforce. Também é importante notar que é mais provável que sejamos vítimas de nossos preconceitos quando estamos sob estresse, pressionados pelo tempo ou com o prazo apertado para tomar uma decisão.

Em seu livro *Lean In*, Sheryl Sandberg descreveu um dos mais famosos estudos de pesquisa sobre preconceito inconsciente, que foi conduzido pela Columbia Business School (Sandberg, 2013). Os professores pediram aos alunos para ler um caso baseado em Heidi Roizen, uma conhecida capitalista de risco no Vale do Silício. Designaram metade dos alunos para ler a história de Heidi, a outra metade para ler uma versão do caso em que o nome tinha sido mudado para Howard.

Os alunos classificaram Heidi e Howard como igualmente competentes, o que fazia sentido uma vez que suas realizações eram idênticas. Mas eles consideravam Howard como um colega mais atraente, enquanto viam Heidi como egoísta e "não sendo o tipo de pessoa que você gostaria de contratar ou trabalhar". Os alunos inconscientemente acreditavam que, por ser tão competente, Heidi não poderia ser uma boa pessoa.

Preconceitos inconscientes como esses resultam em quedas de produtividade, de criatividade, na redução na tomada de riscos, e na erosão da confiança, engajamento, autoconfiança e moral. O primeiro passo nessa luta é estar atento e desafiar seus pensamentos implícitos e imediatos ao encontrar outra pessoa. Aqui estão algumas ideias para proteger a si mesmo e sua equipe dessa fraqueza humana:

- **Reconheça que, como seres humanos, nossos cérebros cometem erros sem que saibamos**. Somos todos tendenciosos e tomar consciência dos próprios preconceitos nos ajudará a mitigá-los no local de trabalho.
- **Eduque a si mesmo, seus líderes, seus colegas e seus**

funcionários sobre o preconceito. A simples sensibilização pode reduzir as definições por estereótipos.
- **Revise todos os aspectos do ciclo de vida do emprego em busca de parcialidade oculta.** Isso inclui triagem de currículos, entrevistas, integração, processo de atribuição, planejamento de pessoas/busca por talentos, programas de mentoria, avaliações de desempenho, promoções e rescisões. No capítulo nove, falaremos sobre um software que pode ajudar.
- **Examine os critérios utilizados.** Este é o critério certo, ou intencionalmente exclui certos tipos de bons candidatos ou resultados? Cuidado para não tomar qualquer decisão baseada na ideia de que alguém "não é compatível".
- **Considere se as pessoas que são semelhantes a você (mesmo sexo, etnia, nível de educação e assim por diante) recebem mais do seu tempo.** Como líder, lute pela "igualdade de atenção".
- **Seja um comunicador acessível e aberto.** Se os membros da equipe sentirem que podem falar com você sobre questões sensíveis, evitará que as situações preconceituosas se agravem.
- **Conduza pesquisas de pulso.** Procure entender quais questões específicas de parcialidade oculta e injustiça podem existir em sua equipe. Se a discriminação for identificada, esforce-se para intervir e faça as perguntas difíceis necessárias.
- **Realize pesquisas anônimas com ex-funcionários.** Procure compreender os problemas que enfrentaram e se eles incentivam ou desencorajam possíveis funcionários a se candidatarem a cargos na sua organização.
- **Identifique e apoie programas que aumentem a diversidade de** pipeline. Recompense os funcionários que se voluntariam nesses grupos, crie estágios e outras pontes, e celebre histórias daqueles que superarem com sucesso os obstáculos.
- **Imagine-se no lugar de um membro da equipe.** Pergunte rotineiramente: "Será que este cenário é justo?" Ou imagine que a pessoa é seu filho. Gostaria que ele ou ela fossem tratados assim?

Agora que examinamos as competências de que o nosso pessoal

necessitará no futuro local de trabalho e exploramos a forma de desenvolvê-las, passemos à estrutura do próprio emprego. No capítulo seguinte, vamos abordar a forma de incorporar a organização do trabalho evolutivo desde o horário flexível até a telepresença.

PLANO DE AÇÃO

Responda estas perguntas hoje para estar preparado para o futuro mercado de trabalho de 2030:

1. Imagine que seu CEO anunciou a intenção de substituí-lo por um robô humanoide com toda sua experiência na indústria e conhecimento relacionado ao trabalho. Que exemplos você usaria para argumentar que é melhor como líder?

2. Quando foi a última vez que um membro da equipe previu algo que ninguém mais na sua indústria ou empresa viu chegar? O que foi único em seu processo de pensamento? Como a sua organização recompensa a inovação dos empregados atualmente? Que técnicas intraempresariais garantem que você está capturando e implementando todas as melhores ideias que seu pessoal tem para oferecer?

3. A sua equipe sofre de paralisia de análise? O que você pode fazer como líder para incentivar uma tomada de decisão mais ágil?

4. Será que a formação dos colaboradores hoje disponíveis se concentra em competências como a criatividade, o julgamento e a intuição? Como você pode ajustá-la para incorporar melhor esses aspectos?

5. Que estratégias sua organização possui para combater o preconceito inconsciente durante o ciclo de vida do funcionário? Como sua equipe pode ir além na erradicação do preconceito?

RESUMO DO CAPÍTULO

- Nossa sociedade de base tecnológica inventou novas formas de organizar o trabalho profissional que são mais sustentáveis, acessíveis e, talvez, mais propícias ao aumento da qualidade do que a abordagem tradicional. E nenhuma delas envolve a eliminação total de empregos humanos.

- Em um futuro previsível, as máquinas dependerão dos seres humanos para lhes fornecerem regras e orientações antes de empreenderem esforços criativos. Elas também precisarão que os humanos reconheçam se o trabalho feito por algoritmos artificialmente inteligentes é bom ou se a intenção simplesmente não foi traduzida, porque as máquinas não saberão a diferença.
- As pessoas continuarão procurando serviços de outras pessoas quando eles exigirem sensibilidade interpessoal, mas o desafio será encontrar outros seres humanos para fornecê-los. É de seu interesse treinar os membros de sua equipe para que estejam entre os poucos capacitados, que serão difíceis de encontrar e altamente valorizados.
- A agilidade no aprendizado é a abertura à informação e a capacidade de obter e aplicar insights. Pessoas de aprendizado ágil não são perturbadas por mudanças de direção. Elas assumem riscos e muitas vezes recebem recompensas proporcionais. O mundo do trabalho do futuro exige que cada um de nós desenvolva agilidade no aprendizado e busque rotineiramente a aprendizagem autodirigida.
- O preconceito inconsciente é o calcanhar de Aquiles humano, e resulta em menor produtividade, criatividade e tomada de riscos, bem como a erosão da confiança, do compromisso, da autoconfiança e da moral. O primeiro passo para combatê-lo é estar atento a pensamentos implícitos e imediatos.

4
ESTRUTURAS EVOLUTIVAS DE TRABALHO

É um dia de primavera sem nuvens no centro de Chicago. Estou visitando a sede centro-oeste de um cliente global com quem trabalho há vários anos. Eu saio do elevador para uma entrada deslumbrante de mármore. A água flui tranquilamente por uma parede para uma piscina baixa de xisto, e as janelas de vidro que vão do chão ao teto oferecem uma vista incomparável do horizonte da cidade. Depois de obter um crachá de visitante com a recepcionista, vou à sala de conferências para encontrar o meu cliente.

Fico impressionada com o silêncio. Deve haver pelo menos duzentas salas e cubículos no andar e, no entanto, não há som de impressoras, nem máquinas de café ou telefones tocando. Apesar de serem dez da manhã, poderia ser dez da noite, porque o impressionante edifício de escritórios do meu cliente está quase vazio.

A empresa tem funcionários, claro. Mas a maioria trabalha remotamente de acordo com a política de home office. E não consigo deixar de me perguntar quanto tempo mais a empresa vai investir em um espaço físico tão grande onde os funcionários já não trabalham e poucos visitantes como eu vêm admirar.

No momento em que escrevo, meu cliente não é o único a manter um espaço tão inspirador. A Apple apresentou o Apple Park, um campus de mais de setecentos mil metros quadrados que custou cinco bilhões de dólares e abriga doze mil pessoas. "O edifício futurista circular de quatro andares assemelha-se a uma nave espacial pousada", comenta um blogueiro no site do Fórum Econômico Mundial (Brodie, 2017). Construído com a visão do falecido Steve Jobs, a instalação inclui auditórios e centros *fitness*, mais de três quilômetros de pistas de corrida, mil bicicletas e um pomar. O campus funciona inteiramente com energia renovável e destina-se a ser a sede da reconhecida inovação da Apple. A empresa aposta na ideia de que a mãe de todos os locais de trabalho modernos irá inspirar os seus trabalhadores a uma maior realização.

Os americanos muitas vezes gostam de fazer coisas grandes, mas os europeus também estão em ação. Como salientou o blogueiro do WE Forum, o edifício Edge, em Amsterdam, concebido para a empresa de consultoria Deloitte, foi considerado o espaço mais verde e possivelmente mais inteligente do mundo. Tem até máquinas de café expresso que "reconhecem" os funcionários e se lembram de como eles gostam do seu café.

No entanto, o uso de escritórios tradicionais está destinado a diminuir nos próximos anos, porque simplesmente não faz mais sentido em termos de negócios. Além das tendências de *flexwork* e acesso móvel, que discutiremos mais adiante, pesquisas agora indicam que os deslocamentos pendulares diminuem a produtividade. De acordo com o *Huffington Post*, empresas como Xerox e Gate Gourmet observaram uma conexão entre longos períodos de deslocamento e menor retenção de funcionário (Chung, 2016).

O edifício de escritórios não é a única estrutura de local de trabalho tradicional que será deixada de lado. Este capítulo irá explorar outros, focando em coworking, *flextime*, equipe virtual e *swarms* (ou mutirões) — bem como a infusão de tecnologia de acesso remoto como realidade aumentada, realidade virtual e telepresença.

O CRESCENTE MOVIMENTO DE COWORKING

O coworking reúne diferentes tipos de empregados, de uma variedade de organizações, para trabalhar em um espaço comum. De acordo com o relatório da Knoll, *The Rise of Co-working* [*A ascensão do coworking*], a quantidade de espaços de trabalho conjunto em todo o mundo aumentou em setecentos por cento nos últimos anos, subindo para 37 mil até a publicação deste livro (Knoll, 2017).

O coworking tem suas origens no surgimento dos *hackerspaces* da década de 1990, ou espaços físicos onde pessoas com interesses comuns em tecnologia digital podiam se reunir para trabalhar em projetos enquanto compartilhavam ideias, equipamentos e conhecimentos. Eram os solitários empreendedores, freelancers, *side-giggers*, empreiteiros independentes e trabalhadores iniciantes que precisavam de um lugar para trabalhar onde pudessem tirar proveito da ocasional companhia humana. Mas, cada vez mais, as organizações estabelecidas com muitos empregados estão reconhecendo o valor de compartilhar recursos, oferecendo amenidades competitivas e úteis e espaços de trabalho flexíveis que os funcionários podem acessar sob demanda.

A Knoll descobriu que as empresas adotaram o coworking de várias maneiras, incluindo o lançamento de escritórios satélite ou incubadoras em coworkings existentes, e encorajando seus funcionários remotos ou que trabalham em casa a juntar-se em espaços de trabalho conjunto para vivenciar colaboração, responsabilidade integrada entre colegas e satisfação no trabalho. Em um estudo recente da Knoll com 1.500 funcionários em 52 países, 84 por cento dos indivíduos entrevistados relataram que estavam mais engajados e motivados desde que se juntaram à sua comunidade de trabalho, 82 por cento citaram um aumento no tamanho da sua rede de negócios, e 83 por cento relataram uma diminuição no senso de isolamento (Knoll, 2017).

A cadeia de coworking mais famosa hoje em dia é a WeWork. Lançada inicialmente em Nova York, a empresa presta serviços a dezenas de milhares de trabalhadores em todo o mundo e é atualmente a sexta empresa privada mais valiosa do mundo. Seus inquilinos incluem funcionários de P&D e de inovação de grandes empresas da Fortune 500, como GE, Merck e KPMG, bem como empreendedores em série que se beneficiam da colaboração próxima de indivíduos com a mesma mentalidade.

A Knoll citou outro exemplo intrigante em Nova York. O Civic Hall é uma comunidade e espaço de trabalho configurado para alocar uma série de atividades, que vão desde trabalho diário e colaboração até grandes reuniões e oportunidades de aprendizagem que incluem palestras, seminários, programas de mentoria, conferências e recepções. O espaço em si é destinado a flexibilizar e adaptar, permitindo que o centro comunitário sirva e conecte indivíduos do mundo dos negócios e do governo até o mundo acadêmico, do jornalismo e da política.

De acordo com o relatório da Future Hunters, *Workreation*, a cada ano as organizações se sentem mais seguras com os acordos de coworking. "Krash é uma rede de espaços de *co-living* onde fundadores, empreendedores e inovadores vivem sob o mesmo teto por três a doze meses, e a WeLive é o conceito residencial do WeWork, que oferece benefícios semelhantes aos seus espaços de trabalho", escrevem os autores. Da mesma forma, a Ungrounded é uma iniciativa da British Airways destinada a facilitar a cooperação e a inovação no céu. "Recentemente, o evento reuniu cem líderes tecnológicos em um voo de São Francisco a Londres sem wi-fi e encarregou-os de conceber uma nova ideia de plataforma para os países em desenvolvimento" (The Future Hunters, 2016).

Outra estratégia de adoção de coworking permite que os funcionários colaborem, dentro do espaço de uma empresa, com parceiros externos, pesquisadores e clientes de forma consistente. Dessa forma, o coworking também pode criar um fluxo extra de receita a partir do espaço subutilizado que eles podem possuir ou alugar no momento. A Knoll sugere que, com o aluguel de escritórios vagos para fornecedores ou parceiros com os quais já estão colaborando, as empresas podem aumentar a eficiência da equipe e, ao mesmo tempo, alavancar ativos imobiliários valiosos (Knoll, 2017).

Para muitas organizações na próxima década, o coworking se tornará uma parte crítica do quebra-cabeça da gestão de talentos. A escassez de talentos que discutimos no capítulo um requer o desenvolvimento de melhores formas de fomentar a inovação, o desenvolvimento de produtos e a velocidade de chegada ao mercado. Além disso, teorizou Knoll, na medida em que as empresas buscam atrair funcionários mais jovens, terão mais sucesso se replicarem os ambientes colaborativos e criativos oferecidos nos campi universitários de hoje. Finalmente, as iniciativas de colaboração podem ser um método eficaz para impulsionar os *pools* de talentos globais. Knoll citou o exemplo da expansão do Google no Oriente Médio e na África Setentrional. O Google colocou-se no mapa dessa região do mundo ao estabelecer uma parceria com a AstroLabs, uma empresa de consultoria em empreendedorismo local, para abrir um espaço de trabalho conjunto em Dubai.

É provável que os espaços de coworking cresçam até que os escritórios tradicionais sejam a exceção e não a regra. Contudo, isso não significa que o conceito seja perfeito. Ao longo dos próximos anos, as organizações precisarão abordar alguns problemas persistentes enfrentados pelas equipes de coworking, incluindo a falta de uma cultura empresarial coesa e lealdade aos colegas de trabalho, comunicação inconsistente, riscos de segurança e a tendência à superlotação e ao caos geral. E, como falaremos na próxima seção, as organizações devem regulamentar os acordos de empregos não tradicionais, incluindo coworking, por meio de políticas de emprego abrangentes.

Enquanto isso, freelancers e outros trabalhadores independentes continuam a levar o coworking para o próximo nível. O coworking é agora oficialmente parte da economia compartilhada, na qual os recursos não utilizados, como veículos ou apartamentos, são compartilhados na busca de lucro extra. Países como a Malásia, Cingapura, Filipinas e Hong Kong estão até utilizando marketplaces em tempo real como o FlySpaces.com para localizar os espaços mais eficazes para trabalhar. Se a necessidade é de uma hora, um dia, uma semana ou alguns meses, o FlySpaces.com encontrará o espaço certo entre centenas de opções disponíveis no Sudeste Asiático para profissionais móveis e startups.

Se um profissional trabalha para uma organização global com uma série de centros de espaço físico interconectados, ou se normalmente trabalha em um único escritório em casa, é apenas uma questão de tempo até que ele possa chegar em qualquer grande cidade do mundo e encontrar o lugar ideal para realizar uma reunião ou trabalhar em um projeto.

A FLEXIBILIDADE COMO NORMA

Na década anterior, muitas organizações foram arrastadas para políticas de trabalho flexível aos trancos e barrancos. O *The New York Times* informou recentemente que quase 45 por cento dos trabalhadores dos Estados Unidos passam pelo menos algum tempo trabalhando remotamente (Chokshi, 2017). Felizmente, os benefícios do trabalho flexível estão agora bem estabelecidos. Um estudo recente da Associação Americana de Sociologia (American Sociological Association, ASA) afirmou que os trabalhadores de TI de uma empresa da Fortune 500 que participaram de um programa piloto de flexibilidade expressaram níveis mais altos de satisfação no trabalho e níveis reduzidos de *burnout* e estresse psicológico do que os funcionários da mesma empresa que não participaram desse programa (ASA, 2016).

Esta é a primeira vez que um estudo controlado foi usado para medir os efeitos da flexibilidade no local de trabalho em uma empresa dos Estados Unidos. No experimento, os participantes foram divididos em dois grupos: metade dos grupos de trabalho participou de um programa piloto, onde aprenderam sobre práticas de trabalho destinadas a aumentar seu senso de controle sobre suas vidas profissionais. Essas práticas focaram nos resultados, em vez de se concentrarem no tempo de presença no escritório. Os funcionários então implementaram essas práticas, que variavam de mudar seus horários de trabalho e trabalhar mais de casa, a repensar o número de reuniões diárias de que participavam, aumentando a comunicação via mensagens instantâneas e fazendo um trabalho melhor de antecipar períodos de alta demanda, como por exemplo, em torno de lançamentos de software. Os gerentes do grupo piloto também receberam treinamento de supervisores para encorajar o apoio à vida familiar/pessoal e ao desenvolvimento profissional de suas equipes.

O grupo de controle foi excluído do treinamento e regido pelas políticas pré-existentes da empresa. Os resultados foram claros. Os funcionários que participaram da iniciativa organizacional disseram que sentiam mais controle sobre seus horários e maior apoio de seus chefes, e estavam mais propensos a dizer que tinham tempo suficiente para passar com suas famílias. Além disso, esses funcionários relataram maior satisfação no trabalho, menos desgaste e estresse. Eles também relataram diminuições no estresse psicológico, que capta sintomas depressivos que não estão relacionados à depressão clínica.

Mas nem todas as empresas definem o trabalho flexível como o ASA. O trabalho flexível pode parecer muito diferente dependendo da organização e da cultura em questão. Inicialmente, envolvia dias úteis típicos, das nove da manhã às seis da tarde com um pequeno grau de liberdade para trabalhar em casa às sextas-feiras ou sair mais cedo no caso de um problema pessoal. Mas à medida que o trabalho flexível se torna mais difundido, o modelo de tamanho único se aplica cada vez menos.

Empresas como a desenvolvedora de plataformas de análise Apervita confiam em equipes com membros distribuídos em todo o país. Muitas instituições de saúde empregam uma semana de trabalho comprimida, por exemplo: em que um funcionário trabalha dez horas por dia, reduzindo a semana para quatro dias úteis. Outras empresas como a FlexJobs são totalmente agnósticas em relação ao tempo, o que significa que os funcionários dominam as próprias preferências de produtividade e criam horários personalizados com base nelas. Não importa quando se trabalha, desde que se obtenham resultados.

Um artigo da Buffer escrito por Ann Diab descreveu a política de divisão de emprego do governo federal norte-americano. Uma equipe de *job-share* é formada por dois profissionais que criam uma parceria para realizar uma mesma função. Um exemplo de semana de trabalho pode envolver o colega A trabalhando de segunda a quarta-feira e o colega B trabalhando de quarta a sexta-feira na mesma posição, com algumas responsabilidades complementares no dia da sobreposição. O governo federal dos Estados Unidos promoveu a partilha de emprego como uma oportunidade em seus departamentos para oferecer emprego flexível para aqueles que precisam de mais alternativas para cuidar de suas famílias, continuar os estudos ou para aqueles que têm outras razões para desejar trabalhar em tempo parcial (Diab, 2016).

As vantagens da partilha de trabalho são numerosas e incluem menos faltas, maior continuidade do negócio, maior produtividade, porque os funcionários podem concentrar-se nas responsabilidades que gerem melhor, e uma maior confiança na experiência dos que ocupam o cargo. Há desvantagens também — incluindo o potencial para mal-entendidos, falhas de comunicação e desempenho — mas desde que você selecione funções que possam ser facilmente compartilhados, desenvolva planos abrangentes de trabalho e transição e avalie cada colaborador de forma justa, o *job-share* pode impactar positivamente as operações da sua equipe.

As parcerias de licença-maternidade envolvem duas mulheres que desejam ter filhos organizando a gravidez, de modo que uma sai de licença primeiro e a outra depois. Para as professoras, em particular, essa tendência está aumentando, e quem diz que tem que ser apenas para as mulheres? As parcerias de licença de paternidade são igualmente fáceis de implementar.

Tradicionalmente, o trabalho por turnos era usado para atender às demandas das fábricas, porque a produção tinha que ser de 24 horas por dia, sete dias por semana, mas com mais organizações operando em um ambiente global, sempre em funcionamento, o trabalho por turnos até 2030 provavelmente também decolará entre os que trabalham em escritórios. Um primeiro turno começando pela manhã, como um dia de trabalho normal, de oito horas de duração. Um segundo turno, também conhecido como *swing shift*, começa às quatro da tarde e termina por volta da meia-noite. Os *swing shifters* geralmente têm menos responsabilidades administrativas e recebem mais do que os primeiros para compensá-los por perderem o jantar com suas famílias. Um terceiro turno, ou um turno noturno, dura entre a meia-noite e oito da manhã, e é o turno com melhor pagamento devido à privação de sono e às questões familiares. Em maior número, as empresas também estão implementando turnos rotativos em que os horários dos trabalhadores mudam constantemente devido à preferência pessoal ou à demanda organizacional. Por exemplo, um empregado pode optar por trabalhar no turno da noite uma semana por mês porque seu parceiro está em casa para ficar com seus filhos, ou durante o mês de dezembro uma loja de varejo pode implementar um esquema de divisão em que alguns empregados trabalham durante as horas de compras mais movimentadas da manhã (talvez das nove da manhã à uma da tarde), e depois voltam para as horas mais movimentadas da noite (das seis da tarde às dez da noite).

Alguns formatos flexíveis estão sendo legislados em nível nacional. A Holanda, por exemplo, promulgou a Lei Holandesa do Trabalho Flexível, permitindo aos trabalhadores maior flexibilidade no que diz respeito às horas de trabalho e sua localização física. Como resultado da nova lei, os colaboradores podem não só pedir alterações no número de horas de trabalho, mas também alterações dos horários e do local de trabalho (Govaert, 2015).

Independentemente do tipo de trabalho flexível que a organização oferece, é necessária uma política clara e abrangente que detalhe exatamente como os gerentes podem implementá-lo e como os empregados podem utilizá-lo. De acordo com o artigo da SHRM, "Flexible Schedules: Alternative Work Schedule Policy and Procedure" ["Horários flexíveis: política e procedimento alternativos para o cronograma de trabalho"], você pode capacitar líderes de departamentos para determinar se um departamento ou um turno inteiro deve ser convertido para uma ou mais das opções de programação alternativas. O diretor/gestor deve avaliar o impacto e o resultado do trabalho flexível em termos de produção, qualidade e faltas (Society for Human Resource Management, 2017). Em seguida, deve elaborar diretrizes de elegibilidade, ou seja, quem tem direito à flexibilização e em que circunstâncias. O tipo de função, o registro de presença, a permanência na organização e o desempenho do cargo são fatores que podem afetar a elegibilidade individual. Ele deve certificar-se de que não deixará que o preconceito se infiltre na sua seleção, determinando critérios padronizados e objetivos.

Em seguida, descreva suas expectativas sobre como o trabalho será feito fora do escritório. Por exemplo, você pode exigir que os trabalhadores remotos estejam disponíveis durante o horário comercial padrão, mantenham uma comunicação semanal ou diária com os colegas de equipe e gerentes (de preferência por vídeo, mensagem instantânea ou pelo menos telefone), e estabeleçam um escritório doméstico bem equipado, livre de crianças e que conduza ao trabalho produtivo.

Presumivelmente, você já tem uma política para a utilização de tecnologia no escritório. É importante que essa política inclua exatamente como os trabalhadores flexíveis devem usar os dispositivos e redes da empresa. Do ponto de vista da segurança cibernética, o acesso a dados de locais não seguros pode ser perigoso, portanto, certifique-se de fazer bom uso de antivírus, proteção por senha, criptografia, detecção de localização e software de suporte técnico.

Todas as políticas de trabalho flexível devem incluir um período experimental de três a seis meses para avaliar o bom funcionamento do sistema. Se o estudo for bem-sucedido e um indivíduo ou grupo se envolver em trabalho flexível permanente, você ainda deve rever a situação pelo menos uma vez por ano. O trabalho flexível não funciona igualmente bem para todos, por isso a sua política deve incluir ações integradas que podem ser tomadas se os colaboradores tirarem partido das disposições do trabalho flexível ou se simplesmente não estiverem contribuindo com a sua melhor capacidade. Você também deve considerar como sua política pode ser afetada por leis relevantes de pagamento de horas extras, bem como questões de localização, responsabilidade e tributação. Para isso, antes de dar mais conteúdo à sua política, coordene com os seus departamentos de folha de pagamento, jurídico e de TI. Algumas mudanças de infraestrutura podem precisar ser feitas antes de prosseguir.

Se você for como eu, está hesitante em ir muito longe na "toca do coelho" da flexibilidade do trabalho sem entender o retorno esperado do investimento (*return on investment*, ROI). Surpreendentemente, porém, quando a FlexJobs pesquisou 350 empresas sobre o acompanhamento do ROI de acordos de trabalho flexíveis, constatou que apenas três por cento o coletavam (Howington, 2016). Na maioria das organizações, o trabalho flexível é visto como uma iniciativa de bem-estar, e poucos esforços para quantificar como (ou se) ele funciona estão sendo realizados. Quer evitar cometer o mesmo erro? Aqui estão as dicas parafraseadas do FlexJobs

para avaliar o valor concreto do seu programa de trabalho flexível:
- **Resultados do negócio**: os seus clientes estão satisfeitos e obtendo resultados que estão habituados a receber? Os resultados são melhores ou piores? Que correlação você vê entre o trabalho flexível e o sucesso do indivíduo, da equipe ou da empresa?
- **Comportamento dos trabalhadores**: os seus empregados estão engajados? Tornaram-se mais leais ou estão apoiando mais a missão geral? Estão suficientemente conectados um ao outro? O sentido de forte equilíbrio ou integração entre trabalho e vida pessoal dos seus colaboradores é melhor do que antes?
- **Volume de negócios**: a sua retenção aumentou ou diminuiu desde a implementação do trabalho flexível? Você está mantendo o seu melhor desempenho? É capaz de atrair os melhores talentos usando seus programas de trabalho flexíveis?

Destaque
MIT expande suas diretrizes de trabalho flexível

De acordo com Peter Hirst, diretor associado de educação executiva do Sloan School of Management do MIT, há alguns anos seu departamento lançou um piloto de diretrizes de trabalho flexível com foco em grupos que envolveu toda a equipe em vez de fazer acomodações individuais. O grupo estava se mudando para um novo espaço que ficava muito longe do campus principal para ir andando, mas perto demais para dirigir. Boston também estava apresentando uma grande quantidade de congestionamentos devido aos padrões de construção e tráfego, e os membros da equipe muitas vezes se atrasavam como resultado disso. A opção de trabalho remoto fazia sentido.

O programa piloto de educação executiva capacitou as equipes para terem sucesso nos próprios termos. "O trabalho flexível eficaz é um trabalho de equipe, do princípio ao fim. Toda a equipe precisa acreditar na ideia com total confiança de que as novas políticas refletem os interesses de todos e servem aos objetivos de negócio do grupo", diz Hirst. No fim do piloto, 93 por cento acreditava que a colaboração era melhor do que antes, noventa por cento disse que a vida familiar e pessoal melhorou, 85 por cento concordou que o estresse foi reduzido e 80 por cento disse que a moral e o engajamento melhoraram (Hirst, 2017).

O sucesso do piloto ajudou o RH a elaborar um plano para outras equipes. O MIT emprega atualmente cerca de 12.110 pessoas, e as necessidades de negócios, estruturas de equipe e culturas organizacionais diferem muito. No entanto, o MIT procurou desenvolver orientações para o trabalho flexível que acompanhassem eficazmente todos os grupos. A universidade começou por construir a capacidade interna com uma equipe de facilitadores internos de RH (também conhecidos como profissionais de trabalho/vida pessoal) que foram qualificados para replicar amplamente pilotos de *flexwork* bem-sucedidos em toda a universidade. O RH do MIT também criou um site de trabalho flexível com ferramentas e recursos, acesso a vários treinamentos on-line e artigos que facilitam a solicitação e o gerenciamento de flexibilidade para funcionários e gerentes. Acessibilidade e transparência eram os principais objetivos do site: quando se tratava de entender o que os funcionários de vários grupos estavam fazendo, não havia segredos.

A política do MIT continua a evoluir, e Hirst descreveu-a como um documento vivo que é frequentemente revisto e atualizado. Também está aberto à interpretação por cada grupo, uma vez que esses líderes estão mais próximos dos arranjos que funcionarão melhor para suas equipes (Hirst, 2017).

AS EQUIPES VIRTUAIS E O *SWARM*

Sou membro de quatro equipes virtuais. Os meus colegas e eu nos correspondemos por e-mail, mensagens, Gchat e Slack. Vivemos em pontos diferentes do globo, principalmente nos Estados Unidos, mas alguns de nós na Austrália, Índia e Reino Unido. Nunca conheci a maioria deles pessoalmente, e talvez nunca conheça.

Até o fim desta década, as organizações integrarão equipes virtuais na maioria das operações departamentais. Uma equipe virtual é tecnicamente qualquer grupo de funcionários em diferentes localizações geográficas que aproveitam a tecnologia para trabalhar junto em um projeto ou série de projetos.

No entanto, só porque você contrata uma equipe que reside fora de sua sede e fornece a seus membros equipamentos e acesso não significa que a equipe irá trabalhar automaticamente de forma tão eficiente quanto se todos vivessem em um labirinto de cubículos de escritório. Essa é uma suposição perigosa. De fato, as equipes virtuais serão bem-sucedidas se os seus membros cumprirem os seguintes critérios:

- **Equipes virtuais altamente eficazes são compostas por funcionários com os "Três As"** — assertiveness, accountability e ability to work independently, ou assertividade, responsabilidade e capacidade de trabalhar de forma independente. Os membros da equipe assumem a responsabilidade de realizar seu trabalho e sabem quando e como falar sobre preocupações e sugestões. Como os resultados sólidos são assegurados, eles possuem certo grau de flexibilidade.
- **Equipes virtuais altamente eficazes compreendem as expectativas.** As funções e responsabilidades, bem como as regras e protocolos da equipe, são rigorosamente definidas. Os membros da equipe sabem como organizar uma reunião em outro fuso horário, como escalar um problema e como entrar em contato com um colega sobre uma questão sensível ao tempo. O feedback é claramente comunicado. Não trabalham com suposições.
- **Equipes virtuais altamente eficazes são infundidas com tecnologia relevante.** Os membros da equipe têm acesso às ferramentas de colaboração mais sofisticadas para que o trabalho seja eficiente e menos complicado. Fazem uso de mensagens instantâneas, videoconferência e redes sociais para conversar em tempo real.
- **Equipes virtuais altamente eficazes estão familiarizadas com a dinâmica presencial.** Idealmente, os membros da equipe já se

encontraram pessoalmente mais de uma vez em um ambiente comercial e social. Embora nem sempre seja viável, uma única reunião presencial torna muito mais provável que os funcionários confiem e gostem uns dos outros.

- **Equipes virtuais altamente eficazes têm um gerente visível**. Os membros da equipe são mais engajados, mais produtivos e menos estressados quando veem seu gerente pessoalmente de vez em quando. Eles sabem no que seu gerente está trabalhando e estão bem informados sobre como as atividades da equipe impactam os resultados financeiros da organização.
- **Equipes virtuais altamente eficazes constroem e mantêm relacionamentos sólidos**. Os membros da equipe entendem como é importante pegar o telefone para falar sobre conflitos e aprender sobre seus colegas virtuais como pessoas. Especialmente com uma nova equipe ou nova contratação, o sistema de amigos é útil na criação de laços interpessoais.
- **Equipes virtuais altamente eficazes realizam boas reuniões**. As agendas são enviadas com antecedência. Os membros da equipe são pontuais porque sabem que a reunião será curta e produtiva. O tempo de discussão é incorporado para permitir ideias e consenso. Regras básicas sensatas — como reduzir o ruído ambiente — mantêm o grupo focado e no caminho certo.

E aqui vai uma surpresa. Os membros mais eficazes de equipe virtual são... bons digitadores? Você leu corretamente. Um estudo de 2017 da Universidade de Iowa (IU) publicado em *The Leadership Quarterly* e no site da universidade descobriu que o prêmio de melhor líder de equipe virtual vai para o melhor digitador. "Os indivíduos que podem digitar mais rápido são capazes de comunicar mais rapidamente seus pensamentos e conduzir uma equipe em um ambiente de trabalho colaborativo, enquanto os indivíduos com habilidades mais baixas ficam atrás de seus colegas", diz Greg Stewart, professor de gestão e organização na Tippie College of Business da IU e coautor do estudo (Snee, 2017).

No estudo, a equipe de pesquisa realizou um experimento que dividiu 344 participantes em equipes de quatro membros. Algumas equipes separaram todos os quatro membros em salas diferentes; algumas tinham dois em uma sala, dois em outra; enquanto outras tinham três em uma sala e um em outra. Cada membro desempenhou então o papel de líder de equipe de um estúdio de Hollywood, decidindo qual dos vários roteiros produzir, com base em vários estudos de marketing que leram. A menos que estivessem na mesma sala juntos, os membros da equipe se comunicavam apenas por mensagem de texto com um computador.

Após o experimento, os participantes completaram um questionário, no qual foram convidados a avaliar a capacidade de liderança de seus colegas. A pesquisa constatou que a capacidade de digitação estava positivamente relacionada às percepções de liderança. Os indivíduos que podiam escrever bem — tendo em conta a velocidade e a precisão — eram mais propensos a emergir como líderes dentro do experimento. O estudo também constatou que a presença física desempenhou um papel na pontuação da liderança, já que os membros da equipe tendiam a dar pontuações mais altas aos membros que estavam em uma sala com eles do que os membros em outras localidades. A exceção foram as equipes onde os membros estavam totalmente dispersos em locais separados, em cujo caso a localização não teve efeito sobre a pontuação de liderança de uma pessoa.

Assim como com o trabalho flexível, os líderes devem medir ativamente a produtividade de suas equipes virtuais. Os habituais KPIs organizacionais (inglês para indicadores-chave de desempenho), metas de equipe, metas individuais e processos e procedimentos definidos são igualmente apropriados para as equipes.

No entanto, é provavelmente uma boa ideia dar uma olhada mais de perto nas métricas relacionadas à comunicação especificamente, já que isso pode ser desfavorável para as equipes virtuais. Um artigo da HRM Asia, por exemplo, recomendou que os líderes acompanhem o percentual de reuniões realizadas por videoconferência, uma vez que a qualidade da tomada de decisão é reduzida quando os membros da equipe realizam multitarefas durante as chamadas (HRM Asia, 2017). Você também pode medir o tempo gasto em cada item de discussão durante as chamadas, ou o número de pontos de contato de comunicação entre o líder da equipe e cada membro no decorrer de um projeto.

As equipes de trabalho de meados do século serão temporárias, além de virtuais. O crescimento do trabalho por contrato e a especialização das organizações significará o fim para grupos estáveis que trabalham por muito tempo. O trabalho em equipe continuará a ser valorizado e recompensado, mas as próprias equipes serão formadas e desfeitas à velocidade da luz. A empresa de analistas da indústria Gartner chamou esse fenômeno de *swarming*.

Um *swarm*, ou mutirão, é um grupo que se reúne para um projeto de curto prazo e se desarticula rapidamente quando o projeto é concluído. Caracteriza-se por uma onda de atividade coletiva de todos os que estão disponíveis e são capazes de intervir. Os funcionários de um mutirão mal se conhecerão. Então, para ganhar influência junto a colegas e parceiros, os profissionais terão que mobilizar networks maiores ao invés de menores.

Em um futuro próximo, as relações serão confusas, uma vez que o trabalho atravessará departamentos e hierarquias e as pessoas terão um leque de gerentes formais e informais em constante mudança. Os funcionários terão de ser mais espontâneos, criando proativamente novos desenhos e modelos para lidar com os problemas em questão.

Trabalhar em uma nova equipe a cada mês (ou semana) pode ser um desafio e também animador, e é improvável que os membros da equipe fiquem entediados. Mas como seu caminho é apenas seu, e todos com quem você trabalha estão indo em uma direção ligeiramente diferente, é provável que tenha dificuldade em encontrar mentores adequados e em solidificar relacionamentos de trabalho de longo prazo. O networking será mais complexo à medida que você tenta administrar um exército de laços mais fracos, entrando em contato com pessoas com quem pode ter interagido apenas uma ou duas vezes em um projeto ou oportunidade. Você nem sempre vai entender a cultura ou perspectiva de onde seus novos colegas estão vindo. Infelizmente, considerando a velocidade e a intensidade dos *swarms*, você geralmente não terá tempo para quebrar o gelo. Simplesmente terá que acelerar seus esforços para conhecer seus companheiros de mutirão e aceitar que um objetivo comum de trabalho pode ser tudo o que os une às vezes.

De acordo com o relatório da empresa de consultoria Herman Miller,

"Co-working, Swarming and the Agile Workplace" ["Coworking, mutirões e o ambiente de trabalho ágil"], o conceito de *"swarm intelligence"* — ou o comportamento coletivo de insetos sociais como abelhas e formigas — não é novo. Os cientistas os estudam há anos para melhor compreender os mecanismos por trás da incrível eficácia dos grupos que interagem no momento. Sem níveis de gestão ou planos estratégicos cuidadosamente desenvolvidos, essas equipes auto-organizadas chegam às melhores soluções para questões complexas de sobrevivência, como construção de ninhos e procura de alimentos. (Herman Miller, 2011).

Recentemente, no seu livro *The Smart Swarm* [*O mutirão esperto*], Peter Miller delineou valiosas lições de negócios da natureza:

> Com os enxames de abelhas, aprendemos que os grupos podem tomar boas decisões de forma confiável e oportuna, desde que busquem a diversidade do conhecimento. Nos cupinzeiros, vimos como mesmo pequenas contribuições para um projeto compartilhado podem criar algo útil.
>
> Por fim, bandos de estorninhos nos mostraram como, sem a orientação de um único líder, os membros de um grupo podem coordenar seu comportamento com uma precisão incrível, simplesmente prestando atenção ao seu vizinho mais próximo. Na natureza, um mutirão inteligente distribui a resolução de problemas entre muitos indivíduos que interagem um com o outro de inúmeras maneiras até que um padrão surja — um ponto de virada ou significado que permite a uma colônia de formigas encontrar a pilha de sementes mais próxima, ou um cardume de arenques se esquivar de uma foca faminta. (Miller, 2011)

Uma carreira trabalhando em *swarms* sucessivos é interessante, mas também é provável que seja difícil de administrar. Os profissionais perderão alguns dos benefícios das relações de trabalho de longo prazo, mas espera-se que os substituam pelos benefícios de um network maior e mais diversificado. Em geral, fazer parte de uma equipe de projeto ágil será positivo se os membros puderem cooperar sem atritos. A boa notícia é que, no caso de uma determinada equipe não funcionar, será apenas uma questão de tempo até você encontrar a próxima.

COLABORAÇÃO VIA REALIDADE AUMENTADA, REALIDADE VIRTUAL E TELEPRESENÇA

De acordo com o estudo *Dell Future Workforce* [*Força de trabalho do futuro da Dell*], quase oitenta por cento dos profissionais do milênio estão dispostos a experimentar tecnologias de colaboração virtual e aumentada no trabalho (Newman, 2017). O Augment.com definiu realidade virtual, (*virtual reality*, VR) como uma simulação ou recriação artificial gerada por computador de um ambiente ou situação da vida real. Ela insere os usuários ali, fazendo-os sentir que estão experimentando a realidade simulada em primeira mão, principalmente estimulando a sua visão e audição. A realidade virtual é possível através de uma linguagem de codificação conhecida como VRML (*virtual reality modelling language*, ou linguagem de modelização de realidade virtual) que pode ser usada para criar uma série de imagens e especificar que tipos de interações são possíveis para elas (Augment.com, 2017).

A realidade aumentada (*augmented reality*, AR), por outro lado, é uma tecnologia que coloca os melhoramentos gerados por computador sobre uma realidade existente. A AR é desenvolvida em aplicativos e usada em dispositivos móveis para misturar componentes digitais no mundo real de forma que eles se aprimorem mutuamente, mas também possam ser separados com facilidade.

A VR e AR aproveitam alguns dos mesmos tipos de tecnologia, e cada uma delas existe para dar ao usuário uma experiência aprimorada ou enriquecida. A VR cria a própria realidade que é completamente gerada e conduzida por computador, enquanto a AR melhora as experiências adicionando componentes virtuais como imagens digitais, gráficos ou sensações em uma nova camada de interação com o mundo real.

Ron Quartel, da Agile Alliance, imaginou como as equipes distribuídas poderiam ser fortalecidas pela realidade virtual e realidade aumentada.

"Seu escritório em casa consistirá em um teclado, fone de ouvido VR/ER e luvas especiais", diz ele. "Você encontrará sua equipe para uma reunião diária em determinado momento em uma sala virtual onde ouvirá e verá as versões digitais dos seus colegas de equipe e de si próprio — com acesso a mapas de histórias, quadros de interação etc."

Usando o cenário de Quartel, os companheiros de equipe podem trabalhar em grupos menores ou em pares em espaços virtuais personalizados. Esses espaços podem parecer iguais ou diferentes para cada indivíduo. Por exemplo, um membro da equipe pode optar por trabalhar em um ambiente de deserto, enquanto outro pode selecionar um campo de papoulas ou o espaço sideral (Quartel, 2017).

Em outro aplicativo apresentado no *Wall Street Journal*, um grupo de pesquisadores liga os fones de ouvido Samsung Gear VR a sensores parecidos com uma galhada presos aos óculos. Os fones de ouvido conduzem os pesquisadores a um ambiente de VR no qual eles veem avatares digitais de si mesmos se movendo em torno de um ambiente simulado. Usando varinhas eletrônicas portáteis, os pesquisadores desenham modelos 3D juntos (Zakrzewski, 2016).

A VR, em particular, tem muitas vantagens sobre as atuais tecnologias de videoconferência. Por um lado, como os avatares podem olhar diretamente uns para os outros, o contato visual é muito maior. Você pode obter uma leitura sólida de sinais não verbais pelas expressões faciais do avatar, postura ou quão perto ou longe eles estão dos outros. Os avatares podem efetivamente gesticular entre si — tanto para o bem como para o mal — e podem imitar movimentos motores precisos, como escrever e digitar.

À medida que nos aproximamos de 2030, espera-se que a tecnologia VR e AR cresça em sofisticação e reduza os custos. Hoje, sendo gentil, os sistemas são um pouco desajeitados. Tal como os primeiros computadores da década de 1970, os materiais são excessivamente grandes e pesados, superaquecem facilmente, utilizam muita bateria e experimentam problemas frequentes de conectividade.

Desenvolvendo-se na mesma velocidade que as VR e AR está a telepresença, o que permite aos profissionais se projetarem virtualmente em um ambiente de escritório. Usando a tecnologia de robótica de telepresença da Double Robotics e de outras empresas, as organizações estão começando a "enviar" seus funcionários em reuniões com clientes e palestras todos os dias. Mas nem tudo são flores.

A telepresença é uma das poucas aplicações comerciais da tecnologia robótica que me entusiasmou genuinamente. Em um artigo recente no TechCrunch, Peter Hirst escreveu sobre seu colega do Sloan Executive Education do MIT, Paul McDonagh-Smith. Paul mora em Londres, mas seu robô de telepresença da Double Robotics permite que ele se apresente em uma conferência em Cingapura logo pela manhã, depois faça uma reunião de negócios na Cidade do Cabo, na África do Sul, e de tarde se encontre com membros da equipe no campus do MIT em Cambridge, Massachusetts.

"Em nosso escritório, os robôs de telepresença não são mais uma novidade, mas uma ferramenta diária que temos usado para permitir que os membros de equipe remota estejam mais envolvidos", diz Hirst. "As unidades robotizadas da Double estão disponíveis para reuniões de equipe ou conversas particulares. Todos nós gostamos da capacidade de estar verdadeiramente presentes em nossas interações com colegas e clientes — uma experiência que parece muito mais natural e pessoal do que um telefonema ou uma videoconferência" (Hirst, 2016).

No momento, líderes provavelmente olham para os robôs de telepresença como mais uma fonte de inquietação, e suas preocupações não são infundadas. Por um lado, se você tem algum tipo de propriedade intelectual sensível sendo desenvolvida em seu escritório, ter uma câmera controlada remotamente e um microfone ao redor, transferindo intencionalmente todos os tipos de dados pela internet em tempo real, provavelmente não é a melhor ideia.

Além disso, há o software que gere os robôs. Ele ainda pode ser infectado por vírus. A Cisco recebeu recentemente muita publicidade por ter tido seu software de telepresença invadido. Ela corrigiu o programa, mas a violação de segurança foi significativa.

O resultado? Os robôs de telepresença têm o potencial de tornar o trabalho virtual um empreendimento mais animado e divertido, mas eles ainda não são tão sofisticados a ponto de você se esquecer de é basicamente um iPad ambulante. Aqueles que esperam uma grande melhoria em relação à videoconferência regular e às aplicações AR e VR emergentes podem ficar desapontados por enquanto.

Como acontece com qualquer nova tecnologia que entra na empresa, os líderes devem manter uma estreita vigilância sobre quem na organização está fornecendo VR, AR e telepresença, e como essas tecnologias estão sendo criadas, mantidas e guardadas. Os desafios são semelhantes ao modelo "traga seu próprio dispositivo" (*bring your own device*, BYOD), no qual os funcionários realizam atividades relacionadas ao trabalho em suas máquinas pessoais, e realizá-los adequadamente pode exigir mais da TI do que qualquer um quer investir. E, mais importante ainda, os protocolos que regem seu uso devem ser configurados imediatamente para que sua organização não forneça as próprias informações para o mundo.

Destaque
A telepresença infiltra-se em um escritório de São Francisco

Alguns conhecem Emily Dreyfuss como filha do aclamado ator Richard Dreyfuss. Mas há alguns anos, ela vivia em Boston enquanto escrevia para a revista *Wired*, que tem sede em São Francisco. Depois de sentir como se estivesse perdendo a cultura do escritório, Dreyfuss decidiu experimentar a telepresença. Ela conseguiu que seu chefe comprasse o Double Robotics', vendido por cerca de 2.500 dólares. Com Dreyfuss ao leme, seu robô — chamado Embot — rodou pela sede da *Wired*. Uma câmera servia como seus olhos, um microfone substituiu seus ouvidos, e um alto-falante era a sua boca. O rosto do robô era na verdade uma tela de iPad com o rosto da própria Dreyfuss transmitido de seu home office em Boston.

No início, Dreyfuss estava muito entusiasmada com o poder do Embot. "É emocionante. Estou no escritório! Ali está a cozinha! Ali está o Sam!

Olá, todo mundo! Estou aqui!", exclamou ela. "Instalada no fim da mesa de conferência, a cabeça do meu iPad acompanhou a conversa, ouvindo" (Dreyfuss, 2015). O Embot teve um efeito interessante nas percepções dos colegas de Dreyfuss. Tecnicamente, o robô deu-lhe uma presença física no escritório, mas essa presença só permitiu que os membros da equipe vissem seu rosto. Por isso, muitos não sabiam que ela estava grávida, e aqueles que sabiam não tinham uma visão da sua barriga em crescimento. Como resultado, Dreyfuss não sofreu a discriminação sutil que muitas mulheres grávidas enfrentam no local de trabalho.

Dreyfuss percebeu, entretanto, que a tecnologia de telepresença atual tem suas limitações. Por um lado, as pessoas estavam sempre tocando no Embot sem pedir, seja para ajudá-la a se mover se ela ficasse presa ou apenas porque queriam. Foi embaraçoso para ela, e para os seus colegas também. Como um deles relatou: "Sabe, quando Joe lhe levantou e carregou, com seu rosto na tela, pareceu muito inapropriado. Como se ele estivesse lhe segurando no colo." O Embot também era um pouco arcaico na inteligência tecnológica.

Dreyfuss não conseguia ouvir muito bem as reuniões. Robôs, é claro, vivem de energia e Wi-Fi, e a força do sinal de internet provou ser um grande problema. Embora as ofertas de telepresença devam crescer e melhorar nos próximos anos, atualmente, tanto os colegas como a própria Dreyfuss preferiram o ser humano ao Embot (Dreyfuss, 2015).

À medida que sua sofisticação melhora, as realidades virtual e aumentada e a telepresença serão ferramentas úteis na economia GIG, que dominará a força de trabalho de meados do século XXI. No próximo capítulo, vamos aprender sobre o que o crescimento do trabalho por contrato significa para a sua organização e como você pode efetivamente crescer e gerenciar seu exército de trabalhadores de meio-período.

PLANO DE AÇÃO

Responda estas perguntas hoje para estar preparado para o futuro mercado de trabalho de 2030:

1. Quais são as estruturas de escritório e de trabalho que geram o melhor valor de negócio para a sua equipe?
2. Atualmente a sua organização possui um escritório físico permanente? Esse espaço é financeira e ambientalmente condizente com uma força de trabalho mais distribuída?
3. Como é sua política de trabalho flexível hoje em dia? Como ela pode ser atualizada para melhor atender às necessidades de sua equipe? Como você controla a produtividade de seus trabalhadores remotos e flexíveis?
4. Que estratégias e tecnologias você pode implementar para aumentar a eficácia de suas equipes virtuais?
5. Como a chegada de equipes temporárias e *swarms* impactará os relacionamentos e experiências que você se esforça para construir com seus funcionários? Como poderia ajudar o seu pessoal a adaptar-se à "vida de *swarm*"?
6. Se você pudesse inventar uma aplicação de realidade aumentada, realidade virtual ou telepresença que melhorasse enormemente as operações da sua equipe, como seria? Como essa aplicação economizaria tempo, dinheiro e recursos, e como impactaria positivamente o engajamento dos funcionários? Que desafios você antecipa ao usar essa tecnologia?

RESUMO DO CAPÍTULO

- As organizações com muitos funcionários estão reconhecendo o valor do compartilhamento de recursos, oferecendo benefícios competitivos e úteis e fornecendo espaços de trabalho flexíveis que os funcionários podem acessar sob demanda.
- À medida que o trabalho flexível se torna mais difundido, o modelo de formato único passa a se aplicar cada vez menos. Mas,

independentemente do tipo de trabalho flexível que a organização oferece, é necessária uma política clara e abrangente que detalhe exatamente como os gerentes podem implementá-lo e como os empregados podem usá-lo.

- No fim desta década, as organizações integrarão equipes virtuais na maioria das operações departamentais. No entanto, só porque você contrata uma equipe que reside fora de sua sede e fornece aos seus membros equipamentos e acesso não significa que a equipe irá trabalhar automaticamente de forma tão eficiente quanto se todos vivessem em um labirinto de cubículos de escritório.
- As equipes de trabalho da metade do século serão temporárias, além de virtuais. O crescimento do trabalho por contrato e a especialização das organizações significarão o fim para grupos estáveis que trabalham juntos por muito tempo. O trabalho em equipe continuará a ser valorizado e recompensado, mas as próprias equipes serão formadas e desfeitas à velocidade da luz.
- As equipes dispersas serão impulsionadas em grande parte pelas realidades virtual e aumentada. A VR cria a própria realidade, que é completamente gerada e conduzida por computador, enquanto que a AR melhora as experiências adicionando componentes virtuais como imagens digitais, gráficos ou sensações como uma nova camada de interação com o mundo real. Desenvolvendo-se em torno da mesma velocidade que a VR e a AR está a telepresença, que permite aos profissionais se projetarem virtualmente em um ambiente de escritório humano envolvente.

5
A MECÂNICA DA ECONOMIA GIG DO AMANHÃ

No centro do meio rural dos Estados Unidos, onde os caminhões viajam por longos e solitários trechos da rodovia, eu me sento em uma sala de conferências com janelas, escassamente decorada, e olho um campo de milho que parece quase pronto para a colheita. Sou a única mulher entre oito homens, todos executivos experientes de uma cooperativa de crédito. Os líderes querem meu conselho sobre contratar millennials. Especificamente porque cerca de metade do seu quadro de funcionários deverá se aposentar nos próximos cinco anos, e a empresa não está tendo muita sorte em recrutar jovens profissionais da cidade sedentos por trabalho para virem à região.

— Vocês não sãos os únicos — digo-lhes. — Olhem para Chicago. Muitas empresas, como McDonald's, Motorola, Kraft Heinz, que ficavam apenas nos subúrbios, estão se mudando para o centro da cidade porque é lá que os candidatos millennials querem viver e trabalhar.

— Vamos ficar aqui mesmo —, insiste o CEO.

— Bem, então —, digo eu. — Está na hora de pensar em arranjos alternativos de trabalho.

As disposições alternativas de trabalho, explico, permitiriam à cooperativa de crédito atrair mais trabalhadores interessados em esquemas flexíveis ou trabalho remoto ou virtual, e também aqueles que trabalham para uma variedade de empregadores na economia GIG.

— Ah não, não podemos contratar essas pessoas —, diz o diretor de recursos humanos. — Não temos nenhum trabalhador por contrato no momento. É muito complicado. Quem quiser trabalhar aqui deve estar no escritório de segunda a sexta-feira, das nove da manhã às seis da tarde. Na nossa cultura, gostamos de ver todos, construir relacionamentos e ser colaborativos. Além disso, os trabalhadores terceirizados não são tão comprometidos como os efetivos.

Esse ponto de vista não é apenas dele. E, infelizmente, no mundo empresarial do século XXI, não é sustentável. Digo às pessoas da cooperativa de crédito que, se quiserem evitar uma grande escassez de mão de obra, vão ter de ajustar o pensamento e refletir sobre uma forma de integrar trabalhadores alternativos.

Acabamos de falar sobre a ascensão dos espaços de coworking. Naturalmente, esse crescimento é alimentado pela entrada de cada vez mais profissionais na força de trabalho contratada. Neste capítulo, vamos discutir por que o trabalho por contrato é atraente para empregadores e empregados. Vamos analisar os prós e contras da contratação de uma força de trabalho e as estratégias a serem implementadas para que os benefícios superem quaisquer desafios.

O CRESCIMENTO DOS PROFISSIONAIS POR CONTRATO

Definiremos a força de trabalho por contrato como um grupo provisório de funcionários que trabalham para uma organização em uma base não permanente, também conhecidos como freelancers, profissionais independentes, trabalhadores temporários ou consultores. Uma economia GIG é um ambiente em que as posições temporárias são comuns e as organizações assinam com trabalhadores independentes para compromissos de curto prazo.

Um estudo da Carrier Builder revelou que o número de trabalhadores por contrato mais do que duplicou na última década. Em 2019, 51 por cento dos empregadores planejavam contratar temporários ou empregados por contrato, um aumento de 47 por cento em relação ao ano passado. Em 2017, 63 por cento dos empregadores planejavam fazer a transição de alguns trabalhadores temporários ou contratados para cargos permanentes, contra 58 por cento apenas um ano antes (Braun, 2017). Isso indica que muitos trabalhadores por contrato representam recrutamentos de qualidade e que fazem um trabalho tão bom que as empresas querem trazê-los permanentemente.

Quando as pessoas ouvem a expressão "economia GIG", tendem a pensar em indivíduos dirigindo carros para o Uber ou oferecendo serviços no TaskRabbit. Mas, de acordo com um relatório de Lawrence Katz e Alan Krueger, da Universidade de Harvard, a maior parte do crescimento da economia GIG ocorreu, de fato, off-line. A força de trabalho contratada representava 10,7 por cento da base de empregados em 2005 e tinha crescido para quase dezesseis por cento em 2015, mas os gigantes on-line representavam apenas 0,5 por cento da força de trabalho desse ano (Katz e Krueger, 2016).

Se não são motoristas do Uber ou especialistas do TaskRabbit, o que os trabalhadores por contrato estão fazendo? Katz e Krueger relataram que as mulheres com graduação universitária, detentoras de vários empregos e membros da comunidade hispânica representam agora uma parcela maior da força de trabalho alternativa nos Estados Unidos do que anteriormente. E, curiosamente, quase um quarto das pessoas entre 55 e 74 anos trabalham por contrato, em comparação com apenas 6,4 por cento das entre dezesseis e 24 anos. Há uma década, esse tipo de trabalho era mais comum para os homens, cerca de doze por cento dos quais estavam em arranjos alternativos, em comparação com oito por cento das mulheres. Esse padrão de gênero inverteu-se, com dezessete por cento das mulheres e quinze por cento dos homens ocupando esses postos de trabalho. É fácil perceber por que trabalhar por contrato é interessante para os mais velhos e mulheres que podem estar cuidando de suas famílias: esses grupos querem flexibilidade para controlar seus horários e trabalhar menos horas em geral.

A educação, os cuidados de saúde, os serviços de informação e a indústria transformadora registraram a maior mudança na última década, enquanto a construção e os serviços profissionais e empresariais — as indústrias com a maior porcentagem de trabalhadores em regime de trabalho alternativo em 2005 — registraram poucas mudanças.

Na maioria das indústrias, os trabalhadores com salários mais elevados têm mais probabilidade de trabalhar como profissionais independentes do que seus colegas com salários mais baixos.

Krueger e Katz contrataram a RAND Corporation para replicar a pesquisa, consultando cerca de quatro mil pessoas. Os resultados mostram como o trabalho alternativo se espalhou pelas indústrias e ocupações, incluindo aquelas não associadas à economia GIG. Por exemplo, estimam que a porcentagem de trabalhadores em arranjos alternativos mais do que duplicou na indústria (onze por cento) e na saúde e educação (dezesseis por cento). E quintuplicou, para dez por cento, na administração pública. O número de trabalhadores contratados no setor jurídico quase dobrou na última década, o setor de terceirização de processos de negócios lucrou 136 bilhões de dólares em receita no ano passado e vem crescendo quatro por cento ao ano desde 2000, de acordo com a empresa de pesquisa na indústria IBISworld, conforme relatado no *Wall Street Journal* (Sussman e Zumbrun, 2016).

Já cobrimos muitos fatores que estão impulsionando o aumento do trabalho por encomenda. Aqueles que desejam mais flexibilidade, especialmente quando se aproximam do fim das suas carreiras, estão migrando para regimes de trabalho por conta própria. As organizações gostam de trabalhadores por contrato porque podem eliminar os benefícios e os custos de responsabilidade associados aos empregados efetivos, e exigem menos custos indiretos em geral. E, talvez de forma mais crítica, o trabalho por contrato permite que as empresas contratem o talento de que precisam quando precisam, e de onde quer que o consigam. Em outras palavras, não importa se sua sede fica em Melbourne, mas não é possível encontrar engenheiros ambientais suficientes lá. Se você está disposto a contratar trabalhadores com base em Berlim, pode ter eliminado uma lacuna de habilidades que poderia ameaçar sua subsistência.

Ainda assim, no entanto, muitas organizações, como a cooperativa de crédito que visitei na área rural, resistem à tendência. Um argumento popular é que os trabalhadores por contrato não se esforçarão na empresa. Mas um estudo do IBM Smarter Workforce Institute, que comparou trabalhadores independentes a funcionários regulares em uma amostra de mais de 33 mil trabalhadores em 26 países, desmistificou essa ideia.

De acordo com a pesquisa, os trabalhadores independentes são mais engajados do que a maioria dos funcionários efetivos, e têm mais orgulho e satisfação do que os efetivos com maior potencial. Essa conclusão é irônica, dado o fato de que os trabalhadores por contrato não costumam participar de programas que promovem o engajamento e a produtividade dos funcionários em toda a empresa. Imagine o que aconteceria se incluíssemos trabalhadores alternativos nessas iniciativas! O estudo também constatou que os trabalhadores contratados são significativamente mais inovadores do que os empregados em tempo integral e quase tão inovadores quanto os funcionários de alto potencial (Rasch, 2014).

Em uma organização moderna do século XXI, como você decide se procura ou não trabalhadores independentes, e em quais áreas? A primeira parte envolve compreender o que é um trabalhador por contrato e o que não é. Dependendo do país em que você opera, as especificidades variam. Em muitos países, existem diferenças claras entre funcionários efetivos e por contrato, e as organizações que classificam erroneamente os trabalhadores estão sujeitas a grandes penalidades.

Em muitos países, uma pessoa é considerada funcionária da empresa se as seguintes afirmações forem verdadeiras:
- O indivíduo é uma parte integral e de longo prazo do negócio.
- O indivíduo é empregado por uma empresa.
- O indivíduo utiliza ferramentas e recursos da empresa para executar funções de trabalho.
- O indivíduo recebe treinamento da empresa.

- O indivíduo adere às políticas e requisitos da empresa.
- O indivíduo é compensado por hora ou por salário e o empregador retém impostos.
- O indivíduo é elegível para benefícios.

Em muitos países, uma pessoa é considerada um empregado por contrato se as seguintes afirmações forem verdadeiras:

- A duração do emprego é por projeto.
- O indivíduo é empregado por muitas empresas ou outros indivíduos.
- O indivíduo usa suas próprias ferramentas e recursos para executar funções de trabalho.
- O indivíduo não recebe treinamento da empresa.
- O indivíduo não recebe supervisão sobre as horas de trabalho ou requisitos.
- O indivíduo é compensado por projeto e o empregador não retém impostos.
- A pessoa não é elegível para benefícios.

OS TRABALHADORES TERCEIRIZADOS: PRÓS E CONTRAS

A seguir, você deve examinar os benefícios e desvantagens associados a trazer trabalhadores por contrato a bordo e construir sua própria micro economia GIG.

Prós
- **Os trabalhadores por contrato são mais baratos**. Não há como competir com isso. Mesmo que você pague mais pela hora aos seus trabalhadores independentes, as despesas para funcionários efetivados, que normalmente incluem benefícios, impostos, seguros, espaço de escritório, formação e equipamento, muitas vezes aumentam a folha de pagamento em 25 por cento ou mais.
- **Podem trabalhar por demanda**. Se você não consegue prever sua carga de trabalho, assinar com trabalhadores por contrato é muito

menos arriscado porque você pode trazê-los por um curto período de tempo, ou mesmo um projeto que precise concluir. Ao contrário dos funcionários de tempo integral, eles não estarão sujeitos a demissões se o negócio não der certo e, como já têm experiência na área em que você precisa de ajuda, podem aumentar a produtividade total rapidamente.

- **Não será processado.** Cada dia um processo trabalhista diferente. Na maioria dos países, os trabalhadores em tempo integral podem entrar com ações judiciais contra os empregadores por tudo, desde violações de horas extras a assédio sexual, mas os trabalhadores terceirizados não têm as mesmas proteções.

Contras

- **A sua cultura de estabilidade será mais difícil de manter.** Por sua própria natureza, uma força de trabalho por contrato é fluida, e inevitavelmente seus trabalhadores entrarão e sairão constantemente. Pode ser difícil construir uma cultura forte, sustentada por relações de confiança entre os funcionários quando as pessoas envolvidas são sempre diferentes.
- **Não poderá determinar as regras.** Os empregados estão geralmente sujeitos a expectativas claras de desempenho, e se você quiser que eles façam um trabalho de certa maneira, como empregador é sua prerrogativa pedir. Mas os trabalhadores por contrato têm muito mais liberdade, e podem até mesmo manter os direitos autorais sobre sua propriedade intelectual, a menos que seu contrato estipule o contrário.
- **Seu governo pode se meter no meio.** É do interesse da maioria dos governos classificar os trabalhadores como trabalhadores em tempo integral e não como contratados, porque os primeiros asseguram que mais dinheiro flua para os seus cofres sob a forma de impostos e seguros. As organizações com muitos trabalhadores por contrato devem estar preparadas para serem investigadas exaustivamente e serem obrigadas a provar que os profissionais independentes correspondem efetivamente à essa definição.

Observe, no entanto, que você pode mitigar essas preocupações preparando cuidadosamente uma estratégia para sua força de trabalho contratada em vez de apenas contratar trabalhadores de forma desordenada. As orientações contidas neste capítulo, bem como as perguntas apresentadas no fim, irão ajudá-lo a começar a pôr em prática as peças de um programa coerente, legal e fiscalmente responsável.

A CRIAÇÃO DE UM CASO FINANCEIRO PARA TRABALHADORES CONTRATADOS

Trabalhadores por contrato não farão sentido para todas as organizações em todas as situações, e é improvável que sua liderança seja apoiada, a não ser que consiga apresentar e defender o motivo pelo qual um trabalhador por contrato é mais rentável do que um trabalhador em tempo integral. Para isso, eis algumas perguntas a serem feitas antes de prosseguir:

- Você irá utilizar uma empresa para contratação e, em caso afirmativo, como os custos dessa parte além dos custos dos próprios trabalhadores contratados se comparam com os custos salariais e de benefícios de contratações em tempo integral que realizam tarefas semelhantes?
- Qual é o seu custo unitário de trabalho por empregado? Esse custo é o gasto do emprego ajustado pela produtividade. Por exemplo, se o salário, os benefícios e os custos gerais de um trabalhador contratado forem oito por cento inferiores aos de um empregado efetivo e a produtividade for três por cento inferior, então o custo unitário do trabalho desse empregado por contrato é cinco por cento inferior ao do funcionário em tempo integral.
- Os seus trabalhadores contratados precisarão completar algum treinamento? Quanto custará esse treinamento, considerando que os trabalhadores devem ser pagos (mas não estão criando produtos de trabalho) enquanto treinam? O tempo que o trabalhador permanece na sua organização valerá o tempo que ele gasta em treinamento?
- Qual é o tempo de produtividade para um novo funcionário em tempo integral versus um trabalhador contratado que faz tarefas semelhantes?

MAXIMIZANDO O ENGAJAMENTO DOS TRABALHADORES POR CONTRATO

Ao começar a interagir com funcionários independentes, a maioria das organizações comete um destes dois erros de principiante. Em termos de integração e comunicação, ou trata os terceirizados da mesma forma que os funcionários em tempo integral ou os ignora completamente. Mas para receber todos os benefícios de uma força de trabalho independente, a integração dos contratados deve ser estratégica, bem como cuidadosamente planejada e executada.

Seu primeiro objetivo é entender como — e de onde — recrutará seus funcionários. Por acaso você precisa contratar uma empresa especializada, confiar em um site como o TaskRabbit ou o Upwork, ou seus funcionários virão de empregados que já trabalharam com esses indivíduos antes? Que mensagens únicas de recrutamento você irá oferecer aos potenciais empregados, como irá descrever as competências precisas e a formação necessária para o cargo, e como irá gerenciar os candidatos em uma experiência positiva de contratação e recepção na empresa?

Idealmente, os candidatos a trabalho por contrato devem ser entrevistados pelos indivíduos que serão seus gerentes e colegas. Todos os envolvidos no processo devem ser claros sobre o papel e as expectativas do candidato, e devem reforçar a missão e os valores da organização para que o ele entenda desde o início por que sua contribuição é importante para a visão geral da empresa.

Os gestores individuais devem ser informados sobre como contratar trabalhadores temporários de forma legal e ética. Por exemplo, em geral, os trabalhadores por contrato não devem ser contratados para situações em que o talento interno sempre foi usado, ou em que a confidencialidade é de suma importância. Para evitar que os trabalhadores independentes façam parte do quadro de funcionários durante longos períodos, os gestores devem impor e aplicar limites temporais. Sua organização não deve ser o único cliente de um trabalhador por contrato particular, e esse trabalhador não deve ter espaço permanente no escritório e/ou subordinados, um título oficial ou cartão de visita, nem crachá de identificação de funcionário.

Dependendo do tamanho da sua organização, pode fazer sentido ter um recurso interno ou externo que possa administrar e apoiar a sua economia GIG, bem como os funcionários de tempo integral com os quais os trabalhadores contratados interagem. Neste capítulo, falarei sobre uma nova empresa criada com esse propósito.

Uma vez ultrapassados os obstáculos iniciais, a comunicação frequente torna-se o fator mais crítico para o sucesso contínuo da sua força de trabalho contratada. Dado que muitos trabalhadores temporários não vão ao escritório todos os dias, você terá que fazer um esforço extra para desenvolver um relacionamento e perguntar sobre as coisas que são importantes para eles, tanto pessoal quanto profissionalmente. Pelo menos uma vez por semana, aqueles que gerem ou trabalham com esses profissionais devem se atualizar por telefone, chat de vídeo ou mensagem instantânea. O e-mail nunca deve ser o único meio de comunicação.

Embora seja importante reconhecer as distinções entre funcionários de tempo integral e trabalhadores contratados, você ainda deve tratar estes últimos como membros de sua equipe. Dê crédito aos trabalhadores independentes e reconheça-os publicamente por projetos bem-sucedidos, mantenha-os atualizados sobre acontecimentos relevantes que afetam seu trabalho, peça e aja de acordo com seu feedback, e envolva-os em reuniões estratégicas centrais. Abra um diálogo com os seus trabalhadores contratados sobre as ferramentas e a tecnologia de que precisam para fazer bem o seu trabalho, mesmo que, eventualmente, eles próprios tenham de adquirir essas ferramentas.

Quando sua organização se reúne para atividades presenciais e de formação de equipes, convide seus empregados por contrato. Especialmente se eles estão próximos, inclua-os em festas (comemoração de feriados e assim por diante) para que os relacionamentos ao redor se aprofundem. Os trabalhadores contratados devem estar na posição certa para aprender o suficiente sobre a sua cultura para que possam tomar decisões embasadas sobre a adesão à organização em tempo integral, caso a opção lhes seja oferecida.

Talvez o mais importante, mesmo que seus trabalhadores terceirizados sejam tecnicamente "fornecedores", não os trate como tal. Eles devem receber o mesmo nível de respeito que os trabalhadores em tempo integral, tanto dos gestores como do pessoal permanente, e devem ser remunerados e avaliados de forma justa. Como um líder, você define o tom, mostrando que valoriza as contribuições do contratado e que não é um cliente exigente que sempre precisa ter a última palavra.

Destaque
O Work Market e a Tastemakers

O Work Market é um intermediário de trabalho on-line baseado na nuvem que permite que as organizações administrem e gerenciem uma força de trabalho contratada em várias categorias de função. Por meio do uso de tecnologias móveis, o serviço oferece às organizações a capacidade de vetar, integrar, categorizar, combinar, localizar, executar tarefas, implantar, avaliar e remunerar os trabalhadores. O Work Market anunciou recentemente que tinha angariado 25 milhões de dólares da Accenture and Foundry Group, e também formou uma parceria que irá trazer os recursos para a construção de uma "nuvem de trabalho de talentos qualificados" para os clientes da Accenture Cloud Services.

Em seu estudo de caso, "Work Market Helps Promotional Marketing Firm Scale Workforce of Freelance Brand Ambassadors" ["Work Force ajuda a empresa de marketing promocional a escalar a força de trabalho de embaixadores de marcas freelancers"], a empresa descreveu como ajudou a CEO e fundadora da Tastemakers, Johanna Lopez Miyaki, a construir e gerenciar uma força de trabalho forte e independente (Work Market, 2017). Fundada em 2006, a Tastemakers começou com uma base de clientes de boutiques e empresas de bebidas de luxo e, desde então, tem se expandido para atender às marcas de moda, estilo de vida e alimentos. Os serviços da empresa incluem tudo, desde lançamentos e demonstrações de produtos até eventos influentes e *mobile tours*. Em sua essência, a empresa atua como uma extensão das equipes de vendas e marketing de seus clientes.

Com uma pequena equipe ao seu lado, Miyaki decidiu montar uma extensa rede de talentos, incluindo embaixadores da marca, porta-vozes e gestores de campo. "Costumávamos contratar todos os nossos talentos como funcionários, mas isso era logisticamente desafiador porque a natureza do que fazemos é principalmente baseada em projetos", disse ela no estudo de caso. "Além disso, todas as tarefas administrativas estavam sendo feitas manualmente. O acompanhamento das tarefas e o processamento da folha de pagamento para centenas de pessoas nas nossas equipes de marketing de campo estava lentamente tornando-se um fardo, e eu estava essencialmente me transformando em um departamento de RH de uma só pessoa." A Tastemakers começou a trabalhar com marcas emergentes e negócios de sucesso de empresas globais, incluindo Campari America, Beam Suntory e CBS Media Group.

Miyaki procurou uma solução tecnológica que a ajudasse a gerir a força de trabalho independente da Tastemakers e escolheu o Word Market. "Ser capaz de automatizar tantas funções de gestão foi incrivelmente valioso para mim. A empresa ajudou a simplificar os processos de agendamento, relatórios e pagamentos, economizando horas que eu poderia dedicar à construção da minha empresa", diz ela. O Work Market também proporciona a Miyaki a flexibilidade necessária para aproveitar seus profissionais independentes em projetos de longo prazo. Ela recrutou vários de seus principais freelancers para servirem como gestores de projetos, mantendo-se em conformidade com as leis trabalhistas. "O Work Market me permite utilizar talentos sob demanda para escalar minha força de trabalho ao lado do fluxo e refluxo do meu negócio."

Miyaki também utiliza extensivamente as ferramentas de gestão do Work Market. "Costumava passar muito tempo enviando lembretes aos meus contratados. Agora posso enviar notas e lembretes a toda a minha equipe com facilidade." Além de acompanhar eficientemente as tarefas de sua equipe, automatizando pagamentos e gerenciando relatórios e faturas, Miyaki aproveita os recursos de visibilidade e agregação de dados do Work Market. "Todo trabalho que envio [pelo sistema] é registrado permanentemente. Se não fosse pelo Work Market, teria de manter toda essa informação ou pagar a um terceirizado para salvá-la". A solução Work Market ajudou Miyaki a melhorar o *compliance* e reduziu o risco de ser auditada. "Utilizá-lo para terceirizados é uma enorme fonte de valor", diz ela. "Não só mitiga o meu risco de *compliance*, como também ajuda a eliminar algumas das adivinhações quando tenho que lidar com várias leis trabalhistas."

A otimização móvel provou ser essencial para a Tastemakers. "Minha equipe vive no campo. A capacidade de enviar material e fotos enquanto trabalha é muito importante", diz Miyaki. "Os contratantes podem apresentar seus relatórios de despesas pelo aplicativo do Work Market, que é cada vez mais conveniente."

PREPARE SUA EQUIPE PARA CONTRATOS DE TRABALHO FUTUROS

Atualmente, a maioria daqueles que trabalham em empresas gostaria de acreditar que os melhores funcionários vão ficar para sempre, mesmo quando leem livros como este e compreendem objetivamente que não é o caso. Você pode relutar em aconselhar seus empregados sobre trabalho por contrato no futuro, supondo que esse tipo de formação não seja do melhor interesse da organização.

No entanto, ao ajudar seu pessoal a aprender o que é preciso para ter sucesso em uma economia GIG, você irá garantir um maior número de trabalhadores disponíveis para si à medida que seu negócio evolui. Os funcionários que dominam as habilidades relacionadas aos trabalhos por contrato também serão mais habilidosos em participar das equipes temporárias ou dos *swarms* que falamos anteriormente.

A sua primeira tarefa? Recompensar o trabalho autônomo e a autodisciplina. Alguns trabalhadores não são tão naturalmente ativos para iniciar e apresentar projetos sozinhos, mas essa é a marca distintiva do trabalhador contratado que entrega resultado. Embora possa ser mais fácil para um chefe microgerenciar esse tipo de funcionário, servir como muleta não lhes fará nenhum favor em um mundo de trabalho futuro que exija independência.

Em seguida, forneça oportunidades de vendas e experiência de marketing. A maioria dos funcionários em tempo integral não se vendem, e nem vendem suas competências e contribuições quando estão fora do mercado de trabalho, mas quem trabalha dessa maneira têm de fazer isto o tempo todo. Seus colaboradores devem ter muitas oportunidades de praticar a articulação do seu valor pessoal, e ganhar apoio para seus projetos individuas e experiência em vendas irá servi-los bem em um ambiente onde você só é tão bom quanto o seu último contrato.

Muitas organizações oferecem de forma inteligente opções de formação de alto nível para seus funcionários, mas eles devem ter a palavra final sobre quais habilidades querem adquirir, bem como quando e por quê. Como futuros trabalhadores por contrato, nenhuma empresa oferecerá sessões de aprendizagem gratuitas. Se os trabalhadores contratados quiserem ou precisarem obter determinada competência, eles próprios terão que pesquisar, pagar e agendar os cursos. Os funcionários em tempo integral deveriam — no mínimo — habituar-se à ideia.

Muitas vezes é difícil para os funcionários habituarem-se à solidão física e emocional associada ao trabalho. Como freelancer, você não pode normalmente desabafar com os colegas na hora do cafezinho. Você não tem um grupo integrado de pessoas de nível sênior para lhe aconselhar e orientar, ou colegas do outro lado do corredor que já tenham passado pela mesma situação ou que tenham lidado com uma tarefa de trabalho semelhante recentemente.

Um coletivo é um grupo de trabalhadores independentes em campos ou funções semelhantes que se reúnem periodicamente para discutir temas e questões de carreira. Eles geralmente surgem de associações e redes sociais on-line fora da indústria e, ao se unirem a um coletivo (via Meetup.com ou os aplicativos WeGoDo e Smacktive, por exemplo), os membros de sua equipe saberão onde buscar suporte quando o que sustenta a organização desaparecer.

A maioria dos trabalhadores independentes lança seus negócios com clientes estabelecidos ou pessoas com quem já trabalharam no passado.

Em outras palavras, relacionamentos fortes farão ou quebrarão um novo empreendimento. Mas quando você trabalha para uma organização estabelecida, não precisa se esforçar tanto nos relacionamentos. Muitos são estabelecidos quando você entra para uma empresa, e se um relacionamento se deteriora, seu trabalho normalmente não depende dele. Mesmo que você perca o contato com a maioria dos seus colegas quando deixa a empresa, isso não importa, porque vai poder contar com uma remessa de amigos no novo local de trabalho. Você pode ver por que essa é a atitude errada para um aspirante a trabalhador por contrato, então, para prepará-los, dê aos membros de sua equipe a prática de nutrir e manter a amplitude e profundidade das relações profissionais dentro e fora de sua organização.

Você pode considerar utilizar os freelancers existentes para servir como mentores dos membros da sua equipe. Que melhor maneira de aprender a ser um trabalhador por contrato bem-sucedido do que falar com pessoas que já têm experiência e estão florescendo na sua empresa? Se você tiver membros da equipe particularmente motivados e independentes, seja transparente sobre a possibilidade de contratos de trabalho no futuro. Sugira que eles ampliem suas habilidades e conhecimentos sobre arranjos alternativos de trabalho, realizando reuniões de descoberta com freelancers atuais em sua área.

No próximo capítulo, vamos considerar como os futuros profissionais irão mudar o foco de trabalho e as responsabilidades com muito mais frequência. Se você tem companheiros de equipe que ficaram presos na mesma função por anos (ou mesmo décadas), incentive-os a sair e definir a direção de suas carreiras e atribuições. Pergunte: "Se você tivesse que começar seu próprio negócio de consultoria hoje, quais projetos gostaria de realizar?" Então, veja como eles podem se mover no contexto de sua organização.

E, por fim, ofereça a educação financeira e jurídica certa. A maioria dos trabalhadores da nova economia GIG não faz ideia do que está recebendo em termos de dinheiro. Afinal de contas, receber um salário que chega sob a forma de um contracheque regular é simples. Os impostos, quando se trabalha para apenas uma organização, são ainda mais simples. E contribuições para a aposentadoria e outros benefícios? Para funcionários em tempo integral, eles simplesmente aparecem. Na maioria dos países, a configuração financeira e legal de um negócio de consultoria é muito mais complexa e muitas vezes difícil de gerenciar. Não importando o status dos futuros trabalhadores terceirizados, oferecer aos seus empregados aconselhamento financeiro individual é um benefício valioso.

QUANDO O TRABALHO POR CONTRATO NÃO FUNCIONA: A RENDA BÁSICA UNIVERSAL É UMA SOLUÇÃO?

Vimos na seção anterior como é muito mais fácil ser um empregado em tempo integral do que um trabalhador contratado. Há profissionais que vão se adaptar ao estilo de vida, outros, não. À medida que as organizações reduzem suas forças de trabalho em favor dos trabalhadores terceirizados e algumas indústrias diminuem em resposta à automação, muitos antigos trabalhadores em tempo integral podem não ganhar o suficiente para se sustentar.

Essa realidade potencial faz com que muitos falem do conceito de renda básica universal, o que não é novo. No fim da década de 1790, o estadista americano Thomas Paine pediu um pagamento universal de quinze libras por ano a todos seus compatriotas em troca do direito de deter propriedade privada (quando a libra esterlina ainda era usada como moeda nos Estados Unidos). No entanto, a Finlândia progressista é oficialmente a primeira nação soberana a colocar a ideia em prática. Um grupo de dois mil cidadãos finlandeses, que foram selecionados aleatoriamente, entre aqueles que recebiam seguro-desemprego ou apoio de renda, passaram a receber 560 euros por mês. Todos recebem a mesma quantia, quer trabalhem ou não. O projeto piloto irá decorrer até 2019, e poderá eventualmente expandir-se para incluir todos os finlandeses.

De acordo com alguns, o rendimento básico universal poderia transformar uma futura automatização do emprego de uma perspectiva aterradora para uma libertadora. Albert Wenger, sócio da empresa de capital de risco Union Square Ventures, compartilhou insights de seu livro *World After Capital* [*O mundo pós-capital*] com o site Fivethirtyeight. com. "Devemos gastar menos tempo em tarefas que poderiam ser automatizadas e mais tempo em questões que não são suficientemente abordadas: combater as mudanças climáticas, explorar o espaço, prevenir a próxima pandemia global", afirma. "Com uma renda básica, você terá cem por cento do seu tempo disponível para si mesmo, e a inovação crescerá" (Flowers, 2016).

Em um discurso sobre a renda mínima para o Fivethirtyeight, Wenger fez uma série de perguntas simples para seu público: "O que você quer fazer com a sua vida? Está fazendo o que realmente quer?" Wenger afirma que a renda básica é o meio para alcançar esses objetivos, independentemente de quais sejam. Se as pessoas não tiverem que se preocupar em arcar com suas despesas, poderão seguir a vida que quiserem.

Parece nobre, mas há alguma prova de que a renda básica universal funciona de verdade? Surpreendentemente, há. De acordo com o artigo de Flowers no Fivethirtyeight, a melhor pesquisa que temos vem de uma pequena cidade no Canadá. De 1974 a 1979, o governo canadense fez parceria com a província de Manitoba para realizar um experimento. O resultado foi o MINCOME, uma renda anual garantida oferecida a todas as famílias elegíveis de Dauphin e de algumas outras comunidades rurais.

O programa colocou a maioria dos beneficiários acima do limiar de pobreza do Canadá. A maioria dos assalariados não abandonaram seus empregos em tempo integral, mesmo recebendo o apoio. Em vez disso, a diminuição da ansiedade econômica permitiu que os participantes vivessem de forma mais saudável e planejassem seus futuros de forma sensata.

O Fivethirtyeight também compartilhou os resultados de quatro experiências negativas de imposto sobre a renda realizados nos Estados Unidos entre 1968 e 1980. Famílias do Colorado, Indiana, Iowa, Nova Jersey, Carolina do Norte, Pensilvânia e Washington foram atribuídas a grupos de tratamento e controle, recebendo dinheiro e sendo monitorados ao longo de vários anos. Chamados de experimentos NIT, esses pilotos mostraram um pequeno declínio no esforço de trabalho (cinco a sete por cento para os assalariados primários e um pouco mais para os secundários). Mas como no MINCOME, ninguém desistiu completamente, e se os participantes reduziram suas horas de trabalho, usaram-nas de forma produtiva, geralmente com educação e desenvolvimento profissional.

Embora o movimento de renda básica universal tenha sido temporariamente interrompido quando a Suíça recentemente votou contra a sua proposta de implementação, ele não mostra sinais de ir embora. Mais países, incluindo Canadá, França e Holanda, estão planejando planos piloto, e a startup americana Y Combinator lançou também um pequeno estudo sobre a eficácia da renda básica.

Então, se você é relativamente jovem, há chances de que alguma forma de renda básica se torne uma realidade em sua vida. E para os trabalhadores contratados, a renda básica proporcionará uma vantagem nas negociações com os empregadores, liberdade para inovar sem medo de consequências negativas no emprego, e uma proteção que permitirá ajustar suas circunstâncias, se necessário.

Para alguns, a renda básica pode parecer um episódio de *Black Mirror* com milhões de pessoas sentadas em seus sofás o dia todo, entediadas, apáticas e não pensando nada de bom. E é verdade: até o momento não há testes científicos rigorosos e generalizados da abordagem. Mas tenho esperança de que, se as instituições continuarem fazendo progressos na velocidade que vêm fazendo atualmente, a renda básica pode ser uma solução para aqueles que ficaram de fora da economia GIG e do trabalho em tempo integral.

É claro que também há um cenário em que o trabalho, tal como o conhecemos, desaparecerá, mas mesmo o rendimento básico não é necessário. Peter Frase, autor de *Four Futures* [*Quatro futuros*], pertence a um grupo de acadêmicos e economistas chamados pós-trabalhistas, que argumentam que as pessoas só trabalham duro porque suas culturas as condicionaram a se sentirem culpadas quando não estão sendo produtivas, e que essa culpa vai desaparecer à medida que o trabalho deixa de ser a norma (Frase, 2016). E de acordo com o relatório da Future Hunters, *Workreation*, uma economia marcada pelo trabalho momentâneo em uma variedade de atividades e pela criação em vez do foco em remuneração material nos incentivará a trabalhar, e formas menos passivas e mais substanciais de lazer em massa poderiam se desenvolver.

Naturalmente, existem opiniões utópicas e distópicas sobre essa situação. "A visão utópica é a de criatividade e liberdade, e de bem-estar social; a visão distópica é de ociosidade em massa, orgulho cívico diminuído, solidão e tédio desenfreados", afirma a Future Hunters. "O utópico é que as pessoas poderiam passar mais tempo cuidando de suas famílias e comunidades, e o orgulho viria de relacionamentos e não de carreiras. O distópico é que o ciúme iria dominar, mesmo em uma economia de abundância" (The Future Hunters, 2016).

Em qual você acredita?

Destaque
A rede de talentos do *The Washington Post*

The Washington Post, um dos maiores jornais do mundo, estreou recentemente o The Washington Post Talent Network. A plataforma, que é parte rede social e parte quadro de oportunidades de trabalho, foi projetada para dar aos editores do *Post* uma maneira fácil de solicitar e contratar escritores para blogs, notícias de última hora e longas parcerias em uma variedade de departamentos. O sistema inclui perfis de freelancers, detalhando a experiência profissional e incluindo amostras de trabalho; *story pitching*, permitindo que os freelancers adaptem ideias para departamentos e iniciativas editoriais específicas; publicação de trabalhos, permitindo que os freelancers indiquem histórias que o Post gostaria de seguir; e monitoramento de localização, garantindo que os editores conheçam os principais locais de trabalho dos freelancers para uma rápida implementação de histórias pertinentes ao momento.

De acordo com Justin Ellis da NiemanLab.org, a Talent Network foi criada pela editora associada do *Post*, Anne Kornblut, que desenvolveu o sistema enquanto era bolsista da John S Knight Journalism Fellow, em Stanford. Parte do seu trabalho anterior no *Post* envolvia a difícil tarefa de lidar com os freelancers. Encontrar colaboradores externos qualificados nunca é uma tarefa fácil, mas é especialmente desafiador quando grandes notícias são divulgadas repentinamente e um meio de comunicação deve rastrear pessoas que possam começar a trabalhar no mesmo dia (Ellis, 2015).

O Talent Network é um sistema completamente novo que foi customizado especificamente para atender as necessidades do jornal. Uma de suas principais conquistas foi padronizar o uso de freelancers e tornar as pessoas qualificadas facilmente acessíveis a todos. Antes do seu lançamento, os editores tinham a própria carteira de freelancers e procuravam por si mesmos encontrar os recursos certos, mas agora as histórias podem ser apresentadas em reuniões e os freelancers podem ser incorporados ou reincorporados na linha de produção, se necessário. O novo sistema também ajuda o jornal a manter os freelancers porque eles se sentem parte de uma comunidade e têm oportunidades de trabalho consistentes e lucrativas.

Além de envolver efetivamente os trabalhadores contratados, o *Post* dominou a arte da personalização da carreira. Ele entende que a jornada de cada profissional é diferente e que a empresa deve incentivar as pessoas a se aprimorarem onde estiverem e a dar o melhor que puderem oferecer naquele momento. No capítulo seguinte, vamos abordar por que o modelo de carreira de tamanho único, implantando para todos, está diminuindo em relevância, e como você pode usar a abordagem de personalização para aumentar a funcionalidade cruzada de seus funcionários e a relação de longo prazo com a organização.

PLANO DE AÇÃO

Responda estas perguntas hoje para estar preparado para o futuro mercado de trabalho de 2030:
1. 1 Quem na sua organização contrata funcionários hoje? Que

funções desempenham estes indivíduos? O que é o processo de terceirização e integração? Ele funciona, pode melhorar?

2. Sua liderança sênior apoia o crescimento da economia GIG na empresa? Por que sim ou por que não? Como você pode educar seus líderes sobre o valor dos trabalhadores por contrato?

3. Quais são as leis que regem os trabalhadores independentes no seu país? Você está confiante de que o seu uso de trabalhadores terceirizados é tanto legal quanto moral?

4. A estrutura atual da sua organização ampara todos os benefícios que uma força de trabalho independente pode oferecer? Que mudanças seriam necessárias para alcançar o máximo sucesso e evitar maiores armadilhas?

5. Qual é o papel da tecnologia na facilitação de um trabalho contratual eficaz? Sua infraestrutura de TI é suficientemente madura para lidar com as necessidades de uma força de trabalho independente?

6. Quais são seus sentimentos sobre preparar os funcionários para uma vida na economia GIG, ou fora do emprego em tempo integral em sua organização? Considera isso importante, ou uma perda de tempo? Por quê?

RESUMO DO CAPÍTULO

- O número de trabalhadores contratados mais do que duplicou na última década. Em 2019, 51 por cento das organizações planejam contratar trabalhadores temporários ou por contrato, e 63 por cento planejam fazer a transição de alguns trabalhadores temporários ou por contrato para funções permanentes.
- Muitos fatores estão impulsionando o aumento do trabalho por contrato. Aqueles que desejam mais flexibilidade, especialmente quando se aproximam do fim das suas carreiras, estão migrando para arranjos por conta própria. As organizações gostam de trabalhadores terceirizados porque podem eliminar os benefícios e os custos de responsabilidade associados aos funcionários em tempo integral, e isso pode permitir

que as empresas contratem o talento que precisam quando precisam, e de qualquer lugar.

- Dependendo do país em que opera, as especificidades variam em termos do que constitui um trabalhador terceirizado. Em muitos países, há diferenças claras entre empregados efetivos e contratados, e as organizações que erroneamente classificam os trabalhadores estão sujeitas a grandes penalidades.
- A maioria das organizações trata os trabalhadores contratados da mesma forma que os funcionários efetivos, ou os ignora completamente. Mas para receber todos os benefícios de uma força de trabalho independente, a integração dos freelancers deve ser estratégica, bem como cuidadosamente planejada e executada.
- Ao ajudar seus funcionários a aprender o que é preciso para ter sucesso em uma economia GIG, você garantirá um grupo mais forte de trabalhadores terceirizados disponíveis para si à medida que seu negócio evolui. Alguns trabalhadores não são tão naturalmente ativos para iniciar e completar projetos por conta própria, mas esse conjunto de habilidades é a marca registrada do trabalhador contratado bem-sucedido, e você deve recompensá-lo.

6
ESCOLHA SUA AVENTURA: PERSONALIZAÇÃO DE CARREIRA

São onze da noite no meu escritório em casa, no subúrbio de Chicago, e estou ao telefone com uma mulher de 25 anos, Wing, que mora em Xangai. Trabalho como conselheira de carreira para uma centena de funcionários de alto potencial com vinte e poucos anos, recentemente contratados por uma das maiores empresas de tecnologia do mundo. A maioria das pessoas que optam por aproveitar a opção de coaching por telefone estão na China e na Índia.

A empresa de tecnologia gasta muito dinheiro com cada jovem profissional de alto potencial — muito mesmo. Sua experiência envolve um longo processo de recrutamento, bem como várias semanas de formação presencial na sua região. Ásia-Pacífico é considerada uma região, o que significa que se a empresa tem dez contratações com base em Mumbai, mas o treinamento é em Pequim, ela paga a conta para aqueles contratados viajarem e se ausentarem do trabalho para ir até a China. Para cada região, criamos amplos recursos *onboarding* on-line e off-line que atualizamos regularmente, e todos os novos contratados têm acesso a minha mentoria como coach e líder sênior. Pela minha estimativa, o investimento do primeiro ano da empresa em cada contratação é de aproximadamente cinquenta mil dólares, ou seja, metade de cada salário somado o ano inteiro.

Então, você pode imaginar como é doloroso ouvir Wing me dizer, a milhares de quilômetros, que ela queria deixar a empresa depois de apenas oito meses. Wing foi contratada diretamente de um programa de ciência da computação em uma das melhores universidades da China, mas depois de experimentar o cargo de programadora por um tempo, percebeu que odiava aquilo. "Não há nada que eu possa fazer a não ser desistir", lamenta. "Gosto da companhia, mas não tenho para onde ir."

Essa noção parece claramente absurda. A empresa tem mais de cem mil funcionários, com várias centenas deles baseados apenas no escritório de Xangai. No meu tempo lá, já conheci funcionários de dezenas de áreas, de relações governamentais a pesquisa e desenvolvimento. Se existe um lugar para Wing se mudar e descobrir o que ela realmente quer fazer, é lá. Eu lhe digo isso. Infelizmente para a empresa e para Wing, não existe uma estrutura que permita uma jovem profissional motivada — na qual a organização investiu substancialmente — descobrir oportunidades adicionais. Se você entra na empresa como um programador, é esperado que permaneça como um — pelo menos até chegar a certo nível. Essa é a filosofia da empresa, e eu poderia aceitar e deixar Wing sair e levar todo seu treinamento caro. Em vez disso, decido trabalhar com ela para nos aprofundarmos na organização e descobrirmos quais papéis lhe interessariam.

Seguindo o que conversamos, Wing se reúne com executivos sediados em Xangai nas áreas de recursos humanos, finanças, operações e funções de mercado. Leva vários meses para chamar a atenção das pessoas, mas, por fim, um líder fica tão impressionado com a capacidade de Wing de traduzir sua experiência em ciência da computação em competências úteis para o departamento de marketing que lhe oferece uma posição. Wing permanece e continua a dar bom uso aos seus talentos em nome da empresa. Ninguém poderia ter previsto que uma jovem mulher que tinha basicamente treinado para ser uma programadora desde seu nascimento acabaria como o elo da China com a equipe de marketing global. Não era fácil enxergar como os programas de análise de dados que ela domina poderiam ser usados para extrair insights sobre os segmentos de clientes da empresa. Foi o que aconteceu, mas não tem sido um caminho fácil para Wing. Embora sua determinação tenha prevalecido, ela enfrentou muitos opositores insistindo que uma carreira sensata tinha que envolver uma subida linear na escada da empresa.

No futuro mercado de trabalho, a história de Wing será mais comum ainda. Esta é a era da customização da carreira, na qual não há dois funcionários com a mesma jornada. Independentemente do que você estudou na escola ou da carreira de seu chefe atual, você vai habitar cargos em uma variedade de disciplinas e de ambientes ao longo de sua carreira. E, como um líder que quer reter os melhores talentos como Wing, você terá que fazer mais do que seguir um único caminho do ponto A ao ponto B.

Durante a recessão global do fim da década de 2000, muitas empresas deixaram de contratar e de promover, o que significa que até mesmo os funcionários de alto desempenho estagnaram em seus cargos durante anos. Agora que a economia está melhor, entretanto, as organizações rapidamente perdem empregados que não estão tendo uma experiência significativa. Um estudo de 2017 da Glassdoor que examinou cinco mil transições de emprego identificou os fatores estatísticos que fazem os trabalhadores pularem fora e descobriu que a estagnação em uma posição é o fator número um. Mesmo depois de controlar a remuneração, a indústria, o cargo e muitos outros fatores, a Glassdoor descobriu que os trabalhadores que permanecem mais tempo no mesmo emprego são significativamente mais propensos a partir para outra empresa, para o próximo passo em sua carreira. E estagnar em um cargo por mais de dez meses aumenta ainda mais as chances de que os funcionários deixem a empresa (Chamberlain, 2017).

Ao mesmo tempo, mais promoções não são necessariamente a melhor opção. De acordo com um relatório recente do Barclays, é muito mais provável que os trabalhadores de hoje façam movimentos paralelos — ou laterais — nas suas carreiras para ganhar experiência extra funcional ou industrial. A pesquisa do Barclays mostrou que 24 por cento dos trabalhadores mais jovens que 34 anos já atuaram em quatro indústrias, em comparação com 59 por cento dos trabalhadores com mais de 65 anos, que passaram por apenas três indústrias durante toda a sua carreira (Carter, 2016). Se os funcionários puderem encontrar essas oportunidades laterais em suas organizações atuais, é muito menos provável que saiam em busca de uma grama mais verde.

Há mais de uma década, a Deloitte revelou sua teoria da customização de carreiras em massa, ou seja, a malha corporativa. De acordo com Molly Anderson, Cathy Benko e Suzanne Vickberg, a estrutura da "escada corporativa" tem sido o padrão que moldou a forma como as empresas vinham operando no século passado. "A estrutura hierárquica corporativa decide como a informação flui e quais ideias importam, definindo o sucesso da carreira como uma subida ao topo. A abordagem de tamanho único dessa estrutura assume que os funcionários são mais parecidos do que diferentes, e querem e precisam de coisas semelhantes para entregar resultados. Mas o local de trabalho não é o que costumava ser", escrevem elas (Anderson, Benko e Vickberg, 2011).

O modelo corporativo de customização de carreiras em massa da Deloitte tem seu nome derivado da matemática, na qual uma estrutura tridimensional se estende infinitamente em qualquer direção, e representa a natureza multidirecional, flexível e expansiva de como as organizações operam com sucesso na economia do conhecimento. Mais adiante, falaremos sobre como as empresas estão se tornando mais horizontais e ágeis e há menos oportunidades de subir. Em resposta a isso e ao já mencionado interesse em carreiras secundárias, as organizações estão ampliando os caminhos para incluir mudanças de carreira planejadas em funções que tornem os funcionários mais versáteis. Um dos estudos de caso mais intrigantes da Deloitte envolve o escritório de advocacia global Orrick, Herrington & Sutcliffe LLP. "O modelo de árvore de Orrick fornece uma variedade de opções de carreira em vez de um único caminho linear para o colaborador. Uma trilha de carreira personalizada permite que os indivíduos adaptem o seu desenvolvimento com base em seus interesses de carreira e objetivos, bem como suas necessidades de vida" (Anderson, Benko e Vickberg, 2011).

Nos anos que antecederam este livro, trabalhei com a Deloitte e tive a oportunidade de ver o modelo de personalização de carreira no trabalho. Embora a empresa tenha colocado métricas no modelo — descobrindo que aqueles que experimentam carreiras da árvore são duas vezes mais propensos a se envolver do que aqueles que não experimentam — as histórias individuais foram o que mais ressoou em mim. Por exemplo, trabalhei com uma stakeholder, Lisa, que iniciou sua carreira no fim dos anos 1980 como consultora de auditoria. Quando se tornou gerente, descobriu sua paixão pelo desenvolvimento de pessoas e mudou para a área de recursos humanos. Alguns anos depois, a universidade corporativa da Deloitte recorreu a ela para liderar o programa, e ela fez um trabalho tão bom na promoção das iniciativas da universidade para o quadro global de funcionários, que lhe ofereceram uma posição em relações públicas. Lisa geralmente trabalhava em tempo integral em um escritório local, mas foi temporariamente transferida para meio período enquanto criava seus filhos, e para um status de trabalho remoto quando aceitou um cargo em outra região.

Lisa trabalha há quase trinta anos e, notavelmente, permaneceu na Deloitte o tempo todo. Isso graças à empresa encorajar e facilitar uma variedade de mudanças internas destinadas a aumentar seu conjunto de habilidades e agregar valor para a organização de maneiras novas e desafiadoras.

A história de Lisa pode parecer incomum agora, mas no local de trabalho de 2030, será normal. Se empresas como a Deloitte lhe veem com bons olhos, não precisa se preocupar. Neste capítulo, vamos abordar como promover movimentos laterais ou em malha, o desenvolvimento da funcionalidade cruzada, a integração trabalho/vida pessoal e tecnologias vestíveis nas jornadas de carreira da sua equipe.

Digamos que você é novinho em folha na personalização da carreira. Por onde deve começar? As seguintes etapas devem ser úteis:

- **Definir o que é possível**. Falar para seus empregados: "Você pode ter a carreira que quiser. Crie alguma coisa", provavelmente não é a melhor coisa a se fazer. Quando se trata de experiência profissional, ambiente e estrutura, bem como de aquisição de competências e funções, os seres humanos tendem a fazer melhor quando dispõem de um conjunto de escolhas. Por exemplo, se você tiver um empregado que quer ganhar experiência global, pode sugerir um movimento internacional dentro do departamento atual ou, se ele deseja dominar um novo conjunto de habilidades, mas quer permanecer local, você pode sugerir o aprendizado em uma posição virtual com um novo negócio de especialistas internacionais.

- **Priorizar a sua cultura para contribuições mistas**. Uma coisa é oferecer carreiras personalizadas, outra é celebrá-las. Em um capítulo posterior, falaremos sobre como sua estratégia de avaliação de desempenho deve ser conectada para alcançar os objetivos individuais dentro de um caminho escolhido, em vez de progredir para o próximo nível superior. As mensagens internas da empresa e as comunicações do CEO devem incluir suporte para correção lateral e alternativa de carreira, esses tipos de mudanças devem ser apresentadas dentro da organização, e as realizações do colaborador individual (onde alguns profissionais laterais podem ficar durante toda a sua carreira) devem ser recompensadas de forma semelhante às dos executivos de nível superior.

Incentivar os funcionários a formular um plano de um a três anos. Funcionários que querem mudanças constantes e nunca estão satisfeitos com o que estão fazendo atualmente podem tornar uma iniciativa de personalização de carreira em massa uma espiral sem fim. "Limitar o número de vezes que você pensa sobre objetivos pessoais abrangentes pode ajudá-lo a superar o sentimento constante de opções ilimitadas, e criar um plano de carreira de longo prazo pode ajudar os profissionais a se encaixar em metas menores", afirma Tonushree Mondal, consultor de recursos humanos na Filadélfia, em um recente artigo da BBC *Capital* (Dizik, 2017).

- **Considerar uma programação alternativa**. No capítulo quatro, discutimos estruturas de trabalho evolutivas, que incluíam vários tipos de flexibilidade e horários pouco ortodoxos. Como líder, você pode adaptar a organização do trabalho para uma grande parte do seu quadro de funcionários ou para um único indivíduo. No espírito da personalização da carreira, vale a pena perguntar aos membros de sua equipe sobre o horário e o ambiente de trabalho mais adequados. Mesmo que você não tenha que aceitar todas as ideias, pode descobrir que expandir seus horizontes nesse sentido ajuda tanto no engajamento quanto na retenção.

- **Apoiar seus esforços com tecnologia.** De acordo com Linda Ginac, CEO da Talent Guard, e David Shaw, especialista em empregos, habilidades e competências para a IBM, um portal personalizado com avaliações de habilidades cria um ajuste entre as capacidades do funcionário e as necessidades da organização e confirma a proficiência em competições críticas relevantes para o trabalho. Esse portal incorpora feedback do gestor para avaliar se um empregado está no nível iniciante, intermediário ou avançado em várias áreas de competência e recomenda planos de carreira na empresa com base nesses dados. Em seguida, relaciona recomendações com informações sobre certificações essenciais, treinamentos e metas de desenvolvimento e progresso. Esse tipo de tecnologia pronta para uso permite que os funcionários gerenciem as próprias carreiras personalizadas e oferece uma maneira fácil para que os gerentes mantenham registros do que está acontecendo (Ginac e Shaw, 2017).

Embora a Deloitte tenha afirmado que a personalização da carreira é melhor para envolver e reter os funcionários e administrar o ambiente de negócios mais fluido de hoje, o que a pesquisa acadêmica tem a dizer sobre o assunto? Um estudo recente de Matthijs Bal (Universidade de Bath), Paul GW Jansen (Universidade de Amsterdam) e Marco Van Kleef (Universidade VU, Amsterdam), publicado no *Journal of Organizational Behavior*, investigou os efeitos da customização de carreira em massa (*mass career customization*, MCC) para os funcionários, tanto nas atitudes profissionais quanto nos resultados objetivos da carreira. Os pesquisadores verificaram se a implementação da customização de carreira como uma prática de RH permite que os empregados se tornem mais engajados em seu trabalho, comprometidos com a organização e, posteriormente, alcancem maior sucesso em suas carreiras. O estudo mostrou que o uso de MCC de fato aumentou o engajamento dos funcionários ao longo do tempo e esteve relacionado ao maior comprometimento no mesmo ano, e que os usuários de MCC obtiveram classificações de desempenho mais altas do que os não usuários. "Os colaboradores da MCC conseguem uma maior correspondência entre o que eles querem de suas carreiras e o que a organização espera que eles contribuam", escrevem Bal e seus colegas. "Maior engajamento se traduz em sucesso de carreira mais objetivo à medida que os funcionários investem energia em seu trabalho e alcançam melhor desempenho" (Bal, Jansen e Van Kleef, 2015).

O *TOUR OF DUTY* E TRANSIÇÕES DE FUNCIONÁRIOS

O conceito de *tour of duty*, criado por Reid Hoffman — cofundador do LinkedIn e autor do livro *The Alliance: Managing Talent in the Networked Age* [*A Aliança: Gerenciando talentos na era das redes*] —, é essencial para personalização de carreiras em massa. Um *tour of duty* é uma situação que envolve o funcionário trabalhar em tempo integral em papéis consecutivos dentro de uma organização, trabalhar em tempo integral em organizações consecutivas para fins de requalificação profissional ou tirar um tempo para desacelerar do trabalho em uma organização.

Dentro de uma única organização, um *tour of duty* tipicamente dura um período de dois a cinco anos. Tanto o gerente quanto o empregado reconhecem abertamente que, no fim do *tour*, o funcionário pode deixar a organização. O novo acordo reconhece a provável impermanência da relação, mas procura construir confiança e investimento de qualquer maneira. "Em vez de laços estritos de lealdade, ambos os lados procuram os benefícios mútuos da aliança", comenta Hoffman para a *Harvard Business Review*. "Como aliados, empregador e empregado tentam agregar valor um ao outro" (Hoffman, Casnocha e Yeh, 2013).

Os melhores *tours of duty* envolvem o domínio de novas habilidades ou oportunidades empresariais como o desenvolvimento e lançamento de um novo produto, a reformulação de um processo de negócios existente ou a introdução de uma inovação organizacional. Independentemente disso, a noção de um acordo é crítica. O contrato de trabalho deve ser entre o gerente individual e o funcionário e, portanto, não pode ser legislado pelos recursos humanos.

Os *tours of duty* podem ser combinados com outros tipos de transições de funcionários, tais como licenças-maternidade e paternidade, licenças de afastamento, período sabáticos e aposentadoria faseada. A maioria das organizações hoje ajuda os funcionários com esses arranjos como uma espécie de ponto de entrada na personalização da carreira. No entanto, em muitos casos, essas transições não são governadas estrategicamente. Em vez disso, o empregado apenas reatribui seu trabalho, sai e volta vários meses depois (ou não, no caso de aposentadoria). Se você quiser que sua organização obtenha valor de retenção a partir desses arranjos, deve pensar em como usar cada transição para fortalecer seu relacionamento com os participantes. Alguns exemplos de perguntas e respostas a serem feitas:

- **Licença-maternidade/paternidade.** Que projetos o funcionário está procurando concluir antes desse evento tão pessoal? Em que posição o funcionário gostaria de ver sua carreira quando sair? Como podemos manter o funcionário envolvido, em uma forma livre de estresse, durante a licença? Que medidas específicas iremos tomar para garantir que o funcionário seja devidamente reintegrado no regresso ao trabalho?
- **Licenças de afastamento.** Como podemos apoiar um funcionário durante esse momento difícil? Que recursos podemos fornecer para ajudar? Como podemos reforçar o compromisso do colaborador com a empresa quando a crise tiver passado? Que medidas específicas iremos tomar para garantir que o funcionário seja devidamente reintegrado no regresso ao trabalho?
- **Períodos sabáticos.** Que competências o trabalhador estará aprendendo e como elas se aplicarão diretamente a um futuro papel na organização? Como podemos apoiar o desenvolvimento dessas competências? Como podemos garantir que o funcionário ainda se sinta parte da organização enquanto estiver em licença sabática? Que medidas específicas iremos tomar para garantir que o funcionário seja devidamente reintegrado no regresso ao trabalho?
- **Aposentadoria faseada.** Como a função do empregado hoje difere da função de um empregado em tempo integral? Qual é a razão pessoal por trás dessa mudança? Por que o conhecimento desta pessoa é tão valioso para a organização? Quais são as áreas mais importantes em que

este colaborador pretende contribuir? Qual é o cronograma daqui para frente, e nossa visão se alinha com a do funcionário?

Destaque
Programa de intervalo de carreira da Marinha dos Estados Unidos

Ao participar de um evento de networking na minha *alma mater*, a Universidade Northwestern, em Chicago, pergunto ao grupo por que mais organizações não oferecem licenças sabáticas.
— O que elas têm a perder? —, pergunto. — Parece-me que apoiar os esforços externos dos funcionários seria uma ótima maneira de manter as pessoas que você já valoriza e confia.
Uma colega participante anuncia:
— É, e estamos fazendo isso agora.
Sou surpreendida, pois essa mulher é uma oficial de alta patente da Marinha dos Estados Unidos.
— Achava que os órgãos governamentais não pudessem fazer este tipo de coisa —, murmuro, recuperando o fôlego. Na verdade, o governo é muitas vezes associado ao emprego para a vida toda, também conhecido como entrar em um edifício de paredes beges logo após a faculdade, saindo, décadas depois, com uma cabeleira grisalha e uma pensão modesta.
Mas há alguns anos, a Marinha americana decidiu fazer algo inovador (United States Navy, 2017). Primeiro, seus líderes queriam compreender por que as pessoas estavam desistindo, e aprenderam que não era porque não gostavam da Marinha. Pelo contrário, era porque uma carreira naval ao longo da vida exige sacrifícios que alguns empregados não estavam dispostos a fazer — incluindo mudanças frequentes para áreas remotas e longas separações de entes queridos durante períodos críticos da vida.
A liderança da Marinha americana percebeu o simples fato que eu mencionei na reunião de networking: se você tem um funcionário reconhecido — alguém que é um forte colaborador — você quer mantê-lo. E pode fazer isso dando-lhe escolhas. No fim da década de 2000, a Marinha

americana estabeleceu o Programa de Intervalo de Carreira para lidar com os desafios da vida e do trabalho de seus integrantes.

Desde então, todos os anos, tem permitido que até vinte oficiais e vinte marinheiros alistados tirem uma licença sabática do serviço militar, fazendo a transição para as reservas por até três anos. Embora atualmente atenda a uma pequena porcentagem do quadro total de funcionários, o Programa de Intervalo de Carreira está crescendo.

Durante esse intervalo, os marinheiros retêm benefícios médicos e odontológicos integrais para si e seus dependentes, benefícios de compra em lojas operadas pela marinha e uma bolsa mensal equivalente a uma pequena fração do salário básico do serviço ativo. Eles também ganham a oportunidade de mudar de base uma única vez. Ao retornar ao serviço ativo, podem concorrer em conselhos de promoção com membros de serviço com o mesmo nível de experiência. Em outras palavras, as pessoas que aproveitam essa opção não enfrentam penalidades na carreira. Esse último ponto é especialmente importante para os trabalhadores ambiciosos que precisam de uma pausa, mas que têm medo de serem superados por seus colegas.

Depois de experimentar taxas de retenção recorde entre os participantes do programa, a Marinha dos Estados Unidos planeja expandi-lo para um maior número de oficiais e marinheiros. Talvez em um futuro não muito distante esta seja uma realidade para todos os que se alistam.

CONSTRUINDO CONHECIMENTO MULTIFUNCIONAL

Mesmo que todos os membros de sua equipe tivessem os mesmos empregos por suas vidas inteiras — o que graças à nossa discussão sobre carreiras mistas agora sabemos não ser o caso — as organizações modernas estão se tornando cada vez menos isoladas. Isso significa que os profissionais de hoje devem trabalhar bem com outros dentro e fora de seus departamentos, e não há melhor maneira de colaborar com as pessoas do que entender e valorizar o que fazem.

É por isso que os membros da equipe com experiência multifuncional — ou que sabem como fazer o trabalho em uma variedade de áreas — têm mais valor para os empregadores do que nunca. Esses são os indivíduos em que o grupo pode confiar para fazer as coisas acontecerem e aumentar a credibilidade, reputação e perfil da sua equipe no restante da organização.

No entanto, você não pode se sentar e esperar que os profissionais multifuncionais venham bater à sua porta. Líderes podem empregar várias estratégias para incentivar uma maior especialização em suas forças de trabalho, e fazer isso é um componente essencial do processo de personalização da carreira:

- **Crie suas próprias rotações**. Algumas organizações maiores já estabeleceram programas rotacionais (ver Destaque), mas se a sua não fizer isso, você pode inseri-las nos planos de desenvolvimento de sua equipe. Por meio de acordos informais, seu pessoal pode trabalhar com outra equipe durante um dia ou uma semana, participar de outras reuniões departamentais ou fazer parcerias em tarefas ou compromissos que afetam vários grupos.

Se as rotações forem um conceito novo para você, comece em uma área com sinergias existentes. Por exemplo, se você é um líder de recursos humanos e seu diretor de recrutamento contrata frequentemente para funções de serviço ao cliente, peça-lhe para passar algum tempo no seu *call center*. Não só ele irá melhorar as próprias habilidades de atendimento ao cliente, mas também irá desenvolver uma nova percepção sobre o que essas funções implicam. Observe que as rotações não precisam ocorrer em um ambiente físico, de modo remoto são ainda mais fáceis de realizar, à medida que a videoconferência e a telepresença se tornarem mais sofisticadas e onipresentes.

É ainda mais fácil mover seu pessoal dentro do seu departamento. Usando o exemplo do diretor de recrutamento, será que ele poderia acompanhar os membros da equipe nas funções de treinamento e desenvolvimento, benefícios e integração? Mover pessoas dentro ou fora de sua equipe dependerá de seu objetivo principal: sua meta cria profissionais mais bem fundamentados em sua área que podem ajudar uns aos outros quando necessário, ou, visando o planejamento de sucessão, cria líderes versáteis, que, no geral, estão bem equipados para gerenciar os requisitos do futuro local de trabalho?

- **Pergunte ao seu pessoal sobre outros departamentos.** Torne uma prioridade para seus funcionários ter uma compreensão completa do que as outras equipes fazem. Peça-lhes que finjam que estão se candidatando para uma posição em outra função e peça-lhes que estudem materiais relevantes on-line e off-line. Por exemplo, seus funcionários de marketing entendem como funcionam as contas a pagar? Esse conhecimento certamente os ajudaria no processamento de faturas de fornecedores.
- **Identifique seus interesses e aponte-os na direção certa.** Como no caso da personalização de carreiras em geral, pergunte aos empregados sobre outras funções que os intrigam. Talvez assim que entraram na organização, tenham encontrado pessoas na integração que passaram a trabalhar em diferentes áreas. Sugira que voltem a entrar em contato com esses indivíduos e aprendam mais sobre o que eles fazem; assim como treinamentos podem aguçar seu apetite por um novo conjunto de habilidades, essa interação também ajuda. Enfatize os benefícios do treinamento cruzado, incluindo uma maior probabilidade de promoção e maior estabilidade de mercado fora da organização.
- **Organize a exposição a recursos externos.** O desenvolvimento de aptidões em um conjunto de habilidades que não se encontram atualmente dentro da organização pode ser crítico para sua equipe. Por exemplo, talvez, como o líder de RH, sua equipe de relações universitárias necessite se atualizar sobre como o mundo da educação está mudando. Essa poderá ser uma oportunidade apropriada para um palestrante convidado, workshop ou conferência.
- **Construa excelência e colaboração multifuncionais.** Certamente lhe ajudará se sua equipe o vê como alguém entendido dentro da organização. Melhore sua compreensão de outras funções, e, se estiver em um escritório físico, mantenha seu conhecimento e contatos em dia, reservando cerca de meia hora uma vez por semana para andar pelos setores. Seu pessoal deve vê-lo regularmente interagindo com pessoas de outros departamentos e trabalhando de forma integrada com indivíduos

de toda a organização. Você pode gerar cooperação tendo em mente que as pessoas fora da sua equipe imediata não se importam com o que você precisa — elas querem saber o que isso significa para elas.

Ao interagir com outros departamentos com uma atitude que permite que ambas as partes façam melhor o seu trabalho, você será mais eficaz em construir pontes interfuncionais e, finalmente, obter o que a sua equipe precisa.

- **Seja um mediador eficaz.** É claro que mais relações multifuncionais trazem os potenciais ruídos de comunicação ocasionais. Se uma disputa entre dois colegas estiver azedando as relações entre os departamentos e tornando difícil aprender e ajudar uns aos outros, marque uma reunião formal para discutir as questões. Quando estiverem todos juntos, diga aos colegas que precisam esclarecer as coisas, falando com eles um de cada vez sobre a situação e depois permitindo que o outro responda ao que acabou de ser dito. Permaneça imparcial e encoraje-os a chegarem a uma solução mutuamente satisfatória.

Destaque
Programas de liderança rotativa

A Nestlé SA é a maior empresa de alimentos do mundo, com três sedes na Europa e nos Estados Unidos, setenta localizações e quase vinte mil colaboradores. A Nestlé Purina, sua divisão de cuidados com animais de estimação, acredita que a imersão dos colaboradores em oportunidades que lhes proporcionam diversas experiências de aprendizagem e crescimento tem um impacto positivo no resultado final do negócio. O Programa de Formação em Gestão da Nestlé Purina coloca estudantes universitários talentosos quase formados em uma iniciativa de desenvolvimento que os expõe a cada uma das áreas funcionais críticas do ambiente fabril: contabilidade, engenharia, SI/TI, produção, fornecimento, operações, recursos humanos e garantia de qualidade.

"Cada *trainee* se torna bem versado dentro de cada uma dessas áreas antes de se tornar o especialista no assunto dentro de sua respectiva disciplina", afirma o site de carreiras da Purina (Nestlé Purina, 2017). "Em última análise, o programa prepara esses indivíduos para serem a próxima geração de líderes da produção do nosso negócio."

A Purina lançou também um programa de desenvolvimento rotativo para colaboradores mais experientes dos grupos de marketing e vendas. Nesse programa, os participantes passam um ano em cada área funcional fora do seu departamento de origem, recebendo oportunidades para desenvolver novas iniciativas, interagir com outros departamentos e obter informações sobre suas jornadas de carreira em curso.

A empresa global aeroespacial e de defesa, Raytheon, também é conhecida por seu programa de desenvolvimento rotativo para recém--formados universitários e jovens profissionais. "A Raytheon percebeu que precisava de líderes capazes de lidar com desafios tecnológicos excepcionalmente complicados enquanto lideravam em um ambiente complexo e matricial", escreve Michael Teeley para a *Training Magazine* (Teeley, 2017). O programa de dois anos gira em torno de cem participantes desempenhando oito funções (desenvolvimento empresarial, comunicações, contratos, engenharia, finanças, recursos humanos, TI e cadeia de fornecimento). Além da aprendizagem experiencial que dominam nos vários departamentos, os participantes recebem regularmente orientação de nível executivo e de equipe, além de exercícios de desenvolvimento de competências de liderança.

Um desses exercícios, diz Teeley, é o BizFighter: um evento de desenvolvimento de três dias que reflete os desafios enfrentados pelos líderes da Raytheon ao competir por participação de mercado e lucratividade. Para o BizFighter, os participantes e a equipe de instrução se reúnem em um local fora de Boston e formam vinte equipes multifuncionais de cinco pessoas. "Os desafios apresentados são representativos dos problemas cotidianos enfrentados pelos líderes da Raytheon e são projetados para replicar ferramentas e processos usados para gerenciar custos, garantir a execução do projeto e medir o sucesso", diz Teeley. Para se saírem bem, as equipes precisam ser eficazes em todas as oito áreas funcionais. No último dia da simulação do BizFighter, os engenheiros são indistinguíveis de seus colegas de RH e finanças. "Eles compartilham uma linguagem comum. Exibem o mesmo compromisso com o cliente. Tirados dos seus habituais departamentos profissionais, pensam e agem como verdadeiros empresários da alta tecnologia", escreve Teeley.

A gigante automobilística General Motors é nosso exemplo final de liderança rotacional, tendo recentemente adicionado dois caminhos de recursos humanos ao seu popular programa de Rotação Técnica e Conhecimento de Carreira (Technical Rotation and Career Knowledge, TRACK) em resposta às lacunas de habilidades identificadas na função. De acordo com um artigo recente na *Society for Human Resource Management Magazine* (Arnold, 2017), os participantes (abertos à experiência) passam doze meses nas relações de trabalho, como parceiros de negócios de RH e em um grupo de produção. O caminho do RH corporativo (principalmente direcionado a profissionais de nível básico) também inclui um período de relações de trabalho, bem como um ano em remuneração e benefícios globais e um ano em aquisição ou gestão de talentos.

Os participantes do TRACK são acompanhados por mentores que permanecem ligados a eles ao longo do programa, e a agenda inclui oportunidades para os participantes se reunirem em eventos de formação, apresentações de palestrantes externos e fóruns de pequenos grupos com líderes seniores. A General Motors acompanhará o sucesso do novo programa por meio de pontuações de engajamento do participante, dados de aceitação da oferta e, no futuro, a progressão dos graduados do programa para papéis de liderança.

O PAPEL DA PERSONALIZAÇÃO DOS VESTÍVEIS

— Quantos de vocês têm um FitBit? —, perguntei em uma conferência recente durante um workshop.

Metade dos participantes levanta a mão.

— Para os que tem um FitBit, ele foi dado pela sua empresa?

Cerca de vinte participantes indicam que sim, suas empresas lhes deram um dispositivo FitBit individual para que pudessem monitorar sua saúde e atividades de bem-estar de forma mais eficaz. Minha plateia não é exceção. Muitas organizações aderiram à onda *fitness*, incentivando os funcionários a monitorar seu exercício diário e ingestão de calorias e, por vezes, competir uns contra os outros por incentivos. O primeiro a dar dez mil passos recebe um almoço grátis!

O dispositivo FitBit pode dizer quanto você anda e, dependendo do modelo, quanto dorme e o aumento da sua frequência cardíaca. Não há dúvida de que os dispositivos vestíveis estão apenas começando, mas eles já podem nos dizer outras coisas também — coisas que têm relevância direta com o desempenho no local de trabalho.

De acordo com um artigo da *Quartz* escrito pelo CEO da Narrative Science, Stuart Frankel, funcionários da empresa japonesa de eletrônica, Hitachi, usam sensores que determinam, por um algoritmo patenteado, o quanto os trabalhadores estão felizes com base em quanto tempo eles passam sentados, andando, acenando com a cabeça, falando e digitando ao longo de cada dia. E o Bank of America testou sensores semelhantes em noventa funcionários do *call center*. "Os dados resultantes revelaram que era importante para a empresa permitir intervalos para grupos, uma vez que os funcionários muitas vezes resolviam os problemas pessoais no local de trabalho", escreve Frankel. O Bank of America fez alguns ajustes em suas políticas culturais e relatou um aumento de dez por cento na produtividade" (Frankel, 2016).

Neste momento, a maioria das empresas está satisfeita por dar aos empregados FitBits básicos com opções de estilo e cor. Mas, até 2030, a maioria dos profissionais usará um dispositivo que fará muito mais do que rastrear passos. Avanços futuros permitirão uma personalização total do papel de cada funcionário para maximizar a produtividade a cada momento de cada dia.

Você consegue imaginar, por exemplo, um sensor que analisa sua produtividade nas tarefas de trabalho em comparação a seus colegas? Ele pode registrar que você escreve um relatório de status do cliente cinco vezes mais devagar do que seu parceiro, mas executa uma análise de orçamento duas vezes mais rápido do que outro colega de equipe.

Quando o sensor reportar essa informação ao líder da equipe, você vai querer escolher entre continuar a escrever relatórios de status ou ser atribuído automaticamente a uma tarefa em que é objetivamente superior?

No capítulo dois, falamos sobre como os dispositivos inteligentes terão o poder analítico de sugerir a melhor maneira de prosseguir com seu cargo, incluindo as tarefas específicas que você deve realizar e a ordem em que deve realizá-las, as pessoas com quem deve conversar para ajudá-lo, o que eles devem fazer especificamente, e onde você deve concentrar sua atenção e energia em vários momentos do dia para apoiar seu estilo e padrões de trabalho. Meu software de gerenciamento de tempo já me diz que passo muito tempo verificando o Facebook pela manhã. Mal posso esperar por um algoritmo futuro para determinar que eu não deveria me preocupar em continuar um trabalho antes das dez horas da manhã porque estou muito cansada para fazer qualquer coisa além de navegar distraída na internet.

Em qualquer um dos casos, à medida que seu dispositivo recolhe dados sobre você, seus conhecimentos se tornarão mais profundos e úteis, oferecendo mais formas de explorar os seus pontos fortes e distingui-lo da multidão. A análise pode até acontecer antes de se começar a trabalhar em uma empresa. Recentemente ouvi falar de uma tecnologia que está sendo desenvolvida pelo MIT que usa uma única tarefa de programação para prever como os potenciais recrutas de TI serão eficientes em várias tarefas relacionadas ao trabalho. Levando o conceito de avaliação pré-emprego a um novo patamar, esse tipo de tecnologia vestível poderia tornar a entrevista subjetiva de emprego totalmente obsoleta.

Quando especulo sobre o futuro dos vestíveis para meu público na conferência, os participantes não gostam da ideia.

— Isso é tão Big Brother —, queixa-se um fã de George Orwell na primeira fila, que até o momento vinha concordando com a cabeça e sorrindo.

— Eu não usaria —, diz um homem lá atrás. — Talvez eu goste de escrever relatórios de status. E se eu for um pouco mais lento? Talvez meus relatórios sejam mais completos.

Esses são bons pontos. Os vestíveis inteligentes, com todos os dados pessoais que recolhem, levantam preocupações significativas de privacidade.

Os funcionários teriam que concordar em usar um crachá e dar permissão para que a organização use os dados? Se não o fizerem, a empresa pode recusar-se a contratá-los? Como os dados são coletados, quem tem acesso a eles e como uma empresa pode comunicar com cem por cento de transparência sobre seu uso pretendido? Os dados acompanham o empregado de um cargo para outro? O que acontece se um "perfil" de produtividade cair em mãos erradas, e qual é a verdadeira definição de produtividade?

Quer gostemos ou não, não acho que seremos capazes de impedir que as organizações deixem de implementar vestíveis em larga escala — particularmente à medida que os benefícios da linha de fundo se tornam mais aparentes. Como líderes, só precisamos ter certeza de que prosseguimos com cautela, consultando especialistas, testando novas tecnologias primeiro, planejando implementações estrategicamente, tendo diálogo aberto com os funcionários e examinando os dados para garantir que a personalização resultante melhore o cenário atual, tanto para o trabalhador como para a empresa.

Além da personalização da carreira, o que mais os líderes podem fazer para criar uma experiência que incentive os funcionários a ficar e contribuir com o melhor de suas habilidades? O próximo capítulo irá explorar culturas organizacionais que irão prosperar no mundo empresarial de 2030, bem como formas de facilitar essas culturas com o design da experiência do colaborador, do desempenho ágil da gestão e da definição de metas ascendentes.

PLANO DE AÇÃO

Responda estas perguntas hoje para estar preparado para o futuro ambiente de trabalho de 2030:

1. A sua organização mantém as pessoas em cargos durante anos (ou mesmo décadas) a fio? Quão difícil é fazer um movimento lateral ou misto? Que estratégia você pode implementar em sua equipe para torná-lo mais fácil?

2. Como você pode iniciar a customização da carreira em sua equipe? Como irá apresentar o tópico e qual será sua primeira entrega?

3. O conceito de *tour of duty* é algo que você poderia implementar em sua organização? Quais são os desafios que provavelmente enfrentará?

4. Por que é melhor para a sua organização se cada funcionário possuir uma grande variedade de habilidades?

5. Pense nos indivíduos da sua equipe e escolha uma habilidade multifuncional ou adjacente que gostaria de ver desenvolvida. Quais são suas sugestões iniciais para adquirir essas habilidades?

6. Se você pudesse equipar seus funcionários com o dispositivo vestível ideal, o que ele mediria? Como você usaria esses dados para melhorar o seu negócio?

RESUMO DO CAPÍTULO

- Os trabalhadores de hoje são muito mais propensos a fazer movimentos paralelos — ou laterais — em suas carreiras para ganhar experiência extra funcional ou industrial. Se os funcionários puderem encontrar essas oportunidades laterais em suas organizações atuais, é muito menos provável que saiam em busca de outros lugares.

- Pesquisas acadêmicas descobriram que a personalização da carreira aumenta o engajamento dos funcionários ao longo do tempo e está relacionada ao maior comprometimento, e que os funcionários que participam desses programas obtêm classificações de desempenho mais altas do que os que não participam.

- Um *tour of duty* é uma situação que envolve o funcionário trabalhar em tempo integral em funções consecutivas dentro de uma organização, trabalhar em tempo integral em organizações consecutivas para fins de aprimoramento de competências ou fazer pausas e se distanciar de uma função em tempo integral em uma organização.

- A experiência multifuncional, ou saber como trabalhar em uma variedade de áreas, tem mais valor para os empregadores do que nunca. Os líderes podem incentivar uma experiência mais ampla em suas forças de trabalho por meio de rotações e exposição a recursos externos, como workshops e palestras, por exemplo.

- Até 2030, a maioria dos profissionais usará um dispositivo que faz muito mais do que contar seus passos. Avanços futuros permitirão uma personalização total do papel de cada funcionário para maximizar a produtividade a cada momento de cada dia.

7
O FUTURO DA CULTURA E DA EXPERIÊNCIA NO LOCAL DE TRABALHO

Recentemente trabalhei para uma empresa global de bens de consumo com uma cultura muito particular, pelo menos aqui nos Estados Unidos. No momento em que você entra no prédio da sede, todos lhe cumprimentam e sorriem. E refiro-me a todos, desde a recepcionista ao executivo que passou por você por acaso. Foi o ambiente mais acolhedor que já tive o prazer de visitar, e isso me fez sentir bem-vinda e valorizada.

Cultura é sobre sentimento, e o fato de que eu entrei com uma impressão positiva sobre a organização e animada para estar lá não foi um acaso. Em algum momento, a empresa tomou a decisão estratégica de realizar ações que gerassem esse sentimento em mim, assim como em qualquer outro funcionário, parceiro ou cliente. O ambiente físico confortável e casual foi concebido para você se sentir em casa, foram oferecidas bebidas refrescantes imediatamente para promover um sentimento de hospitalidade e a liderança comunicou a mensagem de que "todos são bem-vindos".

Claro que, só porque havia uma cultura de bem-estar, não significava que a empresa não queria ganhar dinheiro. As pessoas que encontrei podem ter sido amigáveis, mas levavam seu trabalho a sério. Além de "todos são bem-vindos", também recebi a mensagem "estamos aqui para fazer nosso melhor trabalho". O grau de inovação do meu departamento era significativo, e as expectativas dos seus colaboradores e parceiros, elevadas. Trabalhávamos muito e, de vez em quando, sacrificávamos nosso tempo pessoal por mais horas de projeto, mas isso não nos incomodava porque sabíamos que éramos valorizados.

A cultura da empresa conseguiu equilibrar com sucesso a produtividade e o engajamento, o que se deveu em grande parte à experiência que pretendeu criar para todos que entravam no edifício. Antes de visitá-la pela primeira vez, recebi mensagens sobre a missão da organização, visão e objetivos de alto nível, bem como o papel que eu deveria desempenhar. Fui encorajada a pensar sobre como poderia contribuir da melhor forma como consultora parceira, e a apresentar os resultados que fariam do meu primeiro projeto uma vitória. Também fui logo apresentada a meus companheiros de equipe para que pudéssemos começar a construir um relacionamento e desenvolver processos para promover a colaboração.

Essas miniexperiências começaram quando cheguei ao local, e fiquei totalmente envolvida na cultura. Eu sabia para onde ia, o que estava fazendo e por que era importante. E, além disso, senti-me tão energizada que fui imediatamente fisgada. Nos anos seguintes, não tinha intenção de trabalhar para nenhum dos concorrentes dessa organização.

A cultura empresarial tem estado indubitavelmente nos radares das organizações nas últimas décadas, mas quando pensamos em fornecer uma cultura positiva, tendemos a concentrar-nos apenas em benefícios superficiais como almoços grátis, *happy hours*, sofás para descanso e futebol de mesa. Mas, no mundo do emprego futuro, profissionais de todos os tipos esperam uma experiência de trabalho comparável à que têm em casa por meio de aplicativos como Netflix e Amazon. Atrativa, divertida e simples, será totalmente personalizada, atenta às preferências e objetivos pessoais, e focada no que o funcionário deve sentir e fazer durante cada fase de sua gestão com a organização. Uma cultura forte é a base de uma experiência forte, mas fazer tudo certo não é tão fácil quanto parece.

Neste capítulo, vamos olhar para os aspectos culturais que irão conduzir o sucesso organizacional no longo prazo, depois examinaremos como você pode avaliar onde está agora e para onde precisa ir no futuro imediato. Depois de termos entendido a cultura, vamos passar para a mecânica da experiência ideal para o funcionário do século XXI, incluindo como facilitar as interações significativas em cada fase do ciclo de vida do funcionário e usar essas interações para impulsionar o engajamento e desempenho.

A CULTURA ORGANIZACIONAL DE 2030

Até certo ponto, já discutimos como as organizações precisarão evoluir para serem competitivas no mundo dos negócios de 2030, e vamos entrar em muito mais detalhes sobre isso nos dois últimos capítulos. Mas, independentemente da forma como a sua organização e equipes estão estruturadas e das novas questões de emprego que surgem, uma cultura estável, consistente e poderosa é uma base essencial. Já podemos ver que os candidatos tomam decisões baseadas não na oferta que recebem, mas na cultura a que percebem estar se unindo. Essa tendência só se tornará mais evidente à medida que nos aproximarmos da metade do século.

O tipo de cultura que ressoará no futuro mundo do trabalho é, acima de tudo, orientada por objetivos, o que significa que ela surge da compreensão sobre o que sua empresa é profundamente apaixonada, o que a faz melhor no mundo e o que a impulsiona economicamente. De acordo com Roy Spence, autor de *It's Not What You Sell, It's What You Stand For* [Não é o que você vende, é o que você representa], o propósito é uma razão de ser que vai além de ganhar dinheiro. "Especialmente em tempos de grande incerteza, o propósito é a chave para criar e manter uma organização de alto desempenho, merecendo tanta atenção quanto a estratégia, a execução dos projetos e a inovação" (Spence, 2011). As organizações irão comunicar os valores fundamentais que mostram que se preocupam profundamente com seus funcionários, suas comunidades e o mundo, e defenderão causas que vão desde a atenção aos funcionários até a sustentabilidade ambiental. Esse suporte também não será relegado a um único departamento ou item de orçamento. A diferença positiva feita por uma expressão contínua de propósito permeará cada canto literal e figurativo da organização. Por exemplo, uma organização apaixonada por ajudar crianças em situação de vulnerabilidade social pode compensar os funcionários pelo tempo gasto voluntariando em escolas locais, pode patrocinar um centro de método de ensino montessoriano no local, exibir arte infantil nos corredores, trazer a bordo jovens adolescentes de diversas origens para atuarem como estagiários e falar sobre essas iniciativas no relatório anual e na comunicação com os stakeholders. Com base no que aprendemos até agora, as culturas organizacionais em 2030 serão sem dúvida flexíveis, já que cada vez mais se elimina o "deve ser" de um local de trabalho tradicional. À medida que as organizações se tornam mais amplas e os aspectos de liderança e emprego mais transparentes — desde quem está ganhando qual salário até se uma pessoa ou uma máquina é mais ou menos efetiva em determinada tarefa —, as culturas enfatizarão cada vez mais a capacidade de contabilização, de eficiência e das contribuições concretas.

Mas, ao mesmo tempo, a competição pelos seres humanos mais qualificados significará que, mais do que nunca, as organizações de meados do século XXI atenderão ao bem-estar pessoal e psicológico dos funcionários e a confiança e respeito serão considerados tão críticos quanto os resultados da linha de produção. A partir da colaboração em um mundo virtual no qual as pessoas podem ser facilmente criativas, muitas culturas organizacionais se tornarão mais informais, do tipo "vamos tomar chá com o Saara ao fundo em vez dos lanches habituais na sala de conferências". E finalmente, culturas que podem efetivamente misturar interações *high-tech* e *high-touch*, facilitar a melhoria holística e de equipe e mapear cada experiência de volta para esse propósito central serão mais prováveis de inspirar e capacitar os profissionais da metade do século.

Com base nessas características, os líderes podem proclamar que suas culturas de hoje estão no caminho certo para serem "adequadas" para 2030.

Mas como podem ter certeza absoluta? Por exemplo, um novo estudo da Deloitte revelou que apenas 28 por cento dos profissionais de RH acreditam que compreendem bem a cultura de sua organização, enquanto apenas 19 por cento pensam que suas organizações têm a cultura certa (Kaplan et al, 2016). E acredite em mim, se o pessoal dos recursos humanos não consegue identificar a cultura, mais ninguém consegue.

Se você não tiver se importando muito em definir sua cultura, ou se sua definição for vaga (por exemplo, "*family-friendly*", "inovadora", "insular" ou "agressiva"), vale a pena fazer alguns grupos focais com colaboradores internos e externos, além de completar alguma forma de avaliação escrita. Essa última iniciativa pode variar de um teste básico a um mergulho profundo com consultores e um relatório que é grande demais para um e-mail. Para manter as coisas simples, mencionarei uma ferramenta chamada Avaliação da Cultura Organizacional (Organizational Culture Assessment, OCA). Baseada no trabalho dos professores de gestão da Universidade de Michigan, Kim Cameron e Robert Quinn, ela fornece um modelo da sua cultura desejada e ajuda a mobilizar sua organização para a mudança sustentável. Eu gosto porque lança luz não só sobre quem você é como organização, mas sobre o que deve fazer para evoluir para que sua empresa seja um ótimo lugar para trabalhar e fazer negócios. Aqui está uma prévia das quatro designações culturais de Cameron e Quinn (Cameron e Quinn, 2017):

- **Cultura "colaborativa (clã)"**: a cultura colaborativa é um lugar aberto e amigável para trabalhar, onde as pessoas compartilham muito de si mesmas. É como uma família estendida. Os líderes são considerados mentores ou mesmo figuras parentais. A lealdade do grupo e o sentido de tradição são fortes. A organização valoriza o trabalho em equipe, a participação e o consenso.
- **Cultura "de criação (adhocracy)"**: a cultura de criação é um local de trabalho dinâmico, empreendedor e criativo. O compromisso com a experimentação e o pensamento diferente é o que unifica a organização. Os líderes lutam para estar na vanguarda. A iniciativa individual e a liberdade são encorajadas.
- **Cultura "de controle (hierarquia)"**: a cultura de controle é uma cultura de um local de trabalho altamente estruturado e formal. As regras

e procedimentos regem o comportamento. A manutenção de uma organização que funcione bem é muito importante. Estabilidade, desempenho e operações eficientes são os objetivos de longo prazo. Sucesso significa entrega confiável, agendamento tranquilo e baixo custo. A gerência quer segurança e previsibilidade.

- **Cultura "competitiva (mercado)"**: A cultura competitiva é uma organização motivada pelo resultado voltada para a conclusão do trabalho. As pessoas são competitivas e orientadas para os objetivos. Os líderes são exigentes, duros e produtivos. A ênfase na vitória unifica a organização. O sucesso significa cota de mercado e penetração. Preços competitivos e liderança de mercado são importantes.

Um exercício como o da OCA é destinado a lançar muita luz sobre a situação cultural tal como ela existe hoje, mas tenha em mente que muitas organizações têm grupos ou departamentos com subculturas que são diferentes da cultura de home office, especialmente se estiverem localizados em uma área física separada ou focados em um produto ou serviço específico. Por exemplo, em minhas interações globais com a Microsoft, observei que o crescimento da subsidiária depende das normas do país, bem como da função da maioria dos funcionários dessa subsidiária (por exemplo, desenvolvimento de software, atendimento ao cliente, marketing). Se uma abordagem é incompatível para o seu pessoal e ambiente, não importa o quão bem ela funcione em outros lugares.

A IMPLEMENTAÇÃO DE MUDANÇAS CULTURAIS

Uma vez que você tenha coletado informações sobre sua cultura tal como ela existe hoje, pode começar a prepará-la para o mundo dos negócios de 2030. Aqui estão algumas sugestões para desenvolver as características principais que discutimos:

Motivação pelo propósito
- Compreenda e revisite rotineiramente a herança da sua organização.
- Refine sua missão, visão e valores e relacione-os com o trabalho

específico de cada departamento, trajetória de carreira individual e objetivos de aprendizagem.
- Examine cuidadosamente o foco atual da sua organização: por que você faz as coisas dessa maneira, esse caminho ainda é relevante?

Flexibilidade
- Atualize e evolua continuamente seus processos e ferramentas para atender às necessidades de mudança dos funcionários e clientes.
- Não faça uma microgestão — incentive abordagens independentes e inovadoras para resolver os problemas mais prementes da sua organização e recompensar o processo de experimentação.
- Demonstre que está disposto a renunciar à hierarquia e/ou ao protocolo típico do local de trabalho a serviço dos melhores interesses e do bem-estar geral da sua equipe.

Transparência
- Garanta que a estratégia maior seja compartilhada abertamente com toda a organização e que o feedback seja solicitado e integrado.
- Comunique uma justificativa para a adoção de cada novo processo e tecnologia.
- Gerencie um ambiente de confiança, onde os clientes podem esperar que a organização mantenha suas ofertas, os funcionários podem esperar que os líderes mantenham sua palavra, e que as más notícias sejam transmitidas de forma rápida, verdadeira e compassiva.

Colaboração
- Padronize a adoção de certas ferramentas e assegure-se que os membros da equipe as utilizem para cumprir suas responsabilidades diárias.
- Não confie exclusivamente na interação virtual ou baseada em tecnologia, ofereça oportunidades para se reunir pessoalmente.
- Encoraje uma variedade de perspectivas em cada discussão, mas não tolere comportamentos tóxicos ou desrespeitosos em seu local de trabalho.

Destaque
A mudança cultural da empresa WD-40 apresenta grandes resultados

A empresa é conhecida por seu produto de duas mil utilidades. Se você já teve que fazer um reparo em casa ou no carro, provavelmente já ouviu falar do WD-40, também conhecido como o produto na lata azul e amarela que protege o metal da ferrugem e corrosão, penetra peças travadas, acaba com a umidade, lubrifica quase tudo e remove graxa, sujeira e muito mais da maioria das superfícies. A WD-40 tem algumas histórias intrigantes em sua trajetória, incluindo a de um motorista de ônibus na Ásia que usou o WD-40 para remover uma cobra píton enrolada em torno da carroceria do ônibus, e a dos policiais dos Estados Unidos que usaram o WD-40 para remover um assaltante nu preso a um respiradouro de ar condicionado.

Em seu livro *Simply Brilliant: How Great Organizations do Ordinary Things in Extraordinary Ways* [*Simplesmente brilhante: como grandes organizações fazem coisas comuns de maneiras extraordinárias*], o cofundador da Fast Company, William Taylor, explica como o CEO da WD-40, Garry Ridge, levou sua empresa à meados do século XXI com uma transformação cultural voltada para a aprendizagem contínua. Tudo começou com uma promessa de "Learning Maniac" ["Doido por aprender"] que todos os empregados devem fazer. A essência? Se um empregado não sabe algo, ele é responsável por descobrir. Os colaboradores devem procurar recursos que os ajudem a desempenhar suas funções e a se comunicar com os outros de forma adequada (Taylor, 2016).

Segundo Taylor, esse compromisso serviu como pedra angular na construção de uma nova cultura baseada na experimentação, que é ágil e receptiva em vez de estática e obsoleta. "Tínhamos grandes oportunidades de crescimento", diz Ridge a Taylor, "mas as pessoas tinham medo de sair de seus papéis. O medo do fracasso é o maior medo do mundo. Tivemos de passar do fracasso à liberdade".

O encorajamento do que a WD-40 chamou de "momentos de aprendizagem" levou muitos colaboradores a perseverar além da frustração e dos problemas, a continuar a fazer perguntas e a correr riscos até descobrirem novas soluções e oportunidades em momentos decisivos de inspiração. A melhor coisa sobre esses momentos? Eles foram ativamente comunicados aos outros para que a aprendizagem pudesse ser compartilhada com uma vasta rede.

A transformação da WD-40 é um excelente exemplo de como uma mudança cultural pode impactar positivamente os resultados do negócio. Nos anos desde que os "momentos de aprendizagem" se tornaram um foco de toda a empresa, a WD-40 passou da produção de um único "produto de culto" em um punhado de países para vender múltiplas ofertas em 176 países. Hoje, só as vendas na Europa já são maiores do que as vendas totais da empresa quando Ridge assumiu o cargo de CEO. O preço das ações quase triplicou desde 2009, e a WD-40 é agora uma empresa de bilhões de dólares em termos de valor de mercado, com ações próximas a 120 dólares cada uma.

O lema da WD-40 é "problema resolvido, trabalho bem feito". Quando cada funcionário é capacitado para fazer isso todos os dias, a mágica acontece (Taylor, 2016).

QUEM É O RESPONSÁVEL PELA EXPERIÊNCIA DO EMPREGADO? É UM ESFORÇO DE EQUIPE

A partir dos últimos anos, a cultura tem desempenhado um papel central em um novo foco na experiência dos funcionários. A *experiência do empregado* engloba o que as pessoas encontram, observam ou sentem durante todo seu tempo em determinada organização. O desejo de criar uma experiência mais autêntica e amigável deu origem ao que é conhecido como a consumerização de recursos humanos, que se refere ao processo de criar uma interface social e móvel para os funcionários dentro de uma organização, servindo como ponto de entrada para uma imersão na cultura da empresa e no que os funcionários vivenciam todos os dias.

Impulsionada por um envolvimento mais dinâmico de RH e dos

altos executivos do que a maioria de nós está acostumada a ver, essa configuração retrata a organização evoluindo rapidamente com as necessidades de sua força de trabalho, e sendo capaz de se comunicar em tempo real onde a empresa está, para onde está indo e como cada empregado se encaixa. Cada funcionário acessa a experiência por seus próprios dispositivos, todo o conteúdo é digital e disponível sob demanda, as recomendações são personalizadas devido à entrada de dados analíticos e a interação social é valorizada e incentivada.

Uma organização sem fins lucrativos com a qual trabalhei, o AccessLex Institute, defende políticas que fazem com que a educação jurídica funcione melhor para os estudantes. A organização queria aumentar a retenção de novos funcionários da geração millennial com a criação de um portal de integração virtual *high-tech* e *high-touch*. Usando o software do SilkRoad, a ferramenta foi construída com base no que o AccessLex entendia como o maior obstáculo dos novos contratados: sentir-se desconectados da cultura. As funcionalidades interativas visam orientar as novas contratações de millennials para o local e para pessoas que farão da sua experiência de vida uma experiência positiva e, como resultado, desde o lançamento do portal em 2017, o AccessLex tem visto sua taxa de rotatividade diminuir significativamente.

Se você é um líder começando do zero, não pode apenas se acomodar e achar que conseguiu tudo. Também não pode confiar apenas no RH para criar a experiência desejada. Hoje e no futuro, a noção de experiência do funcionário é complexa e requer reflexão e planejamento no nível executivo. A Journey Mapping da Kaiser Associates (Kaiser Associates, 2016) é uma ferramenta para imaginar a experiência do colaborador ao longo de todo o ciclo de vida do talento, e pode ser útil na obtenção de insights que irão impulsionar seu conteúdo. A abordagem da Kaiser está focada no que seus colaboradores estão fazendo versus o que sentem, e à medida que os colaboradores progridem na Journey Mapping, podem passar para fases seguintes (que eu parafraseei). Depois de cada etapa, vamos propor algumas atividades que uma equipe de RH/executiva pode realizar para influenciar e moldar a experiência. Mais adiante no capítulo, entraremos em detalhes sobre várias das atividades, incluindo o estabelecimento de metas, a gestão ágil do desempenho e o microfeedback.

Fase de candidatura e avaliação

Como o candidato conheceu a empresa, como se envolveu com os recrutadores ou gerentes de contratação e recebeu informações suficientes sobre a organização para tomar uma decisão informada.

Sua experiência deve responder às seguintes perguntas do candidato: O que é essa organização e por que eu iria querer trabalhar aqui? Esta organização e este cargo são certos para mim? Como posso fazer parte do que a empresa oferece aos seus clientes?

Atividades orientadas para o RH *e para os líderes*:
- Mire nos conselhos de emprego, referências de funcionários e sites internos de carreira/plataformas de mídia social para atrair os melhores candidatos.
- Alcance os melhores talentos contando uma história atraente on-line e faça deles mensageiros da empresa com antecedência.
- Utilize aplicativos de candidatura com um clique para simplificar seu processo.
- Crie e envie mensagens personalizadas para pontos de contato relevantes.
- Durante as conversas, forneça insights sobre as metas de marca e de talento.
- Envolva o candidato em entrevistas e avaliações comportamentais.
- Forneça acesso a uma variedade de fontes, incluindo funcionários e supervisores.
- Solicite e dê feedback sobre a experiência de recrutamento.
- Desenvolva uma *e-offer* personalizada.
- Após a aceitação, crie experiências de integração à empresa.

Fase de entrada

Como o novo contratado foi incorporado e assimilado à organização.

Sua experiência deve responder às seguintes perguntas do funcionário: O que posso esperar daqui, e o que se espera de mim? Onde, como e com quem devo trabalhar?

Atividades orientadas para o RH *e para os líderes*:

- Forneça conteúdo personalizado e solicite feedback sobre o(s) local(is) de trabalho, cronograma e função.
- Capacite o novo funcionário para facilmente completar a papelada de contratação.
- Apresente-o à equipe, mentores e líderes.
- Defina o escopo do trabalho e as expectativas de desempenho.
- Conecte metas individuais às metas estratégicas abrangentes.
- Pergunte ao novo contratado sobre a experiência e o desempenho de monitoria.

Fase de aprendizagem
Projetos e oportunidades de treinamento que facilitam a integração na organização.

Sua experiência deve responder às seguintes perguntas do funcionário: O que preciso fazer imediatamente para ser produtivo e eficiente no meu trabalho?

Atividades orientadas para o RH e para os líderes:
- Forneça conteúdo relevante por meio de uma interface móvel no momento certo e na dose certa.
- Recomende conteúdos suplementares para garantir um desenvolvimento contínuo.
- Estabeleça metas de desempenho de curto prazo mutuamente acordadas e forneça pontos de contato interativos para reforçá-las.
- Crie um processo automatizado para monitorar a finalização e garantir o *compliance*.

Fase de contribuição e crescimento
Como a organização promove um ambiente de inovação e colaboração e proporciona oportunidades de promoção e novas responsabilidades.

Sua experiência deve responder às seguintes perguntas do funcionário: Como posso fazer a diferença aqui? Como devo dar e receber feedbacks? Como posso desenvolver ainda mais as habilidades necessárias para levar minha carreira adiante?

Atividades orientadas para o RH e para os líderes:

- Esteja presente com regularidade para monitorar o progresso, melhorar os relacionamentos e reconhecer realizações.
- Alavanque as revisões contínuas para identificar lacunas de competências e criar planos de aprendizagem.
- Ajuste metas de curto prazo para alcançar objetivos de longo prazo.
- Promova uma cultura de dar, solicitar e receber feedback continuamente.
- Ilumine caminhos de desenvolvimento, orientação e oportunidades de treinamento adicionais.
- Capacite os funcionários para que se encarreguem do próprio desenvolvimento e aquisição de competências.

DESIGN THINKING: OS ALICERCES DA EXPERIÊNCIA

O *design thinking* é uma metodologia de pesquisa tradicionalmente utilizada por designers para resolver problemas complexos. No que diz respeito à resolução de problemas de negócios e melhoria das operações, o *design thinking* está presente há vários anos. O livro da Columbia Business School, *Solving Problems with Design Thinking* [*Solucionando problemas com o* design thinking], de Andrew King e Jeanne Liedtka, destaca alguns estudos de caso clássicos, incluindo o Customer Contact Center da Toyota.

Os autores descreveram uma situação desafiadora para Gayle Darby da Universidade Toyota e Diane Jacobsen da Hitachi Consulting. As principais marcas da empresa, Toyota, Lexus e Scion, enfrentavam grandes problemas de *call center* com tempos médios de espera de vinte a quarenta minutos. Os representantes de serviço tinham que usar mais de uma dúzia de programas para encontrar respostas para os clientes e, pior ainda, às vezes tinham que passar por um gabinete de arquivamento físico. Darby e sua equipe empregaram o *design thinking* perguntando primeiro aos representantes de serviço sobre as frustrações que os impediam de fazer bem seu trabalho. Então engajaram os representantes no desenvolvimento de novas soluções para que se apropriassem do seu sucesso e pudessem ver os benefícios imediatos das mudanças propostas. O grupo com diversos stakeholders estabeleceu uma abordagem mista que envolveu novos treinamentos e processos internos, bem como ferramentas de software otimizadas. A iniciativa permitiu que os representantes resolvessem os problemas dos clientes em uma média de duas chamadas a menos com tempos de resposta mais rápidos, e a Toyota economizou milhões ao capacitar os representantes para responder mais perguntas, mais rapidamente. O *design thinking* funcionou tão bem que se tornou um modelo para a resolução de problemas e mudança de gestão na organização (King and Liedtka, 2013).

Embora o *design thinking* esteja presente nos círculos de P&D corporativos há algum tempo, é relativamente novo na área da liderança e dos recursos humanos. No entanto, está crescendo com rapidez, de acordo com os executivos da Deloitte Josh Bersin, Mark Solow e Nicky Wakefield no artigo "Design thinking: crafting the employee experience" ["*Design thinking*: criando a experiência do funcionário"], 79 por cento dos executivos da mais recente pesquisa *Global Human Capital Trends* [*Tendências globais de capital humano*], da Deloitte, classificou o *design thinking* como uma questão importante ou muito importante. Os autores da Deloitte disseram que sua aplicação à experiência de trabalho nos obriga a perguntar: "Como é uma ótima experiência de funcionário de ponta a ponta? Como podemos facilitar a colaboração e a aprendizagem em tudo o que fazemos? Como podemos aproveitar os dispositivos móveis com reconhecimento de localização para tornar as pessoas mais produtivas? Como podemos dar aos funcionários algumas opções fáceis de entender para que eles possam tomar decisões mais rapidamente?"

As pessoas centradas na gestão de talentos devem agora passar do papel de "programador de processos" para o papel de "arquiteto de experiências". Essa mudança, dizem os autores da Deloitte, dá-nos a liberdade e o poder de reimaginar todos os aspectos do trabalho à medida que incorporamos conceitos-chave de pensamento de design, tais como design digital, design de aplicativos, design de experiência do usuário e economia comportamental (Bersin, Solow e Wakefield, 2016).

Enquanto você começa a pensar sobre como experimentar com o

design thinking, aqui está um resumo parafraseado dos passos originais propostos pelo Instituto de Design da Universidade de Stanford (Institute of Design at Stanford, 2017).

Empatia

Empatia é o esforço para entender as necessidades físicas e emocionais dos seus usuários, como eles pensam o mundo e o que é significativo para eles. Observar o que as pessoas fazem e como elas interagem com o seu ambiente lhe dará pistas. Envolva seus usuários preparando algumas perguntas que você gostaria de fazer. Solicite histórias e pergunte sempre "Por quê?" para descobrir um significado mais profundo. Por exemplo, vamos dizer que você queira desenvolver um aplicativo que permita aos pais manter um melhor controle sobre os filhos. No modo de empatia, você pode observar mães e pais supervisionando seus filhos no playground. Pode perguntar a eles como se sentem ao tirar os olhos do filho por alguns segundos para falar com outro pai ou atender a uma chamada, ou permitir que uma criança experimente um brinquedo em que o pai não pode estar de mãos dadas. Você pode questioná-los sobre sentimentos de nervosismo e proteção quando um estranho se aproxima e perguntar por que eles poderiam se sentir ameaçados quando seus filhos estão em público.

Definição

Considere o que se destacou para você ao falar e observar as pessoas. Quais padrões surgiram? Desenvolva uma compreensão do tipo de pessoa para quem você está projetando — seu USUÁRIO. Sintetize e selecione um conjunto limitado de NECESSIDADES que você acha que são importantes cobrir. Trabalhe para expressar os INSIGHTS que desenvolveu. Então, articule um ponto de vista, combinando esses três elementos — usuário, necessidade e insight — como uma declaração de problema reconhecido que irá conduzir o restante do seu trabalho de design. Uma declaração para o aplicativo de pais descrito acima pode ser algo como: "Os pais conscientes e dedicados querem que seus filhos sejam livres para aprender, explorar e interagir com o ambiente, mas a segurança — especialmente nos centros urbanos — é uma preocupação válida. Esses pais precisam de uma solução que lhes permita equilibrar eficazmente essas duas prioridades."

Análise

Você analisa combinando o consciente com o inconsciente e pensamentos racionais com imaginação. Por exemplo, em um brainstorm você aproveita a sinergia do grupo para desenvolver novas ideias a partir das ideias dos outros. Acrescentar restrições, cercar-se de materiais inspiradores e abraçar a incompreensão, tudo isso lhe permite ir mais longe do que você poderia ir se apenas pensasse sobre o problema. A ideia do aplicativo para pais pode envolver colocar um grupo de pais (que também são desenvolvedores) em uma sala para conversar sobre os desafios e oportunidades de criar uma ferramenta que teria o maior impacto positivo sobre o problema.

Protótipo

O modo protótipo é a geração iterativa de artefatos que tendem a responder a questões que lhe aproximam da solução final. Nos estágios iniciais de um projeto, as perguntas podem ser amplas — como "meus usuários gostam de cozinhar de maneira competitiva?". Um protótipo pode ser qualquer coisa com que um usuário possa interagir, mas você deve construí-lo com o usuário em mente. O que você quer testar com ele? Que tipo de comportamento espera? Por exemplo, você teria como objetivo construir um protótipo do aplicativo que os pais pudessem usar rápida e facilmente, enquanto prestam atenção às outras coisas. Você poderia supor que eles usariam o aplicativo para certos tipos de supervisão, mas ainda gostariam de seus olhos humanos em seus filhos em outras situações.

Teste

Idealmente o teste será realizado dentro de um contexto real da vida do usuário. Coloque seu protótipo nas mãos dos usuários, ou de seus usuários dentro de uma experiência, e não explique tudo (ainda). Deixe seus testadores interpretarem o protótipo. Veja como eles usam (e abusam!) o que você entregou, e como lidam e interagem com ele; depois ouça o que eles dizem, e as perguntas que têm a fazer. O aplicativo para pais, por exemplo, deve ser testado por pais em ambientes do mundo real que visitam com seus filhos, como mercearias, parquinhos e bibliotecas. Como desenvolvedor, você deve ouvir atentamente o feedback deles. O aplicativo está realmente aumentando a independência e a segurança das crianças, ou é apenas mais uma coisa que exige a atenção dos pais?

TRANSFORMANDO A EXPERIÊNCIA DE DESEMPENHO

A experiência de desempenho atual para a maioria dos funcionários tem suas raízes no início do século XX, quando os empregadores começaram a fazer a conexão entre a satisfação do trabalhador e uma maior produtividade no trabalho. Na década de 1920, o psicólogo organizacional, Elton Mayo, mediu pela primeira vez a relação entre produtividade e ambiente de trabalho, e durante a Grande Depressão foram instituídas pensões, normas de trabalho e salários mínimos. Na década de 1940, quando as empresas orientaram seus "chefes" em direção a uma verdadeira competência de liderança, surgiu a satisfação dos funcionários e a produtividade. Na década seguinte, o governo dos Estados Unidos se envolveu, aprovando a Lei de Avaliação de Desempenho e a Lei de Prêmios de Incentivo, onde os funcionários públicos podiam ser avaliados objetivamente e recompensados pelo bom trabalho.

Há cerca de cinquenta anos, a visão de performance orientada para o processo já tinha chegado a organizações globais e de tamanho considerável. Como se sabe, nesse sistema os empregados definem metas anuais em janeiro. No meio do ano, consultam seus gerentes; e em dezembro, recebem uma avaliação e uma pontuação. Mesmo na época em que as empresas se movimentavam lentamente, essa configuração era problemática porque inevitavelmente, durante o ano, as coisas mudavam. Os empregados mudariam de direção. E então, no fim do ano, acabariam em uma discussão inútil sobre se tinham alcançado os objetivos já irrelevantes de janeiro.

Esse método também não funcionou particularmente bem para as empresas. Na maioria das organizações, há pouca correlação entre as classificações de desempenho anual dos empregados e os resultados da empresa. Em seu livro *The Reality-Based Rules of the Workplace* [*As regras do local de trabalho baseadas na realidade*], a consultora de recursos humanos, Cy Wakeman, pesquisou recentemente esse fenômeno após perceber que muitos funcionários empenhados e eficazes estavam apresentando resultados que mereciam altas classificações de desempenho por "excederem as expectativas" e, portanto, deveriam receber aumentos salariais. Mas, então, o CFO descrevia as perspectivas financeiras desafiadoras da empresa e explicava como os resultados haviam ficado muito abaixo das expectativas (Wakeman, 2013).

As contribuições feitas pelos funcionários não deveriam somar-se aos resultados da empresa? Wakeman queria saber o quão estreitamente relacionadas (e, portanto, o quão precisas, honestas e fiéis à intenção) eram as classificações de desempenho e os resultados organizacionais, então recolheu estatísticas de 37 empresas e 275 mil funcionários durante cinco anos e conduziu uma auditoria comparando os resultados anuais de cada empresa com a distribuição geral da classificação de desempenho daquele ano.

Nas empresas em que a maioria dos colaboradores tinha sido classificada como "acima da média" em termos de desempenho, os resultados reais foram de dez por cento, mesmo nos padrões mais baixos da indústria, dentre várias categorias, incluindo rentabilidade, cota de mercado, retenção de colaboradores e satisfação do cliente. As empresas cujos indicadores de desempenho geral mais se aproximavam de uma curva em forma de sino ao longo de cinco anos — significando que a maioria dos funcionários era classificada como "média" e apenas alguns como "acima" e "abaixo da média" — alcançaram resultados muito melhores ano após ano. Em negócios menos bem-sucedidos, os empregados eram mais propensos a serem altamente classificados em termos de desempenho. Em outras palavras, havia muita "inflação de classificação" acontecendo, escreve Wakeman.

Por que isso acontece? Wakeman especula que tanto os gerentes como os empregados tendem a personalizar as classificações de desempenho e a baseá-las no valor como ser humano. Parece que nos esquecemos de que uma avaliação de desempenho realista, com uma contabilidade exaustiva da diferença entre as expectativas e os resultados reais, é uma grande verificação da realidade. O desconforto é uma motivação fabulosa para mudar e melhorar.

Mas os seres humanos têm medo do desconforto. "É difícil para os gerentes serem honestos, e igualmente difícil para os funcionários serem honestos consigo mesmos", diz Wakeman. Poucas pessoas saem de uma avaliação de desempenho sentindo-se entusiasmadas com o seu feedback ou esclarecidas sobre o que precisam fazer para ter sucesso. O resultado mais típico é que o empregador se sente como se o empregado não estivesse nem suficientemente agradecido pela pontuação inflacionada nem suficientemente comprometido com a organização" (Wakeman, 2013).

Outro problema com o sistema tradicional é que as avaliações só medem o desempenho de um empregado de acordo com os padrões mínimos do trabalho. Elas também comparam os empregados aos seus colegas, quando a verdadeira concorrência é toda a indústria. Quando os funcionários não são classificados em comparação aos melhores desempenhos em um campo, nem eles nem suas empresas têm qualquer ideia se suas contribuições são valiosas no mercado.

Finalmente, as empresas começaram a se conscientizar. Começou com as companhias de tecnologia Juniper e Adobe, que pararam de dar aos funcionários notas de um a cinco. Nos dezoito meses seguintes ao anúncio da Adobe de que iria substituir os rankings por uma abordagem diferente de pagamento por desempenho, as ações da empresa de software subiram 68 por cento (Cohan, 2013). Em meados de 2015, a tendência começou a acelerar. Depois que organizações respeitadas, como Accenture, Deloitte, GE e Cigna implementaram grandes mudanças em seus sistemas de gerenciamento de desempenho, centenas de organizações seguiram o exemplo.

No fim de semana passado, fui a um show do Imagine Dragons. Mesmo o evento tendo sido realizado no enorme United Center, no centro de Chicago, nós no público nos sentimos como se estivéssemos em uma festa privada. Todos dançaram e cantaram junto com as músicas que conheciam, e tenho certeza de que a banda escolheu as canções com base na resposta da plateia. O melhor de tudo foi que o Imagine Dragons conseguiu ler essa resposta. Nosso feedback instantâneo permitiu que a banda ajustasse sua abordagem — e garantisse que tivéssemos uma excelente experiência de show — com base em nossa resposta em tempo real. Isso foi muito melhor para a popularidade da banda do que fazer um set completamente pré-planejado e torcesse que funcionasse, esperando ansiosamente pela inevitável crítica negativa.

Nos círculos de liderança e recursos humanos, um método semelhante é conhecido como gestão de desempenho ágil, que é rápido e colaborativo. Os processos de gestão de desempenho ágil retiram a ênfase das classificações de distribuição forçada e, em vez disso, concentram-se no papel do gestor no fornecimento de coaching regular, bem como nas oportunidades de desenvolvimento contínuo. Eles maximizam a experiência de carreira para alcançar tanto os resultados do negócio quanto a satisfação individual dos funcionários. Dentro dos próximos cinco a dez anos, essa abordagem será a norma na maioria dos locais de trabalho, e a experiência de gestão de desempenho consistirá no seguinte:

- **Habilidade de construir**. O gerenciamento de desempenho ágil precisa aprender novas competências, em vez de olhar para trás, para o desempenho passado.
- **Gestão de forças**. Todos os funcionários se destacam em uma área ou outra. Em vez de simplesmente avaliar as pessoas em relação a metas obsoletas, as abordagens de desempenho ágil fornecem um mecanismo para realocar os funcionários para funções e responsabilidades onde eles têm mais probabilidade de sucesso.
- **Feedback frequente**. O gerenciamento de desempenho ágil, imediato e oportuno facilita o entusiasmo compartilhado em torno de contribuições concretas. Os gerentes são treinados em técnicas de conversação para aproveitar ao máximo os *check-ins* regulares com os membros da equipe, o que garante alinhamento e identificação precoce dos problemas.

- **Crowdsourcing**. Toda a equipe contribui para o desempenho de um colaborador porque é solicitado o feedback de todos, desde os outros supervisores até os colegas de departamentos adjacentes.
- **Reconhecimento social**. Mesmo algo tão simples como um sinal de aprovação em um sistema de mensagens ou plataforma de software permite ao grupo ver e torcer por conquistas, motivando o empregado a manter o bom trabalho.

Se você é um líder que fornece análises de desempenho, pode tomar medidas para trazer a metodologia ágil para sua equipe, e até para toda a organização. Estes passos o ajudarão a começar:

- **Conecte a filosofia empresarial à filosofia de desempenho e vincule metas individuais às metas organizacionais**. Obtenha a opinião de seus funcionários sobre isso antecipadamente para que eles entendam o impacto e a função que têm na organização.
- **Estabeleça uma mentalidade de crescimento**. A pesquisa de mentalidade de Carol Dweck na Universidade de Stanford sugere que os indivíduos que aproveitam desafios e oportunidades para aprender superam aqueles que não o fazem (Dweck, 2007). Como líder, você deve refletir sobre esse comportamento e incorporá-lo na cultura de sua equipe.
- **Aumente a frequência de feedback**. Comece passando das revisões anuais para as trimestrais e avance a partir daí. O processo de dar e receber feedback deve ser contínuo, não um evento isolado, e concentre-se no futuro em vez de no passado.
- **Pratique rondas para obter resultados**. Da mesma forma que um médico faz rondas para verificar os pacientes, um líder faz rondas para verificar os funcionários. Essa técnica do Studer Group permite aos gestores fazer ligações pessoais, reconhecer sucessos, descobrir o que está correndo bem e determinar onde são necessárias melhorias (Hotko, 2017).
- **Pratique a mecânica do bom feedback**. A maioria das pessoas não entende realmente como dar um feedback útil, e certamente não foram treinadas para fazê-lo regularmente. Forneça feedback sobre as coisas que o funcionário pode mudar, evitando a discussão de traços inatos de personalidade. Ao dar feedback negativo, concentre-se em

incidentes e exemplos específicos e fale sobre suas impressões em vez de presumir o que eles estão pensando.
- **Separe o desempenho da compensação.** As discussões sobre remuneração muitas vezes bloqueiam a capacidade de um funcionário ouvir e entender o feedback que pode levar a um melhor desempenho.
- **Inclua o "difícil de mensurar".** O desempenho ágil tem em conta que certos comportamentos fazem com que um colaborador seja um excelente funcionário e um excepcional colaborador na equipe. Embora difíceis de avaliar em termos de contribuições diretas, esses comportamentos devem ser recompensados na mesma medida.
- **Compreenda como a tecnologia pode ajudá-lo.** De acordo com uma pesquisa recente da SilkRoad, 37 por cento das organizações estão aprimorando seu processo de revisão com a ajuda da tecnologia. Ao automatizar a papelada associada às avaliações de desempenho, os líderes dedicam até dez horas por semana para obter feedback dos funcionários (Kouba, 2015).
- **Não imponha o desempenho ágil ao outros líderes.** A maioria dos seus colegas não estarão habituados a avaliar o desempenho dessa forma. Leve o tempo necessário para introduzir lentamente a ideia e fornecer o treinamento necessário até chegar à execução completa.

Você pode estar lendo tudo isso e pensando: por que não acabar completamente com as avaliações de desempenho? Vamos explorar porque essa não é a melhor ideia. Em primeiro lugar, qualquer funcionário que tenha trabalhado no mundo dos negócios por um ano ou mais conta com algum método para avaliar o desempenho e recompensar as pessoas que excedem as expectativas. Você pode certamente tornar o seu processo menos formal, mas livrar-se dele completamente sem um sistema alternativo no lugar provavelmente causará caos, confusão e diminuição da motivação. Além disso, embora você possa pensar que odeia seu procedimento de feedback atual, há chances de que haja pontos que valham a pena serem mantidos. Por exemplo, você deve considerar cuidadosamente se seus problemas estão nas próprias ferramentas de avaliação e conversas ou com a classificação final que você deve entregar, e se os seus critérios de desempenho são, em essência, precisos ou imprecisos. Antes de fazer qualquer movimento espontâneo consulte vários stakeholders organizacionais para garantir que quaisquer mudanças propostas sejam estratégicas e viáveis.

Destaque
Checkpoint da IBM na Índia

Com mais de cem anos, a IBM tem uma reputação estabelecida no mundo da TI empresarial, mas recentemente a empresa vem mudando seu foco de hardware para serviços móveis, analíticos e de nuvem. Como seus clientes estavam se tornando mais ágeis, a IBM decidiu que seus processos internos também deveriam evoluir. Primeiro? Avaliações de desempenho. O que é interessante, porém, é que o time de RH não escolheu apenas um novo sistema e o implantou. Em vez disso, o departamento empreendeu uma experiência de *crowdsourcing*, pedindo que 380 mil empregados em 170 países dessem ideias. O questionário recebeu 75 mil respostas e dois mil comentários de funcionários pelo site interno de mídia social da empresa, e em seguida o RH realizou uma análise sobre os comentários e os organizou por temas. Com o início do desenvolvimento do novo sistema, os funcionários participaram de um ciclo contínuo e transparente de discussões, debates, atualizações, iterações de design e testes de experiência do usuário. Entre os principais insights: os funcionários queriam se livrar dos rankings, não queriam fazer autoavaliações e queriam receber orientação gerencial com mais frequência.

    A solução resultante foi um aplicativo com um programa de análise de desempenho chamado Checkpoint. Os funcionários não só podem mudar suas metas durante o ano, mas também recebem um retorno constante no desempenho pessoal com discussões sobre metas de curto prazo e feedback pelo menos a cada trimestre. O sistema também oferece uma avaliação em relação a uma lista de prioridades gerais de trabalho com a qual a maioria dos funcionários concorda e examina o desempenho individual em cinco dimensões, incluindo resultados empresariais, impacto no sucesso do cliente, inovação, responsabilidade pessoal com os outros e competências. No entanto, o Checkpoint é diferente do sistema IBM anterior, o Personal Business Commitment (PBC), na medida em que a avaliação de cada dimensão não é combinada em uma única classificação.

No mesmo dia em que o Checkpoint foi lançado mundialmente, a equipe de gestão da Índia enviou um e-mail interno aos funcionários, intitulado "Adeus PBC, olá Checkpoint", que continha um link para um vídeo de 55 segundos detalhando o novo sistema. E, como o *Economic Times* na Índia relatou (Sen e Alawadhi, 2016), a diretora executiva da IBM, Ginny Rometty, realizou uma assembleia no escritório da IBM em Bengaluru, na qual introduziu o Checkpoint e sublinhou a necessidade de reinventar e transformar o processo de feedback para refletir a natureza mutável do negócio e do trabalho. Em um artigo subsequente no site da PeopleMatters na Índia, Dilpreet Singh, vice-presidente e chefe de RH da IBM Índia comentou que os funcionários reagiram bem ao novo sistema de avaliação (Singh, 2016).

"Foram realizadas sessões de treinamento para gestores e funcionários para facilitar a transição. Esse é um sistema para as pessoas e pelas pessoas, por isso foi muito bem-vindo", diz ele. O Checkpoint criou uma cultura de feedback e de comunicação aberta que permite aos membros da IBM encontrar melhores formas de trabalhar. Embora o Checkpoint esteja começando, a IBM Índia está recolhendo dados de questionários em curso para compreender a adoção e o feedback corporativo para que o sistema possa ser personalizado para esse quadro de funcionários.

UM BRINDE: OS OKRS SÃO OS OBJETIVOS DO FUTURO

Quando o Google era uma empresa nova, o investidor John Doerr sugeriu que ela usasse um sistema organizacional de objetivos e resultados-chave (*objectives and key results*, OKRS). O sistema OKR veio originalmente da Intel, e tornou-se uma parte importante da cultura

Google. Trimestralmente e anualmente, são estabelecidos objetivos definidos e mensuráveis e resultados quantificáveis para a empresa, a equipe e o funcionário. Aqui está a *goal formula* original de Doerr:

Eu irei (objetivo) medido por (conjunto de resultados-chave).
Objetivos são descrições qualitativas memoráveis do que o funcionário irá alcançar. Eles são curtos, inspiradores, motivadores e desafiadores.
Resultados-chave medem o progresso do funcionário em direção ao objetivo. Cada objetivo deve descrever de dois a cinco resultados-chave, que devem ser quantitativos e mensuráveis.

Felipe Castro, autor de *The Beginner's Guide to* OKRs [*Guia do iniciante em* OKRs], ilustrou o seguinte exemplo (Castro, 2017). Suponha que o seu objetivo é criar uma experiência fantástica para o cliente. Parece ótimo, mas como sabemos se a experiência é realmente incrível? Sem medição, não temos uma meta, e é por isso que precisamos de resultados-chave. Como podemos medir se os clientes se sentem tão bem em lidar com a nossa empresa que nos recomendarão e comprarão novamente? O *net promoter score* (NPS) (índice que mede a disposição dos clientes em recomendar produtos ou serviços de uma empresa para outros) e a taxa de recompra são duas boas opções, embora olhar só para o NPS e a repetição de compras possa enviar a mensagem errada. Os funcionários podem ser incentivados a fazer o cliente feliz a qualquer custo, por isso também devemos incluir uma contramedida, como o custo de aquisição do cliente. Queremos fazer nossos clientes felizes, mantendo os custos sob controle. O exemplo completo seria:

Objetivo: criar uma experiência de cliente incrível.
Resultados-chave:
- Melhorar a pontuação líquida do promotor de X para Y.
- Aumentar a taxa de recompra de X para Y.
- Atualizar custo de aquisição do cliente em Y.

Os melhores OKRS são transparentes, o que significa que são públicos. Ao verificar os perfis internos de seus colegas, gerentes ou até mesmo do CEO, você pode ver seus OKRS, bem como seu desempenho nessa ferramenta. Isso pode parecer revolucionário, mas faz todo o sentido porque quando você pode ver no que todos os outros estão trabalhando e vice-versa, a produtividade aumenta. De acordo com a empresa de software de definição de metas, BetterWorks, as metas abertas em que o progresso é compartilhado com os colegas têm uma taxa de realização 78 por cento maior, e as pessoas registram e atualizam as metas públicas quase quatro vezes mais frequentemente do que as privadas (BetterWorks, 2014).

OKRS eficazes têm algumas outras características importantes. Eles são de curto prazo para que possam ser rapidamente completados e ajustados em resposta às mudanças na organização e na indústria. São simples para que não demorem muito tempo para serem criados e para que todos que os virem possam facilmente compreender o que o funcionário pretende alcançar. Castro apontou que os OKRS também têm ritmos diferentes dependendo se são estratégicos, táticos ou operacionais. Um ritmo estratégico anual pode ser adotado para OKRS de alto nível para a empresa, enquanto uma cadência tática trimestral pode ser apropriada para OKRS de curto prazo para cada equipe. Um ritmo operacional e semanal trabalhará para executar e rastrear resultados individuais. "O OKR utiliza uma abordagem baseada no mercado que é simultaneamente ascendente e descendente. A empresa define os OKRS estratégicos que cada equipe deve usar para elaborar seus OKRS táticos", escreve Castro. Os OKRS táticos devem se alinhar à estratégia da empresa e aos objetivos de outras equipes. Em uma organização típica, sessenta por cento dos OKRS são estabelecidos de baixo para cima em acordo com os gestores (Castro, 2017).

Estabelecer uma ascendente significa tomar a iniciativa de identificar o problema e resolvê-lo. Os objetivos ascendentes diferem dos outros objetivos porque se originam com o empregado individual e não com alguém sênior na empresa. Eles podem ser pessoais (por exemplo, fazer um curso de oratória para que você possa apresentar seus resultados de forma mais eficaz em reuniões), globais (por exemplo, inventar um novo produto) ou intermediários (por exemplo, agilizar o processo de provisionamento de novas contas de clientes).

Em um mundo ideal, as metas de baixo para cima são amplamente compartilhadas. Por isso, os funcionários devem ter cuidado com a forma como as enquadram para os outros empregados, usando linguagem universal e o mínimo de jargão possível. As metas devem ser apresentadas de uma forma que focalize a entrega de melhores resultados para o indivíduo, a equipe e a organização.

As metas horizontais ou laterais também têm seu lugar. Esses objetivos abordam os resultados de negócios coletivos. Muito frequentemente, nos locais de trabalho de hoje, há uma mentalidade de "nós contra eles", e um sentimento de que os departamentos são adversários. Mas no mundo de trabalho do futuro próximo, os grupos precisarão se unir para alcançar objetivos interfuncionais. "Para definir metas horizontais, os funcionários devem perguntar a outros departamentos: 'Quais são os seus objetivos? O que vocês precisam da nossa equipe, e como posso definir os meus objetivos em conformidade?' Espera-se que essas conversas prossigam de tal forma que os objetivos do seu grupo incorporarão os objetivos de outras equipes — e vice-versa", diz o antigo CEO da BetterWorks, Kris Duggan, em uma entrevista para este livro.

"É claro que haverá momentos em que as equipes não poderão se ajudar tanto porque os objetivos estarão em conflito direto", acrescentou Duggan. Por exemplo, se sua equipe está tentando vender o produto A, e outra equipe, o produto B, mas o consumidor só vai comprar um carro, os objetivos podem competir. Um objetivo horizontal neste caso pode envolver a criação de um modelo colaborativo no qual os carros são promovidos juntos. Ou talvez outra equipe tenha um bom objetivo e nós também, mas a empresa só tem orçamento suficiente para implementar um deles. Aqui, podemos pedir a um gestor para servir como um desempate e, em seguida, trabalhar em conjunto para estabelecer um objetivo horizontal que permita que ambas as equipes contribuam de uma forma que beneficie ambas e ajude a organização simultaneamente.

O desempenho ágil e o estabelecimento de metas ascendentes e horizontais obviamente exigem uma abordagem diferente para a liderança. No próximo capítulo, vamos discutir a mudança do papel do líder na organização do século XXI e por que os altos executivos tão prestigiados serão em breve uma coisa do passado. Também vamos abordar os requisitos exclusivos de executivos em ascensão nas eras dos millennials e da geração Z, as competências essenciais para os líderes de meados do século, incluindo a flexibilidade cognitiva e o pensamento divergente, e o que os meados do século XXI vão trazer para gerentes mulheres.

PLANO DE AÇÃO

Responda estas perguntas hoje para estar preparado para o futuro ambiente de trabalho de 2030:

1. Como você descreveria sua cultura organizacional atualmente? Que mudanças precisa fazer para criar um local de trabalho competitivo na metade do século XXI?

2. Quem é o responsável pela experiência do funcionário na sua empresa? Ela é planejada, sistemática e orientada pela tecnologia, ou é inconsistente e totalmente dependente do gerente individual? Qual passo pode ser dado para avançar em relação à abordagem anterior?

3. Pense em um processo que não funciona em sua organização. Como você pode desenvolver o *design thinking* para chegar a uma solução melhor?

4. Como é avaliado o desempenho dos seus colaboradores? O que está funcionando nesse processo, e quais seriam os benefícios de uma melhoria?

5. Pergunte aos membros da sua equipe o que significa para eles um feedback útil. Como você pode melhorar seu feedback para construir uma experiência mais gratificante para os funcionários?

6. Como você pode ajudar os membros de sua equipe a estabelecer e acompanhar as metas ascendentes?

RESUMO DO CAPÍTULO

- Profissionais de todos os tipos agora esperam uma experiência no local de trabalho compatível à que têm em casa por meio de aplicativos como Netflix e Amazon. Atrativa, divertida e simples; customizada, atenta às preferências e objetivos pessoais; e focada no que o funcionário deve estar sentindo e fazendo durante cada fase de seu tempo na organização.
- O *design thinking* é uma metodologia investigativa tradicionalmente usada por designers para resolver problemas complexos. Ele está cada vez mais presente nos círculos de liderança e RH à medida que contemplamos como oferecer a experiência mais significativa aos colaboradores.
- Os processos de gerenciamento de desempenho ágil retiram a ênfase das classificações forçadas e, em vez disso, focam no papel do gerente em fornecer *coaching* regular, bem como oportunidades de desenvolvimento contínuo. Eles maximizam a experiência de carreira para alcançar tanto os resultados do negócio quanto a satisfação individual dos funcionários. Nos próximos cinco a dez anos, essa abordagem será a norma na maioria dos locais de trabalho.
- A *goal formula* de John Doerr "eu irei (objetivo) medido por (conjunto de resultados-chave)" apresenta objetivos, que são descrições qualitativas memoráveis do que o empregado irá alcançar, e resultados-chave, que medem o progresso do funcionário em direção ao objetivo. Esse processo de estabelecimento de metas é conhecido como OKR.
- Os melhores OKRs são transparentes, o que significa que são públicos e acessíveis para todos na organização. OKRs eficazes são de curto prazo para que possam ser rapidamente completados e ajustados em resposta a mudanças na organização e na indústria. Eles são simples para que não demorem muito tempo para serem criados, e para que aqueles que os vejam possam facilmente entender o que o funcionário tem como objetivo.

8
ADEUS, CEO CARETA

No ano passado, como parte de uma iniciativa maior de mudança cultural, consultei um líder de equipe em uma instituição financeira sediada nos Estados Unidos. Vamos chamá-lo de Ben. Ben era um profissional de auditoria de 29 anos que tinha sido promovido duas vezes nos últimos cinco anos e no momento geria uma equipe de doze pessoas. Depois de conversarmos algumas vezes ao telefone, Ben me convidou para ir ao seu escritório e observar uma das reuniões.

— Você terá uma ótima noção de como fazemos as coisas por aqui.

Concordei e, em uma sexta-feira de manhã de um verão quente, fui até lá. A empresa ficava em um desses edifícios gigantes de Chicago, onde a segurança é mais rigorosa do que no prédio do Senado em Washington, D.C. (não estou brincando sobre isso, a propósito). Batendo queixo no ar condicionado gelado, passei pelo detector de metais tantas vezes que me atrasei ao subir as escadas para a reunião. Quando cheguei à sala de conferências, a discussão estava acalorada. Sentei-me calmamente no canto com o meu notebook e uma página em branco do Word.

Depois de ver e ouvir durante dez minutos, ainda não tinha conseguido identificar Ben, o líder. Os membros da sua equipe eram uma mistura de homens e mulheres e funcionários mais velhos e mais jovens. Uma variedade de etnias estava representada. E o mais importante, todos falavam. Cada participante tinha uma agenda e uma perspectiva que pareciam críticas aos outros. Ninguém ditou como as coisas iriam correr, ou como as decisões seriam tomadas. Nem mesmo Ben, que era, tecnicamente, responsável pelo salário de todos.

A reunião foi encerrada, e um homem robusto de cabelos vermelhos, com um belo sorriso, levantou-se para apertar a minha mão.

— Alexandra, bem-vinda. É um prazer conhecê-la pessoalmente. Eu sou o Ben.

— Sabe —, eu disse, — tenho que confessar. Até você se apresentar, não fazia ideia de quem era. Você não conduziu a reunião como um típico gerente.

— Bem, espero que não —, respondeu ele. — Porque não sou um gerente típico. Não há nada de especial em mim nesta equipe. Todos temos papéis a desempenhar e, em uma reunião, não há razão para eu falar mais do que ninguém.

Essa interação ilustra realmente as mudanças culturais dramáticas impulsionadas pela nova safra de líderes millennials. Vimos anteriormente como, devido às mudanças demográficas, os millennials, ou aqueles nascidos entre 1980 e 1995, estão assumindo cargos de gestão consideravelmente mais cedo do que as gerações anteriores. No primeiro capítulo, falamos sobre meu recente trabalho com a Deloitte, que pesquisou 1.200 profissionais dessa geração em oito países: Brasil, Canadá, China, Alemanha, Índia, México, Reino Unido e Estados Unidos. Esse estudo ilustrou que os millennials são anti-hierárquicos por natureza e têm uma abordagem muito mais colaborativa (Smith e Turner, 2017). Muitos, como Ben, não veem valor inerente em ser promovido ou ser "o chefe". O que importa para eles? Como podem contribuir com suas habilidades de uma maneira que inspire os outros e faça a organização avançar? Este capítulo explorará essas questões, juntamente com a introdução da geração z, traçando a evolução do estilo de liderança de comando e controle para uma abordagem mais transparente, adaptável e agradável, mais adequada ao local de trabalho de meados do século XXI.

Se você é um *baby boomer* ou líder da geração X, é de seu interesse deixar sua organização em meados do século XXI em mãos competentes, mas como você pode imaginar, a trajetória para garantir a eficácia dos millennials é diferente e mais complexa do que a que você pode ter tomado. A pesquisa da Deloitte mostrou que os profissionais dessa geração têm ideias claras sobre o tipo de experiências que irão acelerar seu desenvolvimento. Eles dão prioridade a alcançar um objetivo apesar dos desafios, montar uma equipe a partir do zero e ganhar experiência multifuncional. A experiência de realização do objetivo, juntamente à gestão de uma equipe responsável por um resultado-chave do negócio, foi muito importante para os millennials nos mercados emergentes do Brasil, China e México. Nos mercados mais estabelecidos do Canadá, Alemanha, Reino Unido e Estados Unidos, os millennials querem ter mentores e a oportunidade de trabalhar com executivos de alto escalão (Smith e Turner, 2017).

O DESENVOLVIMENTO PROFISSIONAL DOS MILLENNIALS

Entre esses profissionais que veem a liderança em seu futuro, a falta de experiência concreta é a maior preocupação. Em nossa pesquisa, mais de 45 por cento dos profissionais millennials disseram que não querem ser líderes especificamente por esse motivo. Uma coisa é certa: esses profissionais estão interessados em adquirir experiência de liderança o mais rápido possível. As organizações precisam mudar, eles nos disseram, oferecendo oportunidades de liderança fora dos cargos formais para que possam dominar a tomada de decisão e a resolução de problemas. Os profissionais millennials querem acelerar seu desenvolvimento por meio de projetos multifuncionais e intersetoriais e aumentar as interações com líderes seniores — essas foram classificadas como o segundo e terceiro lugar no ranking das experiências de aprendizagem desejadas (Smith e Turner, 2017). O desenvolvimento dessa geração pode concentrar-se nas seguintes áreas.

Liderança baseada nos pontos fortes

O modelo de liderança baseado em pontos fortes desenvolvido por Marcus Buckingham e pela Gallup Organization postula que cada um tem atributos de caráter fixos ou interesses pessoais como conexão, foco e autoconfiança. Esses interesses tornam provável que as pessoas desenvolvam certas habilidades facilmente e tenham dificuldades com outras. Ao identificar os pontos fortes dos funcionários, as organizações podem trabalhar com mais eficácia, reduzir a rotatividade, melhorar o moral dos funcionários e aumentar a inovação e o desempenho (Buckingham e Clifton, 2001).

Não só o modelo baseado em pontos fortes funciona bem com millennials, mas também escalona bem e pode ser implementado gradualmente como um aliado. Por exemplo, como um líder de equipe, você pode usar ferramentas simples, como uma avaliação ou um desenvolvedor de pontos fortes, para ajudar cada profissional a aprimorar seus talentos. Como os millennials gostam de compartilhar suas habilidades publicamente, você pode fornecer a cada membro da equipe uma página de perfil on-line que permite aos colegas entrarem em contato com projetos que envolvam esses pontos fortes.

Mentoria baseada em projetos

Os profissionais millennials também valorizam o modelo de aprendizagem no qual podem trabalhar ao lado dos líderes seniores durante um projeto típico ou uma situação de crise atípica. O aprendizado é benéfico para ancorar novos e futuros líderes em responsabilidades tangíveis e cenários do mundo real com risco reduzido. Para esse fim, muitas organizações com visão de futuro, incluindo Aon, Zurich e Accenture adotaram programas de aprendizagem em que a orientação baseada em projetos pode florescer. Os programas oferecem um caminho para os futuros líderes de alto potencial ganharem uma posição em uma empresa de prestígio, recebendo um salário enquanto dominam habilidades específicas essenciais para a empresa.

A mentoria baseada em projetos coloca o desenvolvimento dos

colaboradores nas mãos de muitos, em vez de se centrar em um supervisor principal e muito ocupado. Cada millennial pode trabalhar em tarefas com um grupo diversificado de membros da equipe, todos conscientes dos pontos fortes e dos objetivos de carreira desse jovem profissional. No contexto do projeto individual, os líderes millennials podem ser colocados em situações que estão fora de suas zonas de conforto (por exemplo, uma reunião de diretoria) e orientados ativamente sobre preparação, ações e comportamentos apropriados.

Em vez de permitir que esses líderes falhem e que isso prejudique sua autoconfiança, essa forma de acompanhamento facilita pequenas intervenções para mudar hábitos improdutivos que podem ter consequências negativas ao longo do caminho. Assim como o modelo de pontos fortes, você pode implementar a orientação baseada em projetos em sua organização imediatamente. Pode ser tão simples como promover os comportamentos que sabemos impulsionar a aprendizagem no trabalho. Cada gerente, por exemplo, deve ter o propósito de planejar e incorporar o desenvolvimento individual dos millennials no trabalho, buscando momentos de ensino e mostrando o que é um bom trabalho em sua organização.

Gestão diversificada de equipes

Cada millennial deve ter a oportunidade de gerenciar uma equipe antes que seja promovido ao papel de supervisor oficial. Por exemplo, ter um líder dessa geração viajando para um escritório estrangeiro e supervisionando um projeto de um mês de duração, ou delegar uma iniciativa que exija que o líder trabalhe intensamente com vários departamentos.

Aprimorar a comunicação com os líderes

Considere implementar um sistema de avaliação sob demanda que limite as respostas a 140 caracteres. Depois de um millennial realizar uma apresentação, por exemplo, ele pode apontar um conjunto diversificado de participantes para determinar como as observações foram recebidas, se o conteúdo era relevante e que melhorias poderiam ser feitas. No entanto, como devem responder em uma ou duas frases, os provedores de feedback devem pensar cuidadosamente sobre os detalhes que produzirão maior impacto. De acordo com a pesquisa da Deloitte, os millennials estão acostumados a se comunicar via texto e mídia social, de modo que respondem bem ao formato curto, e também valorizam que as respostas possam ser agrupadas em um painel de controle de desempenho pelo qual eles podem acompanhar seu crescimento e progresso na carreira.

Ao mesmo tempo, a tecnologia não resolve tudo. Como líder, você é responsável por ajudar essa geração a desenvolver habilidades de comunicação pessoal. Leve seus melhores talentos para reuniões de nível executivo e garanta que eles se sintam confortáveis e capazes de interagir com seus clientes e parceiros. Onde puder, exponha-os a vários grupos internos e externos para que se tornem proficientes na comunicação com diversos públicos.

A CHEGADA DA GERAÇÃO Z

Os millennials são importantes, é claro, pois são nossos líderes atuais e em ascensão. Mas e a geração Z nascida entre 1996 e 2012? Em 2019, os gen Z mais velhos entrarão na força de trabalho profissional, e eles são muito diferentes do que esperamos dos millennials.

Integrando os filhos dos últimos *boomers* e da geração X, a geração Z é um grupo relativamente pequeno. Lembra das taxas de natalidade decrescentes de que falamos no primeiro capítulo? Os jovens gen Z são certamente um produto dessa tendência. E, pelo menos nos países desenvolvidos, essa geração é tão etnicamente diversa que eles estão menos preocupados com sua aparência e mais concentrados no que acreditam. Como exemplo, meu filho de dez anos tem um amigo que é um quarto taiwanês, um quarto mexicano, um quarto afro-americano e um quarto judeu. Se lhe perguntarem sobre sua etnia, ele vai parecer momentaneamente confuso.

— Não sou nada —, dirá. — Bem, talvez americano?

Assim como seus irmãos e irmãs millennials mais velhos, os gen Z não entendem particularmente o propósito dos programas de diversidade

que visam obter números iguais de funcionários diversos na mesma sala.
— Por que temos de forçar essa coisa da diversidade? —, perguntou-me um estudante universitário. — Se não consigo entrar no lobby de uma empresa e ver automaticamente um grupo de pessoas diversas, há algo de errado.

Para a geração Z, a verdadeira diversidade e inclusão é cognitiva, o que significa que os colaboradores são respeitados por suas origens individuais, perspectivas e opiniões, independentemente de seu nível ou função.

Quando pesquisei essa geração para um artigo no *The New York Times*, aprendi que eles são independentes e dotados de recursos. Como os primeiros nativos digitais, eles cresceram aprendendo a perguntar à Siri ou ao Google (em vez de seus pais ou professores) quando querem saber algo. Eles hackearam a própria educação e, por causa do alcance da internet e do acesso a conexões globais, estão levando suas carreiras e resolvendo os problemas da sociedade em uma idade muito mais jovem do que as gerações anteriores (Levit, 2015a). Eles não esperam por nada nem por ninguém.

Quando comecei a falar sobre os millennials em 2004, os mais velhos tinham acabado de entrar no mercado de trabalho e, para ser franca, as empresas não se importavam. Avisei aos líderes que eles precisariam mudar a maneira como faziam as coisas, mas até a participação da força de trabalho dos millennials atingir a massa crítica alguns anos atrás, a aceitação de meus conselhos foi lenta e dolorosa.

Espero que não cometamos o mesmo erro com a geração Z. Estamos em um ponto de inflexão agora mesmo: se fizermos um esforço para entender o que eles querem e precisam, podemos nos guiar em conformidade, e nossas organizações de meados do século serão exatamente os lugares que os gen z querem trabalhar, prosperar e, eventualmente, comandar. Estes insights adicionais sobre a geração Z, derivados em parte de um recente estudo da Universum (Universum, 2015) e em parte das minhas próprias experiências de trabalho com esse grupo, devem ajudar:

- **Faça ligações cedo.** Os gen Z formam laços profundos, relacionados com o emprego, em tenra idade. Desenvolva relacionamentos

com as escolas de ensino médio locais e convide essa geração para dar um passeio, fazer cursos e acompanhar os funcionários em seu local de trabalho. Depois de conhecer um gen Z promissor, mantenha-se em contato e ofereça orientação profissional contínua.
- **Mude seu ponto de vista sobre o ensino superior**. Eles acreditam que a faculdade pode não ser necessária a menos que você saiba o que quer fazer e esse caminho exija uma graduação específica. Eles não estão necessariamente convencidos de que devem gastar dinheiro nisso, então, se você está exigindo um diploma, esteja preparado para explicar o porquê. Considere também parcerias com faculdades para desenvolver currículos relevantes e incorporar a experiência do mundo real.
- **Recrute com as mensagens certas**. Os gen Z gostam de segurança no emprego, salários e benefícios competitivos e oportunidades claras de promoção. O propósito é importante, mas eles mesmos querem encontrá-lo em vez de delegar à empresa. Promova uma cultura em que as recompensas sejam baseadas no desempenho e não na posse, e os novos contratados tenham oportunidades de brilhar entre os seus colegas.
- **Adote uma mentalidade GIG**. A empresa ideal para a geração z é menos burocrática, menos hierárquica e mais empreendedora. Os gen Z desfrutam de trabalho baseado em projetos, perseguindo muitos caminhos de carreira ao mesmo tempo e desenvolvem empreendimentos para ganhar dinheiro com hobbies e outros interesses. O modelo *tours of duty* que descrevemos anteriormente é uma excelente opção para eles.
- **Exponha-os à variedade**. Os gen Z apreciarão experimentar várias funções e aprender o máximo possível de habilidades transferíveis em seu primeiro ano de emprego. A abordagem de carreira customizada de que falamos no capítulo seis é essencial para um gen Z, pois cada um deseja uma situação de trabalho única.
- **Cuide do calcanhar de Aquiles deles**. Devido à total dependência da tecnologia, a geração Z sofre de um déficit de habilidades interpessoais. No entanto, eles sinceramente querem melhorar e preferem veículos de mentoria cara a cara para explorar questões como, "Quando os *emojis* são apropriados?", "Por que você não deveria abreviar 'você' para 'vc' em um e-mail comercial?" Dito isso, a geração Z também valoriza a

independência e a privacidade, por isso não force a colaboração constante através de escritórios de plano aberto e iniciativas em grupo.

- **Aumente o seu conhecimento técnico.** A geração Z vai liderar o caminho para adoção de novas tecnologias em tempo real e a construção de equipes híbridas humanas e máquinas. Serão líderes ainda mais cedo do que os millennials por essa razão.

E falando sobre liderança, Deep Patel, coautor de *Gen Z @Work* [*A geração Z no trabalho*], compartilhou algumas características que a geração Z valoriza nos líderes de hoje e se imagina adotando à medida que se tornarem líderes (Patel, 2017):

- **Inclusão.** Buscar oportunidades para se conectar e aprender com diferentes tipos de pessoas.
- **Curiosidade.** Ser conduzido para entender o mundo ao seu redor e enfrentar novos desafios para melhorar a vida dos outros.
- **Automotivação.** Oferecer aos colaboradores a liberdade e a capacidade de resposta para cumprirem suas funções de forma discricionária, por meio de soluções de trabalho remoto e de horários flexíveis.
- **Generosidade.** Comprometimento com mais do que apenas melhorar o resultado final.
- **Perseverança.** Ser transparente sobre as próprias lutas e obstáculos, preparando-se e superando os percalços.

ADEUS, COMANDO E CONTROLE, OLÁ, LIDERANÇA TRANSFORMACIONAL

O estilo comando e controle, também conhecido como "vale o que o chefe diz", é baseado na concentração do poder sobre funcionários e processos em uma única pessoa ou grupo, e ainda é a norma na maioria das organizações contemporâneas. O estilo autocrático de liderança teve seu início nas forças armadas e floresceu no mundo corporativo por várias décadas, mas tem seus dias contados.

O estilo comando e controle presume que os "CEOs caretas" sempre sabem mais, que eles devem definir uma estratégia de longo prazo e que depois ninguém deve desviar-se do plano. A cooperação é forçada, qualquer resistência é silenciada. Se as condições externas mudam ou os líderes encontram obstáculos, eles lidam com isso rapidamente, com o objetivo de se manter o mais próximo possível da estratégia original.

Neste ponto do livro, você provavelmente já adivinhou por que esse estilo já não funciona tão bem, mas a razão mais importante é que esse sistema limita o engajamento e a conversa, e desencoraja a autonomia e a agilidade. Também é mais adequado para um ambiente estável, o que o mundo dos negócios de meados do século XXI, definitivamente, não é.

No capítulo anterior, discutimos como as culturas empresariais mais eficazes conectam as metas individuais ao propósito maior da organização, incentivando e inspirando os funcionários a se comprometerem com a visão em vez de transmitirem que não têm outra escolha. Esse estilo às vezes é chamado de liderança transformacional, e bons líderes do século XXI abandonaram o estilo comando e controle em benefício das seguintes diretrizes para governar diplomaticamente suas organizações:

- **Não presuma que todos compartilham da sua opinião.** É um erro acreditar que a perspectiva da maioria espelha a sua, mesmo que um certo ponto de vista pareça óbvio. Por exemplo, é tentador pensar que todos apoiariam naturalmente determinada iniciativa, mas sem sondagens e/ou grupos focais dentro das equipes em todas as funções e papéis da organização, não se pode ter certeza de nada. Mesmo que você esteja operando no modo de alto crescimento e esteja sob pressão para agir, faça a devida diligência antes de tomar uma decisão.
- **Mostre do que você é feito**. É necessário construir um plano de negócio à prova de bala cheio de argumentos racionais e objetivos para sua estratégia, mas não se esqueça da paixão e da história. A menos que as pessoas se envolvam com o problema que você está tentando resolver, elas não serão motivadas a ajudá-lo. Mas há aqui um meio-termo. Você deve criar um senso de urgência sem parecer desesperado.
- **Esteja disposto a negociar**. Suas estratégias devem incluir planos de implementação e cronogramas, mas também devem incorporar espaço de manobra para que os gerentes e funcionários personalizem suas implementações e coloquem suas assinaturas exclusivas nesse esforço.

Agir como um ditador e microgerenciar tudo não despertará simpatia para você — ou suas iniciativas — na organização.

- **Espere antes de tomar uma decisão.** Não há melhor maneira de minar a sua liderança do que ter funcionários sabendo sobre as decisões da empresa fora dela. Especialmente se você trabalha em uma companhia grande ou de capital aberto, os detalhes podem ser propositadamente compartilhados ou acidentalmente vazados para stakeholders externos, como analistas e jornalistas. Se você quer começar com o pé direito sem um monte de funcionários irritados lendo sobre seus planos on-line, enfatize a confidencialidade até que esteja pronto para anunciar.
- **Preste atenção aos difamadores.** É da natureza humana evitar conflito, mas se você fecha os olhos quando se trata de pontos de vista opostos e tentativas diretas ou sutis de bloquear o seu progresso, está se preparando para ter problemas mais tarde. Em vez disso, antecipe objeções, planeje sua resposta e comunique-se sistematicamente com aqueles que não concordam.
- **Execute um plano de implementação bem desenvolvido.** Por falar em comunicação, reconheça que informar a organização sobre a estratégia em intervalos frequentes é essencial para qualquer iniciativa. Certifique-se de que você tem recursos suficientes para atingir suas metas e falar com as pessoas sobre elas. Direcione sua mensagem para as necessidades de diferentes grupos organizacionais, solicite feedback frequentemente e ponha em prática sistemas que facilitem um diálogo contínuo e bidirecional.
- **Concentre-se nas vitórias imediatas.** Reforce o ânimo e o compromisso recompensando continuamente a realização de objetivos de curto prazo. Além disso, não se fixe muito rigidamente ao seu plano original. Uma mudança bem-sucedida em longo prazo exige reavaliação e ajustes constantes com base no fluxo e refluxo dos negócios.

Destaque
O *citizen development* muda a forma como os sistemas são construídos

A mudança do comando e controle para a liderança transformacional também está ocorrendo no âmbito da tecnologia da informação (TI). Não muito tempo atrás, se você quisesse empregar uma nova tecnologia ou fazer um aplicativo em sua organização, teria que convencer a TI de que era uma boa ideia e esperar que alguém aceitasse.

Mas, graças a um movimento chamado *citizen development*, a liderança de TI foi transferida para a jurisdição de outros funcionários. De acordo com o *Gartner's* IT *Glossary*, um *citizen developer* é um usuário que cria novos aplicativos de negócios usando ambientes de desenvolvimento sancionados pela TI (Gartner, 2017). O *citizen development* é possível porque, desde que os funcionários entendam os princípios básicos por trás do design e desenvolvimento de aplicativos, eles não precisam aprender as linguagens de programação que eram necessárias no passado.

As plataformas de desenvolvimento "faça você mesmo" reduzem a sobrecarga da TI e permitem que os *citizen developers* criem e implementem rapidamente aplicativos que espelham soluções de TI, mas não exigem o mesmo nível de sofisticação técnica.

Seus recursos de geração de relatórios também oferecem maior visibilidade sobre quais projetos podem potencialmente ser retirados do ar e sua personalização facilita uma maior adesão.

A melhor cultura para o desenvolvimento do cidadão é uma cultura self-service que encoraja a experimentação dos funcionários e o poder de TI nas mãos de muitos. Os *citizen developers* devem ter acesso fácil a fontes de dados de alto valor e familiaridade com a personalização e configuração de formulários de plataforma existentes. A beleza do *citizen development* é que o setor de TI pode determinar o quanto faz sentido estar envolvido em cada situação — especialmente no que diz respeito a funções e permissões, integrações e geração de relatórios — e os *citizen developers* podem executar dentro dos seus limites.

Quando bem feito, o *citizen development* gera valor empresarial desde o início. De acordo com um estudo do QuickBase, 29 por cento das empresas têm visto um aumento de duas ou mais vezes na velocidade de desenvolvimento de aplicações desde a adoção dessa abordagem, e 62 por cento indicaram que leva menos de duas semanas para construir uma aplicação média (Carione, 2015). Esses resultados são impulsionados por maior flexibilidade e agilidade, menos burocracia e sobrecarga, menos problemas de controle e menores custos.

Embora o *citizen development* esteja se consolidando em todas as funções, os líderes de RH estão à frente de todos. Como exemplo, o Work for Progress é uma organização sem fins lucrativos que realiza esforços de mudança social, operando com um orçamento apertado para maximizar seus benefícios para a sociedade e seu retorno sobre o investimento para financiadores e doadores. A organização lutava com sistemas desatualizados e sentia que os problemas da organização eram muito importantes para perder tempo com tecnologia antiquada, e também não tinha um departamento de TI. Assim, ela transferiu muitas operações para a nuvem e começou a incentivar os *citizen developers* a criar e gerenciar os próprios aplicativos.

Em particular, o departamento de RH estava trabalhando com arquivos em papel e usando um banco de dados desleixado, então o departamento criou um aplicativo que levou todos os dados do grupo para um único lugar on-line e criou um painel frontal e um fluxo de trabalho para que supervisores individuais pudessem agir sobre benefícios e outros itens relacionados ao setor.

A BlueBridge Digital constrói aplicativos para organizações como agências de turismo e igrejas, mas a comunicação com o próprio pessoal era um desafio, então os líderes de recursos humanos criaram o aplicativo Bridgelife para agrupar todos os recursos do setor em um só lugar. As notificações *push* oferecem aos funcionários a oportunidade de se envolverem em tempo real em vez de terem suas caixas de entrada inundadas com comunicados da empresa. O aplicativo também tem funções integradas para novos funcionários, incluindo um diretório de fotos de toda a força de trabalho para que eles possam rapidamente lembrar nomes e localizar as pessoas certas para ajudá-los a realizar seus trabalhos, pesquisas de engajamento, políticas de viagens e despesas, senhas Wi-Fi e um portal central ligando os funcionários à sua folha de pagamento e planos de aposentadoria privada (Burg, 2015).

Graças à tendência de *citizen development*, os funcionários não precisam mais esperar em um gargalo de TI para aproveitar a tecnologia e resolver problemas de negócios.

HABILIDADES E TRAÇOS ESSENCIAIS DO LÍDER DO SÉCULO XXI

No capítulo três, falamos sobre como agilidade de aprendizagem é uma forma de pensar e uma prática que permite aos líderes desenvolver, crescer e utilizar continuamente novas estratégias que irão equipá-los para os problemas cada vez mais complexos que enfrentam nas organizações — e é essencial para os líderes globais em ascensão. Além disso, as seguintes sete áreas merecem um enfoque próprio.

Provavelmente ninguém tem o pacote completo, e algumas dessas áreas virão mais naturalmente para você do que outras. Informalmente, avalie sua competência em cada uma delas; para áreas onde você não é especialmente habilidoso ou não teve muita prática, identifique mentores para se inspirar e exercícios que o ajudarão a fortalecer os músculos apropriados ao longo do tempo:

- **Mentalidade para servir.** É a capacidade de compartilhar poder, colocar as necessidades dos outros em primeiro lugar e ajudar as pessoas a se desenvolverem e a terem o melhor desempenho possível.
- **Persuasão.** É a habilidade de mudar a atitude ou o comportamento de uma pessoa ou grupo em relação a um evento, ideia, objeto ou outra(s) pessoa(s), usando palavras escritas ou faladas para transmitir informações, sentimentos ou raciocínios.
- **Flexibilidade cognitiva.** É a habilidade de alternar entre pensar sobre dois conceitos diferentes, e pensar sobre múltiplos conceitos simultaneamente.

- **Pensamento divergente.** É a capacidade de abrir sua mente para todas as possibilidades, incluindo as opções que não são soluções típicas ou não estão necessariamente aparentes no início.
- **Sensor de dados.** É a capacidade de enxergar resultados básicos em uma variedade de sistemas de TI díspares e desenvolver uma narrativa coesa e perspicaz a partir deles. Trata-se de ser capaz de conectar pessoas, processos, dados e dispositivos para tomar melhores decisões de negócios e prever com precisão o futuro de sua indústria e organização.
- **Tolerância à tensão e à incerteza.** É a capacidade de ser calmo e controlado quando confrontado com situações difíceis ou ambíguas. Ter tolerância positiva ao estresse é ser capaz de manter a calma sem se deixar levar por emoções fortes de impotência ou desespero.
- **Audácia.** É a capacidade e vontade de ser ousado e assumir riscos a serviço de um bem maior, sem restrições por convenção ou propriedade.

Destaque
Holacracia, equipes autogeridas e a experiência Zappos

A holacracia é uma estrutura de gestão relativamente nova que permite que os funcionários tomem decisões significativas e promovam mudanças. Os papéis são definidos em torno do trabalho e não das pessoas. Os indivíduos muitas vezes preenchem várias funções que são atualizadas com frequência. A estrutura organizacional é fluida e a autoridade é distribuída. E o mais importante, todos (incluindo o CEO) estão vinculados pelas mesmas regras perceptíveis.

Isto é, se é que há um CEO. De acordo com o relatório da Future Hunters, *The Rise of the NeoHUMANIC Workforce* [A *ascensão da força de trabalho NeoHUMANIC*], a empresa suíça de artigos de luxo Compagnie Financière Richemont anunciou que o CEO Richard Lepeu não terá um sucessor quando deixar o cargo. "Ela junta-se a um grupo raro de empresas que operam sem um executivo no topo. Algumas contam com comitês e consensos para governarem a si mesmas, estruturas que seus líderes dizem impulsionar a colaboração e melhorar a tomada de decisões em todos os níveis." O relatório também discutiu um fundo de investimento de *crowdsourcing* chamado DAO (*descentralized autonomuos organization* ou organização autônoma descentralizada), lançado como um negócio totalmente autônomo sem líderes humanos. Em vez disso, os investidores colocam moeda digital em troca de *tokens* especiais que lhes permitem votar onde alocar dinheiro (The Future Hunters, 2017).

A empresa de gestão de investimentos globais, Bridgewater, está construindo um software para automatizar o gerenciamento diário da empresa, incluindo contratação, demissão e outras decisões estratégicas. O papel de muitos seres humanos remanescentes na empresa é desenhar os critérios pelos quais o sistema toma decisões, intervindo quando algo não está funcionando. De acordo com a Future Hunters, essa ferramenta e outras são aplicações iniciais do PriOS, o software de gestão abrangente que Ray Dalio, presidente e fundador da Bridgewater, quer que tome três quartos de todas as decisões de gestão dentro de cinco anos (The Future Hunters, 2017).

Em uma holacracia mais tradicional, no entanto, a espinha dorsal é a equipe humana, autogerenciada. Uma equipe autogerenciada é um grupo de funcionários responsável por todos ou pela maioria dos aspectos da produção de um produto ou prestação de um serviço. Equipes autogerenciadas são licenciadas por um líder sênior para operar de forma independente e recebem os recursos necessários para atingir objetivos de negócios predeterminados.

Uma das razões pelas quais os trabalhadores gostam tanto de startups é que estar em uma equipe menor significa que eles têm que ultrapassar menos burocracia para fazer seus trabalhos. Equipes autogerenciadas empregam o mesmo conceito de pertencimento da equipe (ou seja, a ação pode ser tomada sem a etapa extra de buscar aprovação dentro de uma hierarquia tradicional). Menos burocracia significa uma entrega mais rápida de produtos ou serviços, o que equivale a menores custos e maiores lucros.

Equipes autogeridas usam reuniões agendadas regularmente para garantir que os membros estejam na mesma página em termos da melhor maneira de seguir em frente. Eles ganham consenso em pequena escala e, em seguida, prosseguem rapidamente, evitando situações problemáticas como receber ordens conflitantes de diferentes executivos e permanecer em um padrão de espera até que alguma parte da comunicação essencial escorra pela linha de comando.

Há alguns anos, a varejista americana de calçados Zappos recebeu a atenção do mundo quando pulou para a versão mais extrema da holacracia e das equipes autogerenciadas. A empresa obliterou sua hierarquia, livrando-se de todos os títulos e convidando os funcionários a se organizarem em "círculos" trabalhando com o mesmo objetivo. Os funcionários são encorajados a serem proativos, com o poder de mudar seu papel ou responsabilidades diárias a qualquer momento. Como resultado, os colaboradores da Zappos investem mais pessoalmente em suas carreiras e no sucesso da empresa.

Além disso, como trabalhar com outras equipes é muito fácil, os trabalhadores da Zappos são mais propensos a expandir suas habilidades e adquirir experiência multifuncional. A empresa até institucionalizou essa ideia com o lançamento do Role Marketplace, um conselho interno de trabalho que lista as tarefas específicas que outras equipes precisam realizar (juntamente a seus compromissos de tempo propostos). O Role Marketplace poupa uma tonelada de dinheiro à Zappos em custos de recrutamento e contratação, e dá aos funcionários a oportunidade de alçar voos mais altos se a sua carga de trabalho atual for leve ou se eles estiverem ansiosos para tentar algo novo.

Ao participar do projeto em outra equipe, os funcionários podem ganhar uma identificação que mostra sua nova experiência. Uma vez que você tem essa identificação, é mais fácil ser selecionado para outro projeto com esse mesmo grupo porque provou que é qualificado.

Você pode estar se perguntando: se não há chefes, quem decide se você deve receber um aumento de salário, ou se alguém com quem você está trabalhando deve ser demitido? Aparentemente, existem círculos para esses tipos de coisas, e como um empregado individual, você tem que recorrer a eles para tomar a decisão apropriada. A Zappos ainda tem avaliações de desempenho, mas como elas são feitas fica a critério de cada círculo.

Claro que a vida na Zappos não é perfeita. Por um lado, a maioria das outras empresas não são holacracias, então como os funcionários da Zappos trabalham com outras organizações? Como eles decidem quem deve interagir e/ou se reunir com determinado parceiro, fornecedor ou cliente? Se dois funcionários querem lançar projetos relacionados, mas só há financiamento para um, quem decide? E se simplesmente você for uma daquelas pessoas que precisa de um chefe? A Zappos teve que abordar essas questões, e certamente tomou uma posição firme sobre a última. Pouco depois de iniciar a holacracia, o CEO Tony Hsieh anunciou que qualquer pessoa que não estivesse concordando com a nova estrutura poderia se demitir com três meses de rescisão — sem ressentimentos. E muitos o fizeram. "Em última análise, dezoito por cento dos funcionários optaram por sair", escreve Zak Guzman em um artigo sobre a holacracia da Zappos na CNBC.com (Guzman, 2016). Os meios de comunicação ridicularizaram a experiência de gestão radical como excessivamente complicada e confusa e, para desgosto de Hsieh, não se concentraram no fato de 82 por cento dos trabalhadores da Zappos terem permanecido.

Será a holacracia uma estrutura ainda mais típica à medida que nos aproximamos de 2030? Eu suspeito que ela poderá ser um pouco mais comum do que é agora, principalmente em ambientes do tipo startup. Para muitas organizações tradicionais, será uma mudança grande demais para engolir.

A LÍDER DO SÉCULO XXI

Em 2016, dois grandes estudos sobre liderança feminina foram publicados por *think tanks* globais. Para começar, a empresa de consultoria EY e o Peterson Institute descobriram que as empresas com trinta por cento de liderança feminina adicionaram seis pontos percentuais à sua margem líquida quando comparadas a um negócio semelhante sem líderes mulheres (EY, 2016). Em seguida, em um acompanhamento da pesquisa publicada originalmente em 2015, a McKinsey descobriu que as empresas entre as 25 por cento com maior diversidade de gênero nos níveis mais altos eram 22 por cento mais propensas a superar as empresas do último quartil em termos de lucratividade (Gordon, 2017).

Se examinarmos a *Doutrina Athena*, um relatório de pesquisa de John Gerzema e Michael D'Antonio que pesquisou 64 mil pessoas em treze países sobre as características mais essenciais para o sucesso da liderança, não é difícil ver por que organizações com mais líderes mulheres se destacam. O estilo único de liderança transformacional do século XXI, que mencionamos anteriormente, enfatiza a inteligência emocional que é comumente associada às mulheres, incluindo empatia, livre expressão e colaboração (Gerzema e D'Antonio, 2013).

No entanto, embora as mulheres nos países desenvolvidos atualmente representem quase metade da força de trabalho (até a gerência média) e conquistem mais da metade de todos os diplomas universitários, somos difíceis de encontrar quando se atinge os níveis mais altos de uma organização. De acordo com um artigo recente da Forbes.com, quase quatro em cada dez empresas nos países do G7 não têm mulheres em cargos de gerência sênior e, globalmente, a proporção de cargos de negócios seniores ocupados por mulheres é de apenas 24 por cento (Medland, 2016).

Se as mulheres são realmente mais adequadas para cargos de liderança nesta nova era de negócios, por que não estamos fazendo progressos mais rápidos? A discriminação de gênero inconsciente, que discutimos no capítulo três e que estamos tomando medidas para mitigar, é provavelmente o motivo mais significativo, junto ao fato de que se as mulheres não reprimirem as próprias características que as tornam boas líderes e agirem mais como homens, será difícil que elas prosperem. Essa ideia foi ilustrada pelos pesquisadores da VitalSmarts, Joseph Grenny e David Maxwell, que recentemente descobriram que a competência percebida das mulheres cai 35 por cento e a remuneração percebida cai quinze mil dólares quando são vistas como assertivas ou enérgicas, violando expectativas culturais arraigadas de que as mulheres sejam carinhosas e cuidadosas (Grenny e Maxwell, 2015).

Mas, como me disse a professora Lynda Gratton, da London Business School, quando eu estava escrevendo sobre esse tópico para a Fast Company, não devemos perder a esperança. "É surpreendente a rapidez com que as normas sociais podem mudar", disse ela na época. "Vejo meus filhos serem ensinados a não fazer suposições sobre o que um homem ou uma mulher faz — e, claro, os mais jovens estão sendo criados por mães trabalhadoras agora. Assim, em algumas partes da sociedade, a discriminação de gênero pode ser vista como algo do passado" (Levit, 2015b).

E podemos estar nos aproximando de um ponto de virada. Como mencionamos, mais organizações estão reconhecendo que as lideranças femininas fazem sentido financeiramente. Para além do fator de rentabilidade bruta, o âmbito de mentorias voltadas para mulheres está crescendo. De iniciativas como Million Women Mentors aos círculos Lean In de Sheryl Sandberg e iniciativas individuais de empresas destinadas a ajudar as funcionárias de alto potencial a obter mentores poderosos, as mulheres estão lenta, mas seguramente, entrando em um mundo rarefeito governado há décadas por clubes só para homens.

A evolução das estruturas de trabalho também está ajudando as mulheres líderes. Uma maior flexibilidade em todos os níveis significa que as mulheres que querem dedicar algum tempo à educação dos filhos ou aos cuidados dos pais podem fazê-lo sem abandonar completamente sua dinâmica de progressão na carreira. À medida que as equipes virtuais se tornam mais comuns, as trabalhadoras podem se beneficiar porque os preconceitos e discriminações não são tão pronunciados ou significativos fora dos ambientes pessoais. Ao longo deste livro, falamos sobre como os empregadores e líderes irão evoluir nos próximos dez a quinze anos. E quanto à organização em si? Nosso capítulo final abordará as mudanças nas estruturas organizacionais e como os líderes devem descrever e contratar para os novos tipos de empresas, bem como questões de salubridade futura, como gerenciamento de reputação em tempo real e *burnout* de funcionários.

PLANO DE AÇÃO

Responda estas perguntas hoje para estar preparado para o futuro ambiente de trabalho de 2030:
1. Que papel os profissionais millennials desempenham na sua organização hoje? Que medidas você pode tomar para criar ou melhorar sua abordagem de desenvolvimento de liderança específica para eles?
2. Que iniciativas estão atualmente em vigor para recrutar e reter a geração Z? O que você pode aprender com outras organizações que estão um passo à frente?
3. O estilo de "comando e controle" ainda é a norma em sua organização? Como poderia encorajar uma maior diplomacia e colaboração entre os líderes atuais e futuros?
4. Considere a lista de competências de liderança do século XXI oferecida neste capítulo. Como as habilidades necessárias mudaram desde que você entrou na força de trabalho?
5. Será que as estratégias de liderança transformacional como o desenvolvimento do cidadão e a holacracia funcionariam em sua organização? Por que ou por que não?
6. Você acredita que o número de líderes mulheres poderia igualar o número de líderes homens em sua organização até 2030? Que mudanças seriam necessárias para que isso acontecesse?

RESUMO DO CAPÍTULO

- A trajetória para garantir a eficácia dos millennials é diferente e mais complexa do que a que você pode ter experimentado na sua ascensão profissional. Os líderes da geração millennial em ascensão têm ideias claras sobre o tipo de experiências que irão acelerar seu desenvolvimento.

Eles gostariam de atingir um objetivo apesar dos desafios, construir uma equipe a partir do zero e ganhar experiência funcional cruzada.
- Os membros mais velhos da geração Z entraram no mercado de trabalho em 2019, e estamos em um ponto de inflexão. Se fizermos o esforço de entender o que eles querem e precisam, podemos nos guiar em conformidade, e nossas organizações de meados do século serão exatamente os lugares onde os gen Z querem trabalhar, prosperar e eventualmente liderar.
- O estilo de liderança de comando e controle está rapidamente se tornando desatualizado porque limita o engajamento e a conversa, e desestimula a autonomia e a agilidade. É também mais adequado para um ambiente estável, o que o mundo dos negócios de meados do século XXI, decididamente, não é.
- Os líderes mais bem-sucedidos da metade do século XXI possuirão competências que incluem mentalidade para servir, persuasão, flexibilidade cognitiva, pensamento divergente, sensor de dados, audácia e tolerância ao estresse e à incerteza.
- Mais organizações estão reconhecendo que as líderes mulheres fazem sentido do ponto de vista financeiro. Além do fator de lucratividade bruta, a mentoria das mulheres está explodindo. De iniciativas como Million Women Mentors aos círculos de Lean In de Sheryl Sandberg e iniciativas individuais de empresas destinadas a ajudar as funcionárias de alto potencial a obter mentores poderosos, as mulheres estão lenta, mas seguramente, entrando no mundo rarefeito governado há décadas por clubes só para homens.

9
O QUEBRA-CABEÇA ORGANIZACIONAL

Nos últimos dois meses, prestei consultoria para duas empresas globais, uma na área de informática de cuidados de saúde e outra no ramo imobiliário. Ambos os CEOs me contataram porque sentiram que estavam perdendo o controle de suas organizações. Em nossas primeiras reuniões, cada um falou bastante sobre os problemas de sua empresa. A primeira organização não conseguia determinar a forma mais eficaz de trabalhar com novos esforços de transformação digital. A segunda estava tendo problemas na identificação de um objetivo central para que os empregados pudessem se mobilizar. Ambas estavam desesperadas por conselhos porque, expondo de formas ligeiramente diferentes, estavam atoladas no caos enquanto seus concorrentes pareciam ter tudo resolvido.

Demorei algum tempo para convencer estes líderes ansiosos de que suas situações não eram tão terríveis quanto pareciam. Afinal, ambas as empresas estavam crescendo e se expandindo ativamente para novos mercados. Durante um período de grande volatilidade econômica, eles tiveram sucesso. As questões que enfrentavam eram comuns a muitas organizações que faziam a transição do antigo para o novo modo de fazer negócios, de um longo prazo já conhecido para um prazo curto e ágil. Eu disse a ambos os CEOs que o que os diferenciava da maioria das outras empresas era sua disposição de conhecer as implicações para a força de trabalho dessas mudanças radicais. Quando me procuraram e iniciaram o diálogo, estavam fazendo muito mais do que simplesmente tapar o sol com a peneira. Eles estavam lançando as bases para que suas organizações dominassem o universo empresarial de 2030. E isso foi fantástico.

Nosso último capítulo de *O profissional do amanhã* concentra-se nas peças principais do quebra-cabeça organizacional, são as peças que você deve se esforçar para encaixar a tempo enquanto as realidades da força de trabalho de 2030 crescem cada vez mais: *branding* e gestão de reputação, ética corporativa, propriedade intelectual, transformação digital e disrupção, contratação e direitos dos funcionários, e expansão global.

BRANDING

Desde os primórdios da publicidade, as empresas têm se preocupado com sua marca. E, nas últimas décadas do século XX, o *branding* consistia principalmente na criação e distribuição de uma mensagem que levaria os clientes a comprar seus produtos e serviços. A sua marca era o que você definia e o que fazia com que os clientes o escolhessem — e ficassem com você — apesar do surgimento de produtos genéricos ou novos concorrentes. A comunicação da marca era unidirecional, da empresa para o consumidor, e as mensagens não mudavam com tanta frequência.

A marca de hoje é um conceito diferente. Ainda está focada na visão e no propósito organizacional e, em grande parte, na cultura sobre a qual falamos no capítulo sete. Mas também é muito mais complicada. A marca da metade do século XXI deve ser revisitada continuamente, à medida que os consumidores dialogam com a organização e fornecem sua contribuição por meio de redes sociais em tempo real. Em um mundo onde *fake news* são publicadas todos os dias, as marcas de hoje e de amanhã devem ser autênticas. Em um mercado desorganizado, onde é fácil se perder, elas devem comunicar exatamente o que são e o que não são, e como e por que a organização pratica o que prega (porque cada movimento que você faz é visível). E é especialmente importante que os líderes reconheçam que as marcas de suas organizações devem ser consistentes interna e externamente.

Há dez anos, após um estudo da Society for Human Resource Management ter revelado que mais de 67 por cento das organizações consideram o *branding* do empregador como uma ferramenta de recrutamento estratégico para atrair os melhores talentos, e quase metade o identificou como uma das cinco principais iniciativas estratégicas, o conceito entrou no *mainstream* (Society for Human Resource Management, 2008).

O *branding* é comumente referido como as qualidades que diferenciam uma organização de seus concorrentes, que promovem uma cultura, que fornecem um tipo específico de experiência para o funcionário, e que atraem um tipo específico de trabalhador. Aqui estão três maneiras de iniciar um *branding* que irá ajudá-lo a atrair e reter talentos de meados do século XXI:

- **Mapeie uma mensagem para os seus valores**. Realize pesquisas para entender a proposição de valor do funcionário atual e faça uma pesquisa com seus stakeholders sobre sua eficácia. Refine conforme necessário para garantir que a) você está oferecendo algo significativo para o seu público principal; b) suas mensagens promovem uma forte ligação emocional entre organização e funcionário; e c) você já está entregando uma experiência que está em sintonia com a sua mensagem.

Além disso, embora cada estratégia da força de trabalho do século XXI deva ser ágil, há a necessidade de uma estratégia de *branding* em longo prazo que aborde todos os aspectos do ciclo de vida dos trabalhadores, desde o recrutamento até a demissão.

- **Comunique sua mensagem por canais apropriados**. Nas organizações que mais pensam no futuro, marketing e recursos humanos trabalham juntos para criar e disseminar a marca de uma forma que faça sentido se você é um acionista ou cliente, empregado potencial ou atual. As representações da marca aparecem em anúncios publicitários, materiais de integração, imprensa, eventos e canais on-line, incluindo LinkedIn,

Instagram, Pinterest, Slideshare e Facebook — e todos são consistentes.

Empresas inteligentes usam uma combinação de aplicativos móveis e veículos de conteúdo digital para engajar o público e treinar seus funcionários a serem embaixadores da marca, o que significa que eles compartilham conteúdo positivo da empresa em redes sociais. Com o passar dos anos, as organizações estão expressando maior confiança em seus funcionários (resultando em menos regulamentação sobre postagens) e estão desenvolvendo mecanismos para monitorar e responder às conversas sobre a marca à medida que elas ocorrem.

- **Impulsione as métricas certas.** Você provavelmente está familiarizado com métricas típicas relacionadas ao emprego, como tempo para preencher uma posição, custo por contratação, tempo para novas contratações, índices de satisfação dos candidatos e assim por diante. No entanto, marcas de empregadores verdadeiramente bem-sucedidas em meados do século XXI mapeiam diretamente para um forte desempenho organizacional e individual. Portanto, é muitas vezes prudente explorar métricas mais sofisticadas como a proporção da qualidade de contratação, os índices de contratação externa e interna, o desempenho da nova contratação e as taxas de promoção, e taxas de demissão ou rescisão do contrato de trabalho dos executivos.

Além disso, graças aos avanços na análise preditiva, você será capaz de dizer como e por que o *branding* e sua experiência global estão ressoando com um público de candidatos ou funcionários. Hoje, plataformas como o LinkedIn oferecem a capacidade de extrair dados para mostrar o número de candidatos em um segmento (por exemplo, engenheiros de TI em Berlim) com base no número de listas de empregos em cada cidade. Uma análise de dados como essa permitirá que você direcione melhor sua comunicação para atingir seu público alvo.

A GESTÃO DE REPUTAÇÃO

Antigamente o que acontecia na empresa ficava na empresa. Se um projeto em desenvolvimento era um desastre, ninguém pronunciava uma palavra fora do escritório. Se um cliente se queixava, ninguém realmente escutava, exceto talvez alguns amigos e familiares, e possivelmente um representante da empresa.

A velocidade com que as informações povoam o mundo on-line, no entanto, significa que com um movimento errado, a reputação global da sua organização pode estar instantaneamente em perigo. A ameaça tem muitas faces. Um representante de uma empresa pode fazer um comentário desagradável em uma rede social. Por meio do computador de um funcionário desprotegido, um vírus pode penetrar na sua rede e enviar dados confidenciais pela nuvem. Uma observação impensada sobre um cliente — ou uma mentira aos acionistas sobre o estado do negócio — enviado por e-mail pode cair na caixa de entrada errada e ser disseminada na mídia. Uma pessoa na rua poderia usar o telefone para gravar um incidente constrangedor de um cliente e depois postá-lo no YouTube.

Além disso, há as avaliações de sites como Yelp, Amazon, Glassdoor e o bom e velho Google. Graças a esses canais, o consumidor e o trabalhador individuais se tornaram astronomicamente poderosos. Uma única avaliação negativa no momento errado tem o potencial de derrubar um negócio, e o feedback aparece tão rapidamente e em tantos lugares que é difícil para uma empresa manter controle sobre ele. Isso é injusto? Provavelmente. Afinal, os descontentes são muito mais propensos a apresentar suas queixas on-line do que os satisfeitos, e um índice de resenhas menos que excelente resulta em um retrato distorcido da reputação geral da organização. Afinal de contas, de acordo com um artigo do "2017 Inc"., escrito por Craig Bloem, 84 por cento das pessoas confiam tanto nas críticas on-line quanto nas recomendações pessoais de um amigo (Bloem, 2017).

À medida que nos aproximamos de 2030, a importância da reputação on-line só aumenta. Agora, os exercícios de gestão de reputação são amplamente realizados em resposta a uma crise, uma vez que as informações prejudiciais se tornaram "virais". Na próxima década, porém, a maioria das organizações será proativa. A inteligência artificial e o software de rastreamento ajudarão as empresas a reprimir falsas críticas e experiências de atendimento, neutralizar comentários negativos com comentários positivos e detectar e resolver situações problemáticas mais rapidamente.

Da mesma forma, os avanços analíticos ampliarão o poder do consumidor, uma vez que as análises serão quantificadas para produzir uma classificação global que pode mudar em um segundo. Está se candidatando a um novo emprego? Seu telefone pode emitir um aviso de que uma empresa está abaixo da média em termos de "recomendação dos funcionários". Você pode optar em trocar sua escolha por certo restaurante ao receber um alerta sobre interdições do departamento de saúde. Em outras palavras, vamos viver em uma *rateocracy*, uma sociedade em que tudo será ranqueado e medido pela pontuação das análises.

Para operar de forma eficiente nesse clima, planejamento e investimento são essenciais. Os líderes devem contratar pessoal com objetivos específicos e responsabilidade pela gestão da reputação on-line. Eles devem estabelecer protocolos para gerar resenhas positivas e responder às negativas. Usando as ferramentas mais sofisticadas disponíveis, as equipes de reputação acompanharão os canais de mídia social e outros fóruns de discussão para entender o sentimento atual sobre sua organização, seus concorrentes e sua indústria.

Finalmente, como Joe Goldstein, diretor de operações da Navolutions, especulou em uma postagem recente em *The Future of Everything* [*O futuro de tudo*], de Nick Hastreiter, a ascensão da pesquisa por voz, na qual você faz suas perguntas em voz alta e obtém uma resposta, vai mudar o jogo de reputação on-line na próxima década. "Se você procurar por um encanador local usando a Alexa, Google Home ou outras tecnologias existentes, encontrará apenas um resultado. Isso significa que ou a reputação on-line terá sido considerada no resultado, ou totalmente ignorada" (Hastreiter, 2017).

Destaque
PepsiCo e a era dos *busters* de reputação de um segundo

Errar o tom é um crime? Se você perguntar ao público da internet, a resposta normalmente é sim.

A empresa global de bebidas PepsiCo pensou que estava acertando ao contratar a modelo americana Kendall Jenner para estrelar seu curta-metragem promocional, *Live for Now Moments Anthem*. No comercial, com duração de cerca de três minutos, Jenner abandona uma sessão de fotos para se juntar a um protesto de rua. Simplesmente ao aparecer e entregar uma lata de refrigerante a um dos policiais, Jenner corrige todos os erros do mundo fictício da Pepsi.

A Pepsi disse que, com o anúncio, queria encorajar o público a se unir e conversar em torno de um propósito comum. Mas errou o alvo, gravemente. Em vez disso, a implicação era que, se você estava protestando pela questão das vidas negras ou pelos direitos das mulheres, não tem que se preocupar com nada além de trazer as bebidas certas.

Dois dias após ser lançado, o vídeo no YouTube recebeu 1,6 milhões de visualizações e centenas de milhares de avaliações negativas. Todos os canais sociais estavam horrorizados com a falta de sensibilidade da Pepsi em um momento em que os ambientes de protesto estavam inflamados e muitas vezes perigosos. Ninguém defendeu a fabricante de refrigerantes. Pela primeira vez, toda a internet estava do mesmo lado. Mais rápido do que você poderia dizer "Kendall", a Pepsi retirou o anúncio e emitiu um pedido de desculpas, dizendo: "Estávamos tentando projetar uma mensagem global de unidade, paz e compreensão. Não pretendíamos minimizar qualquer questão grave" (PepsiCo, 2017). Infelizmente, o erro significa que a reputação de "descolada" da Pepsi foi atingida, e esse é o beijo da morte quando se é um fabricante de bebidas que tem como alvo os jovens. E ilustra como os líderes devem ser cuidadosos com as campanhas publicitárias, porque cada movimento que a sua empresa faz será examinado. Ainda que não possa sempre impedir os erros da organização, líder ou funcionário, você deve entender as ramificações potenciais de decisões imprudentes, e se uma for cometida, tenha um protocolo estabelecido para mitigar os danos.

ÉTICA CORPORATIVA

Até agora, o século XXI tem sido repleto de desastres de ética corporativa. Talvez você se recorde do escândalo de 2001 da Enron Corporation, em que uma empresa petrolífera americana entrou em colapso devido às práticas contábeis de alto risco. Em 2004, eu me encontrei em uma situação difícil quando a empresa onde eu trabalhava, uma desenvolvedora de software empresarial da Fortune 500, a Computer Associates, foi investigada pela Comissão de Títulos de Câmbio dos Estados Unidos por violações de práticas de vendas. Apenas alguns anos depois, vimos uma crise financeira global resultada da brincadeira precipitada dos bancos com aprovações de hipotecas.

Depois de um evento como esse, muitas pessoas têm dificuldade em confiar em entidades corporativas — e com razão. Isso significa, no entanto, que a adoção e a aplicação de práticas empresariais éticas se tornou uma das principais prioridades da liderança e provavelmente se manterá assim. Em seu fórum no ano passado, a Organização para a Cooperação e Desenvolvimento Econômico disse que os esforços até agora, incluindo um foco específico em anticorrupção e prevenção de fraudes, não foram suficientemente bons e que as empresas precisam fazer mais para criar culturas holísticas de integridade (Alter, 2016). Mas é mais fácil dizer do que fazer. Uma coisa é elaborar e promover práticas éticas quando não há nada em jogo, mas como os líderes podem aplicá-las quando são literal ou figurativamente dispendiosas? Que grupos são responsáveis por salvaguardar a ética de uma organização? Os altos executivos? Recursos humanos? Jurídico e *compliance*? E se todos devem estar envolvidos, como devem colaborar para o benefício de todos? Essas são todas perguntas sem respostas.

A segunda década do século XXI revelou vulnerabilidades. Por exemplo, o BSR, um *think tank* global sem fins lucrativos, realizou um estudo de ética no qual concluiu que pressionar os indivíduos a atingir metas de vendas elevadas — e recompensá-los sem levar em conta o comportamento ou a ética — é um fator causal significativo na corrupção. Ao fazer esforços conscientes para conter as consequências não intencionais dos sistemas de incentivos, as empresas podem melhorar suas culturas éticas. Outra questão diz respeito à função de conformidade. "A equipe de *compliance* passou a ser vista como uma função internalizada de aplicação da lei que responde à pressão externa dos reguladores governamentais e públicos, e tende a ser composta por advogados e ex-reguladores", escreve a BSR (BSR, 2017).

Como querem ficar longe de problemas com a lei e desejam manter os reguladores do governo fora da organização, as empresas aplicam internamente disposições semelhantes às da lei. Infelizmente, isso resulta no que é conhecido como *compliance* criminalizada, ou seja, tratar a conformidade como um problema a ser resolvido por meio da aplicação agressiva e do julgamento do direito penal já conhecido. Mas essa abordagem é ineficaz porque encoraja os funcionários a cerrar fileiras. Quando podem racionalizar suas ações, dizendo que estão protegendo a alta administração, é mais provável que eles demonstrem comportamento antiético ou ilegal no futuro.

Tendo em conta estas considerações, como as empresas devem ajustar suas abordagens à ética e à conformidade para serem mais eficazes em um mundo de meados do século XXI?

- Crie diretrizes éticas claras que se alinhem estreitamente à sua missão, valores e propósito e, em seguida, certifique-se de cumpri-las mesmo quando for inconveniente.
- Quando em dúvida se você está operando eticamente ou não, retorne ao foco na cultura que discutimos no capítulo sete. Procure criar um clima em que seus funcionários se sintam engajados e seguros, e em que suas perspectivas e crenças sejam valorizadas.
- As construções éticas variam de acordo com a pessoa e a cultura. Padronize seus esforços envolvendo estruturas como os padrões de desempenho IFC e o Pacto Global das Nações Unidas.
- Suponha que na cultura transparente de hoje, tudo o que você diz e faz pode eventualmente chegar ao público. Não existe algo como um e-mail confidencial.
- Analise o conjunto de habilidades de sua equipe de *compliance* e considere repensar suas responsabilidades. Incentive o diálogo contínuo entre as funções de *complaince*, RH e outras.
- Reconsidere a abordagem criminal de conformidade. "Em vez

de desenvolver programas de *compliance* que imitem o direito penal, as empresas devem concentrar seus programas nos funcionários cujos comportamentos pretende mudar", escreve Henry Engler em um recente artigo na *Reuters* sobre os esforços da Autoridade de Conduta Financeira do Reino Unido para melhor abordar as causas subjacentes à má conduta dos funcionários. "Os modelos de ciência comportamental começam estudando o indivíduo e desenvolvendo um protótipo que atenda às necessidades e o comportamento do usuário. Tal abordagem busca explorar o desejo básico das pessoas de se verem como éticas" (Engler, 2017). Muito simplesmente, em vez de impor e punir, trabalhe para persuadir.

PROPRIEDADE INTELECTUAL

De acordo com o futurista Thomas Frey, autor de *Epiphany Z: eight radical visions for transforming your future* [*Epifania Z: oito visões radicais para transformar seu futuro*], a questão sobre o futuro da propriedade intelectual (PI) será focada em pertencimento, privacidade e liberdade pois as novas tecnologias se encaixarão muito pouco no *framework* legal. Ao longo dos próximos anos, teremos que lutar com a natureza mutável do conceito de propriedade e com os seguintes fatores (Frey, 2017):
- **Aceleração das linhas do tempo.** A meia-vida da maioria dos produtos hoje em dia pode ser medida em meses e não em anos. No futuro, pode mesmo ser reduzida a dias e até mesmo horas.
- **Desmaterialização.** Em um mundo digitalizado, pouco ou nenhum material ainda pode constituir uma inovação. A inovação hoje pode ser tão pequena quanto um único *emoticon*, *hashtag* ou ideia. Amanhã, talvez seja um único byte.
- **Diminuição do tempo de valor.** No passado, a maior parte do valor de uma patente era calculada nos últimos anos da sua vigência. Graças à digitalização, a vantagem do pioneiro só dura até que os concorrentes cheguem.
- **Mudança de propriedade para titulares de licenças.** Em uma economia de partilha, a propriedade é menos valiosa do que o direito

de distribuir, o direito de vender e o direito de usar. Por exemplo, a Uber não possui veículos, o Facebook não cria conteúdo e a Alibaba não tem inventário. Precisamos reimaginar o licenciamento para essas situações.

- **Economias sem fronteiras.** À medida que as nações e as pessoas se tornarem mais conectadas, teremos de decidir o que constitui a propriedade e sobre a autoridade de quem ela reside.
- **O poder infinito das empresas de tecnologia.** Devido à falta de uma verdadeira autoridade global, empresas de tecnologia como Facebook e Google estão decidindo o que é o uso justo ou conteúdo original, e o que é pesquisável e promocional — dando-lhes a capacidade de influenciar e até mesmo controlar os mercados de dados.

Frey forneceu vários exemplos de questões de PI que, dependendo de seu setor, você pode precisar abordar e planejar. Por exemplo, mais de um trilhão de sensores pessoais irão coletar e distribuir informações ao longo da próxima década. Há pouco falamos de vestíveis de produtividade. Da mesma forma, as empresas terão o direito de controlar e utilizar automaticamente os dados provenientes dos funcionários enquanto se encontram no trabalho? Como as organizações podem impedir que as redes de sensores sejam invadidas, monitoradas ou roubadas por forças externas? Quando a interface perfeita dos dispositivos de Internet das Coisas permite que as empresas pesquisem e aprendam todos os tipos de detalhes sobre seus clientes e funcionários, a quem pertence essas informações?

Independentemente de estar trabalhando em uma empresa de marketing ou uma construtora, questões espinhosas de PI irão interferir na sua vida. Quando a impressão e a digitalização 3D se tornarem comuns, quem será o proprietário dos direitos dos nossos corpos digitalizados? "Se alguém quiser me dar um par de sapatos hiperpersonalizados de presente, ele terá acesso aos meus pés digitalizados?", ponderou Frey. "Com o advento da construção por contornos, uma forma em grande escala de impressão 3D, que elementos de uma casa impressa serão patenteáveis? Armários impressos? Paredes artísticas? Telhados solares impressos?"

Independentemente da sua indústria, disse Frey, sua organização usará cada vez mais *drones* projetados com uma ampla gama de recursos complexos, e esses recursos mudarão dramaticamente nossa compreensão de privacidade, espaço pessoal e direitos baseados em proximidade. Mas quem possui a informação recolhida pelos *drones*? As questões de PI também entram em jogo quando sua empresa cria programas usando realidade virtual e aumentada (VR, AR) e inteligência artificial (IA). Por exemplo, quem será o dono dos valiosos "dados de reação" compilados em simulações VR? As experiências de VR serão patenteáveis, passíveis de direitos autorais ou protegidas de alguma forma? Uma "entidade" IA pode ser protegida por direitos autorais, registrada, licenciada ou vendida? (Frey, 2017).

Além de responder a estas perguntas complexas, o que não pode ser feito da noite para o dia, há passos que você pode tomar para proteger as PIs atuais e futuras específicas da sua organização:

- Enfatize a segurança e a proteção de dados, educando seus funcionários e stakeholders sobre como os dados da organização devem ser armazenados e compartilhados.
- Utilize uma única plataforma tecnológica para toda a sua PI para que seja mais fácil de gerir e atualizar e para as redundâncias sejam eliminadas.
- Procure aumentar sua PI desenvolvendo as competências dos funcionários e solicitando feedback dos clientes.
- Utilize a IA, incluindo algoritmos de aprendizagem automática, para ler, analisar e requerer patentes, bem como formar equipes e compartilhar conhecimentos de uma forma que maximize a criação de novas PI.
- Resista ao desejo de ser muito reservado: construa pontes para outras organizações, compartilhando a PI e levando todos ao próximo nível. Ao utilizar um sistema de *blockchain* seguro, você pode trocar informações de forma confiável.
- Consulte advogados de PI humanas e patentes, mas insista que eles respaldem suas recomendações e conclusões com dados.

TRANSFORMAÇÃO DIGITAL E DISRUPÇÃO

Ao longo deste livro, falamos bastante sobre o impacto das novas tecnologias no local de trabalho. No entanto, ainda não discutimos como uma empresa vai de um ponto ao outro. Esse caminho é conhecido como transformação digital, ou processo de conversão de todas ou da maioria das operações de uma organização para meios on-line ou computadorizados. Na maioria das empresas, a conversão digital completa é um processo longo e, de certa forma, perturbador. Alguns colegas irão inevitavelmente lutar contra a mudança e a favor do *status quo*, e os líderes que pensam no futuro precisam de estratégias que os tragam para perto:

- **Inicie um diálogo.** Antes de tentar persuadir os colegas a saltar direto para uma iniciativa específica, ofereça um espaço seguro para discutir a modificação em geral. Faça perguntas como: "Que modificações tecnológicas você está vendo em sua empresa? O que o preocupa na implementação de novas tecnologias para os processos existentes?"
- **Participe de eventos da indústria com visão de futuro.** As sessões e conversas que você e seus colegas terão em conferências centradas na transformação e ruptura digital vão elevar o seu pensamento a outro nível. Encoraje seus colegas e funcionários a verem por si mesmos o que significa transformação digital e disrupção e o que eles podem fazer para crescer e lucrar. Os eventos apropriados podem variar de acordo com a indústria, mas alguns bons são o Tech Crunch Disrupt, World Business Forum e Fortune Growth Summit.
- **Contrate alguém de fora.** Às vezes, um líder interno pode repetir a mesma mensagem dezenas de vezes, mas ninguém realmente a escuta até que ela venha da boca de um consultor externo que é percebido como um especialista. Quando se trata de abraçar a mudança, você pode fazer mais progresso trazendo um único conselheiro ou equipe que podem oferecer uma imagem objetiva do status de transformação digital da sua empresa em comparação com o mercado maior, e podem fornecer orientação e próximos passos a serem tomados.
- **Realize análises periódicas das mudanças do mercado**. Dependendo de sua indústria, a transformação digital pode ser considerada distante, irrelevante e opcional. As empresas tendem a ser conservadoras, reativas e focadas em apagar os incêndios próximos e não aqueles que ameaçam queimar a quilômetros de distância. Use os dados de sua análise de interrupções de mercado (uma visão geral das

empresas que geram novas ameaças competitivas) para conectar os pontos para seus líderes — por que as mudanças disruptivas requerem atenção neste instante? É mais provável que alguns líderes escutem quando se fala em termos de perda de lucro ou de clientes do que "devemos realmente experimentar essa novidade".

- **Lute contra a tentação de se isolar.** Certifique-se de que a sua empresa tem um *pipeline* para receber orientação de uma variedade de fontes. Por exemplo, um conselho consultivo que reúne pessoas em diferentes papéis de diferentes áreas proporcionará uma nova perspectiva sobre a transformação digital que é impossível de se obter de outra forma. Quando se trata de compreender o caminho que seu mercado está tomando, muitas vezes você pode olhar as pistas de outras indústrias que estão um ano ou dois à frente da sua.
- **Movimento de onda.** É normal que a transformação digital ocorra em solavancos. Como líder, cabe a você instigar sua organização, talvez com um pequeno projeto ou iniciativa de cada vez. Isso irá contagiar uma pessoa ou grupo pontualmente até que sua empresa esteja de fato pronta para implementações em toda a organização.
- **Ouça seus novos empregados.** Os novos empregados são novos porque trabalhavam em outros lugares. Naquela organização, eles foram presumivelmente expostos a formas eficazes de fazer as coisas. Incentive as contratações recentes a falarem sobre onde veem as oportunidades de transformação digital e o que recomendariam que você mudasse. Além disso, solicite a opinião delas sobre o que não funcionou em suas empresas anteriores. Afinal, para cada iniciativa de mudança que é um sucesso, há muitos fracassos. Talvez você possa aprender com esses insights sem ter que cometer os mesmos erros.
- **Flexibilize sua tecnologia.** A transformação digital é difícil de ocorrer quando os sistemas informáticos existentes possuem problemas significativos de interoperabilidade, integração e programação. Confiar na infraestrutura local (hardware e assim por diante) irá atrasá-lo ainda mais na implementação de soluções digitais usando modelos móveis, de nuvem e *open source*, e as plataformas de *low* ou *no-code* que discutimos no capítulo anterior.

CONTRATAÇÃO E DIREITOS DOS TRABALHADORES

Líderes estão sempre preocupados em garantir os melhores talentos, e com o atrito interpessoal sempre à espreita, esta não é uma questão que possa ser desprezada. Assim como melhoraram nossas culturas organizacionais e a experiência geral dos funcionários, as tecnologias do século XXI nos permitem encontrar, recrutar e integrar candidatos de maneiras mais efetivas. E o mais importante, elas nos ajudam a fazer isso sem cair nas fraquezas humanas.

No capítulo três, falamos sobre preconceitos inconscientes, ou atitudes automáticas sobre gênero, idade, raça e assim por diante. Alguns exemplos de empresas e tecnologias em ascensão que veem a contratação mais do que uma ciência exata são:

- **Scoutible**. Enquanto os candidatos jogam este videogame temático de aventura, o sistema coleta milhões de pontos de dados usados para medir os vários atributos de um candidato, como habilidades de resolução de problemas e aversão ao risco. Em seguida, o sistema produz uma avaliação numérica da probabilidade dele ou dela se destacar no papel em questão. Para certas funções, como vendedores e representantes de atendimento ao cliente, a Scoutible estabeleceu métricas de linha de base que podem então ser levemente ajustadas de empregador para empregador. Para cargos com projetos de sucesso menos estabelecidos, a Scoutible trabalha com a empresa para coletar dados de trabalhadores que se destacaram em cargos iguais ou semelhantes no passado. Seus clientes atuais variam de startups a grandes corporações, incluindo empresas de tecnologia, varejistas e gestores de fundos. Para um departamento de vendas de 101 pessoas, o jogo da Scoutible previu o desempenho do trabalho com uma precisão 4,5 vezes maior que as entrevistas de emprego tradicionais.
- **GapJumpers**. O GapJumpers enfrenta o preconceito implícito — aquele que não percebemos em nós — por um processo de auditoria cega on-line. Os candidatos recebem uma tarefa relacionada ao trabalho — por exemplo, os desenvolvedores web são solicitados a criar uma página on-line — e então os gerentes de contratação avaliam a tarefa

concluída sem ver quaisquer identificadores pessoais, incluindo nome, sexo, experiência profissional ou formação educacional. De acordo com o blog da Society for Human Resource Management, o GapJumpers e clientes de organizações como a BBC e *The Guardian* têm visto um salto de sessenta por cento nos candidatos de grupos tradicionalmente sub-representados que chegam às entrevistas, em comparação com a triagem baseada em currículo (Parsi, 2017).

- **Textio.** Esta empresa criou um sistema de IA utilizado atualmente pela Nvidia, CVS e Evernote que examina quarenta milhões de listas de empregos e considera os resultados: quantas pessoas se candidataram, quanto tempo a vaga permaneceu aberta e que grupos demográficos a descrição atraiu ou não atraiu. Com base nos dados, um motor de previsão fornece feedback sobre a probabilidade de uma descrição de cargo atrair candidatos heterogêneos, juntamente a sugestões de como formular as descrições usando uma linguagem mais neutra.
- **SAP Success Factors.** A Success Factors identifica decisões-chave onde a parcialidade inconsciente pode afetar o pensamento dos gerentes sobre contratações, promoções e outros pontos-chave no ciclo de vida do funcionário. A empresa usou a IA e o aprendizado de máquina para incorporar avisos em sua tecnologia e tornar os líderes mais conscientes de suas ações.
- **ADP.** O serviço Pay Equity Explore da empresa global de folha de pagamento oferece aos líderes ferramentas para analisar os dados de remuneração dos funcionários e identificar as desigualdades. O serviço identifica potenciais disparidades salariais para grupos de trabalhadores do EEOC Protected Classes (gênero, raça/etnia, etc.). Ele também promove uma melhor compreensão das disparidades salariais entre tipos específicos de trabalhadores para determinar se é necessária uma análise adicional de outros fatores (desempenho, estabilidade, educação, etc.).
- **Unbias.io.** Muitos estudos têm mostrado que temos preconceitos baseado em nomes. Currículos e materiais de candidaturas identificados com nomes tipicamente masculinos como James têm melhores classificações do que aqueles com nomes tipicamente femininos como

Jane. Pesquisas também revelaram discriminação significativa contra nomes tipicamente afro-americanos: os nomes considerados brancos recebem cinquenta por cento mais chamadas de retorno para entrevistas (Bertrand e Mullainathan, 2003). A Unbias.io, que é uma extensão do Google Chrome, remove nomes e fotos no LinkedIn, tanto em pesquisas de contas padrão como de recrutadores e visualizações de perfis, para ajudar a reduzir os efeitos do preconceito inconsciente.

- **Blendoor.** Da mesma forma, o Blendoor captura dados de candidatos de sistemas de rastreamento existentes na empresa e/ou de quadros de trabalho on-line. Os perfis dos candidatos são "vendados" — ou exibidos sem nome, foto ou datas. O Blendoor também coleta dados demográficos EEO (do Equal Employment opportunity, o departamento para igualdade de oportunidades de emprego dos Estados Unidos) para permitir a análise de *pipeline* de talentos com base em raça, gênero, LGBTQ, idade e deficiências e descobrir parcialidades que estão acontecendo em tempo real para que os líderes possam ser responsabilizados. Várias empresas de tecnologia de alto nível, incluindo a Apple e a Intel, já estão usando essa solução.

Algumas organizações estão usando novas tecnologias para criar os próprios aplicativos de contratação internamente. Por exemplo, a Johnson & Johnson lançou recentemente uma plataforma personalizada chamada Shine, que dá aos candidatos mais transparência em todo o processo de candidatura, incluindo a capacidade de acompanhar o seu progresso em tempo real. Tomando como ponto de partida outras funções, a J&J agora está usando a métrica Net Promoter Score (por meio de pesquisas) para medir a taxa de satisfação dos candidatos durante todo o processo de procura de emprego.

De acordo com seu site, a empresa enviou questionários por e-mail a 39 mil candidatos, rastreando se eles se sentiram apoiados durante o processo, se o tempo de resposta era muito longo ou curto, e se recomendariam a empresa para amigos ou familiares. Percepções a partir dessas respostas têm definido a agenda para a estratégia de experiência do candidato da empresa para os próximos anos (Klahre, 2017).

Ao mesmo tempo em que o recrutamento e a contratação de

funcionários humanos passam por um renascimento tecnológico, muitos líderes se encontrarão na posição de precisar criar equipes híbridas humano/máquina, em resposta a problemas de negócios em tempo real. Quando os membros da equipe humana são selecionados de uma grande variedade de fontes, chamamos de reunião de talentos. O sucesso do modelo de reunião de talentos dependerá da integração de novas tecnologias, como a *blockchain*, que podem permitir a credenciação segura, privada e pré-validada de potenciais contratados.

Nos Estados Unidos, a Agência de Projetos de Pesquisa Avançada de Defesa (Defense Advanced Research Projects Agency, DARPA) está projetando sistemas humano/máquina que podem gerenciar operações militares dinâmicas e complexas. Como os regimentos de infantaria devem participar de missões que cubram o mundo tridimensional, o ciber-mundo e todo o espectro eletromagnético, humanos e máquinas inteligentes precisarão trabalhar juntos em equipes contínuas.

O programa Agile Teams (A-Teams) da DARPA está aprendendo a criar grupos de trabalho de humanos e de máquinas ideais a partir da programação de modelos matemáticos que possam prever que tipo de recurso terá melhor desempenho em que circunstâncias. Se esses modelos puderem ser generalizados para outras indústrias, as agregadoras de talentos poderiam melhorar drasticamente sua capacidade de criar as equipes mais eficientes para descobertas científicas e de medicamentos, planejamento logístico e tarefas de engenharia (em outras palavras, ambientes em que uma equipe híbrida poderia resolver problemas difíceis com muito mais eficiência do que um único humano) (DARPA, 2016).

Esse tipo de reunião de talentos também pode ter grandes implantações em sistemas de desenvolvimento ágeis atualmente em vigor. Por exemplo, o modelo FastWorks da General Electric é uma abordagem de fabricação bem-sucedida que promove ciclos de desenvolvimento rápidos de três meses, nos quais pequenas equipes humanas implantam produtos mínimos viáveis (*minimum viable products*, MVPs), testam seu apelo com os clientes, e iteram e melhoram as ofertas com base no feedback. Poderíamos facilmente imaginar ciclos ainda mais curtos e mais direcionados se as equipes humanas fossem convertidas em híbridas (NOBL Collective, 2017).

Naturalmente, mudar os modelos de emprego afeta os direitos dos trabalhadores de maneiras intrigantes. Em recente artigo no OnRec.com, Peter Cheese, CEO da CIPD, o órgão profissional de RH e desenvolvimento de pessoas do Reino Unido, comentou sobre a Taylor Review e seu potencial para governar práticas de trabalho, regulamentações e direitos modernos.

Cheese sugeriu que mudar o regulamento não é uma solução milagrosa. "As empresas têm de assumir uma maior responsabilidade pela qualidade do trabalho, pelas oportunidades de progressão e pelo tratamento justo de todos os seus trabalhadores", afirma. Suas outras sugestões incluem a aplicação das normas existentes, tornar a taxa de aprendizagem mais flexível, reforçar a supervisão do mercado de trabalho e a elaboração de relatórios, reforçar o papel da Comissão de Salários Baixos e incentivar o trabalho conjunto e a coordenação entre as instituições.

Ele recomendou que o direito a pedir horas mínimas para trabalhadores reforçará os direitos do empregado e manterá a flexibilidade, e que a implementação do novo salário mínimo nacional no Reino Unido deve ser tratado com cuidado. A governança corporativa, boa gestão, fortes relações de emprego dentro das organizações e o trabalho em estreita colaboração com os empregadores e setores de baixa remuneração são as melhores maneiras de aumentar a produtividade e qualidade do emprego (Cheese, 2017).

Destaque
O direito da França de se desconectar

O ano era 1998. Eu tinha acabado de me formar na faculdade e estava trabalhando como coordenadora de contas de nível básico em uma grande agência de relações públicas na cidade de Nova York. Trabalhava duro, mas os meus dias acabavam às seis horas da tarde quando saía do escritório. No ano seguinte, porém, o acesso Ethernet em casa tornou-se uma realidade. De repente, era esperado que eu estivesse de plantão o tempo todo. Fiquei furiosa. Sentia que não ganhava o suficiente para aquilo. Eu tinha vivenciado a liberdade de um dia de trabalho sólido de oito horas, e queria essa liberdade de volta.

Mas aquilo nunca aconteceria. Ao longo dos anos seguintes, as horas de trabalho difusas iriam se tornar tão presentes que a França — como país — sentiria a necessidade de contra-atacar. O país aprovou uma lei que limita a comunicação obrigatória dos empregados fora do horário de trabalho designado. A lei obriga organizações com mais de cinquenta empregados a iniciar negociações de "desligamento" com suas forças de trabalho. O objetivo das negociações é que todos concordem sobre os direitos dos funcionários de ignorar solicitações relacionadas ao trabalho fora das horas normais de expediente. Se o empregador e os empregados não puderem chegar a um acordo satisfatório, a organização deve publicar um documento que defina explicitamente os direitos dos empregados em relação à comunicação fora de hora.

A medida foi inicialmente introduzida por Myriam El Khomri, ministra do trabalho francesa, que leu um relatório de Bruno Mettling, diretor-geral responsável pelos recursos humanos da gigante das telecomunicações, Orange. Mettling explicou em seu relatório que uma política do "direito de se desconectar" mitigaria os riscos psicossociais de um ciclo de comunicação incessante.

Não foi uma reivindicação vazia. Um estudo publicado pelo grupo de pesquisa francês Eleas mostrou que mais de um terço dos trabalhadores franceses utilizavam seus aparelhos para trabalhar fora de hora todos os dias. Cerca de sessenta por cento dos trabalhadores eram a favor da regulamentação para esclarecer seus direitos (Agence France-Presse, 2016).

A lei do "direito de se desconectar" fez parte de um conjunto mais vasto de leis laborais introduzidas na França na primavera de 2017. O conjunto foi projetado para combater algumas das consequências negativas involuntárias das 35 horas de trabalho por semana, durante as quais a maioria dos trabalhadores franceses continuava trabalhando mesmo que o expediente "oficial" tivesse se encerrado há muito tempo. E a França não é a primeira nação a promulgar tal lei. Em 2014, o Ministério do Trabalho da Alemanha aprovou uma legislação que proíbe os gestores de telefonar ou enviar e-mails para sua equipe fora do horário de trabalho, exceto em casos de emergência (Morris, 2017). Você pode identificar imediatamente as brechas nesse caso. O que constitui uma emergência, especialmente quando se tem um chefe *workaholic*?

Leis como a da França irão certamente encorajar um melhor diálogo sobre o equilíbrio efetivo entre trabalho e vida pessoal, ou, como prefiro, sobre a integração entre trabalho e vida pessoal. Se as empresas já não podem despejar o máximo de trabalho em cima de seus funcionários independentemente do horário de trabalho, elas farão um esforço para definir suas expectativas — o que é verdadeiramente importante — e como os funcionários poderão contribuir de uma forma que será melhor para a saúde deles e da organização.

Entretanto, será que a França está condenada a perder terreno no mercado global competitivo porque sua população trabalha menos do que a de nações sem essa lei? Isso pode acontecer, mas se for o caso, acredito que o motivo não será as restrições em si, mas uma falta geral de motivação dos funcionários para obter os melhores resultados no tempo de trabalho limitado disponível para eles. E, sejamos realistas, isso não é algo que se possa impor dentro de uma empresa.

O que essa lei significa para outros países, e o que podemos aprender com as experiências da França (e da Alemanha)? Podemos começar nos fazendo as perguntas difíceis. Como cada organização pode abordar proativamente o problema do excesso de trabalho de uma forma consistente com sua cultura e requisitos de negócios? Como os gerentes podem personalizar soluções individuais enquanto ainda estabelecem limites que protegem os funcionários, que são, por exemplo, excessivamente conscientes ou obcecados pelo trabalho? Como podemos aceitar que mais horas e mais acesso não são o caminho certo para o aumento da produtividade, e como podemos chegar a ele?

EXPANSÃO GLOBAL

No capítulo um, falamos sobre como o mundo está encolhendo e a globalização é um fato. Em meados do século XXI, poucas organizações terão operações em um único país. Seja por vários locais ou por clientes distantes, a preparação para uma maior expansão internacional é essencial. Se você não tem experiência fora do seu país natal, é melhor começar devagar, talvez em um mercado semelhante (por exemplo, de uma nação ocidental para outra nação ocidental) com menos fatores complicadores, como distância significativa de viagem ou restrições comerciais. Aqui estão algumas outras coisas para se ter em mente:

- **Produtos e serviços**. Pense cuidadosamente nas suas respostas às seguintes perguntas: Que provas você tem de que os seus produtos e/ou serviços irão vender bem em um mercado estrangeiro? Sua oferta preenche o mesmo tipo de necessidade? Por que os clientes estrangeiros confiariam na sua organização em detrimento da concorrência local? Você já tem uma base de clientes internacionais? Está disposto a ajustar suas abordagens de *branding* e vendas para que elas ressoem com os clientes em seu mercado-alvo?
- **Diferenças culturais**. Antes de expandir, você precisará realizar pesquisas (pesquisa on-line, entrevistas e viagens) para entender os costumes de negócios e estilos de comunicação em seu país-alvo. Os americanos podem ser mais diretos, os chineses mais deferentes e os brasileiros mais colaborativos. As operações são frequentemente mais rápidas no Reino Unido do que na Suécia. Dependendo do mercado, acordos, negócios, interações com clientes e até mesmo um café casual podem ser tratados de formas diferentes.
- **Equipe**. Discutimos os *pools* globais de talentos no capítulo um, mas se, por exemplo, você abrir um escritório em outro país, terá de contratar uma equipe inteira. Recrutar funcionários locais com experiência de trabalho internacional e que falem a sua língua pode guiar sua entrada no novo mercado e apresentar-lhe os contatos necessários. Eles devem demonstrar entusiasmo pela sua oferta e aconselhá-lo sobre questões de tradução, fornecimento de materiais e normas de embalagem.

- **Finanças**. Novos países significam novos regulamentos, códigos fiscais e procedimentos bancários. Certifique-se de que tem um contador qualificado para manter sua organização do lado certo da lei em ambos os países.

Como outros aspectos dos negócios do século XXI, a expansão global é desafiadora. Inevitavelmente, você vai experimentar algumas tentativas e erros ao descobrir que o que funciona em Montreal não funciona necessariamente na Espanha. No entanto, com a inteligência e a equipe certas, não há limite para oportunidades de crescimento e de inovação.

PLANO DE AÇÃO

Responda estas perguntas hoje para estar preparado para o futuro ambiente de trabalho de 2030:

1. Dado o que você aprendeu neste livro, o *branding* atual da sua empresa funciona para o mundo dos negócios de amanhã? Como você poderia ajustá-lo?

2. Se você fosse confrontado com uma crise repentina de reputação que estivesse viralizando na internet, como lidaria com isso? Seus procedimentos atuais seriam eficazes?

3. Que tipo de propriedade intelectual sua organização produz? Ela está mudando? Como você a protege atualmente, e como a protegerá no futuro?

4. Quando se trata de transformação digital, sua empresa está à frente ou atrás da concorrência? Você pode assumir um compromisso pessoal para automatizar ou digitalizar um processo que, agora, depende de processos manuais?

5. Como você pode usar novas tecnologias/aplicativos para diminuir a quantidade de parcialidade em seus processos de terceirização e contratação?

6. Em que pontos seu negócio se encontra pronto para a expansão global? Se não houver oportunidades imediatas, que medidas você pode tomar para aprender proativamente sobre outros mercados?

RESUMO DO CAPÍTULO

- O *branding* na metade do século XXI deve ser revisado continuamente e ajustado à medida que os consumidores dialogam com a organização e fornecem sua contribuição por meio de redes sociais em tempo real. Em um mercado onde é fácil se perder, as empresas devem comunicar exatamente o que são e o que não são, e como e por que a organização pratica o que prega.
- Vivemos em uma *rateocracy* em que os líderes devem contratar pessoal com conhecimento específico e responsabilidade pela gestão da reputação on-line. Devem estabelecer protocolos para gerar resenhas positivas e responder às negativas. Usando as ferramentas mais sofisticadas disponíveis, as equipes de reputação devem acompanhar os canais de mídia social e outros fóruns relevantes para entender o sentimento atual sobre sua organização, seus concorrentes e sua indústria.
- Dados os acontecimentos das últimas duas décadas, as pessoas, compreensivelmente, têm dificuldade em confiar em entidades corporativas. A adoção e aplicação de práticas empresariais éticas recentemente se tornaram — e provavelmente continuarão sendo — uma grande prioridade da liderança. Os esforços até agora, incluindo um foco específico em anticorrupção e prevenção de fraudes, não foram suficientemente longe, e as organizações precisam fazer mais para criar culturas holísticas de integridade.
- Novos programas de software e aplicativos atualmente nos permitem obter, recrutar e integrar candidatos de maneiras mais eficazes. E o mais importante, eles nos ajudam a fazê-lo sem cair nas fragilidades humanas, como o preconceito inconsciente.
- Em meados do século XXI, poucas organizações operarão apenas em um país. Quer se trate de vários locais ou de clientes distantes, a preparação para a expansão internacional é essencial. Se você não tiver experiência fora do seu país de origem, é melhor começar devagar — talvez com um mercado semelhante (por exemplo, de uma nação ocidental para outra nação ocidental) com menos fatores complicadores, como distâncias significativas de viagem ou restrições comerciais.

AGRADECIMENTOS

Agradeço às equipes fantásticas de editoração, produção e marketing da Kogan Page e afiliadas por acreditarem e apoiarem este livro, incluindo Helen Kogan, Geraldine Collard, Chris Cudmore, Rachel Singleton, Courtney Dramis, Alison Middle, Ashton Bainbridge, Jaini Haria e Lori Ames.

Muito obrigada aos seguintes mentores profissionais e apoiadores: Stewart Shankman, Robert Levit, Karyn Schoenbart, Patti Johnson, Julie Friedman Steele, Richard Yonck, Erica Orange e Andrea Cale. Não conseguiria sem vocês!

REFERÊNCIAS BIBLIOGRÁFICAS

INTRODUÇÃO E CAPÍTULO UM

ADAMY, J.; OVERBERG, P. "Census Says U.S. Population Grew at Lowest Rate Since Great Depression This Year". WSG.com, 2016. Último acesso em 26 jan. 2018. Disponível em: https://www.ws.com/articles/census-says-u-s-population-grew-at-lowest-rate-since-great-depression-this- year-1482262203.

ANSELL, M. "Jobs for Life Are a Thing of the Past. Bring on Lifelong Learning". TheGuardian.com, 2016. Último acesso em 26 jan. 2018 Disponível em: https://www.theguardian.com/higher-education-network/2016/may/31/jobs-for-life-are-a-thing-of-the-past-bring-on-lifelong-learning.

BABCOCK, P. "Labor Market Shortages Are Not All the Same". SHRM.org, 2016. Último acesso em 26 jan. 2018 Disponível em: https://www.shrm.org/resourcesandtools/hr-topics/talent-acquisition/pages/labor-market- shortages-are-not-all-the-same.aspx.

BBC. "China Birth Rate Up After One-Child Rule Change". BBC.org, 2017. Último acesso em 26 jan. 2018. Disponível em: http://www.bbc.com/news/world-asia-china-38714949.

BERNSTEIN, A. "Globalization, Robots, and the Future of Work: An Interview with Jeffrey Joerres". HBR.org, 2016. Último acesso em 26 jan. 2018. Disponível em: https://hbr.org/2016/10/globalization-robots-and-the-future-of-work.

COHN, D. 10 "Demographic Trends that Are Shaping the US and the World". PewResearch.org, 2016. Último acesso em 26 jan. 2018. Disponível em: http://www.pewresearch.org/fact-tank/2016/03/31/10-demographic-trends-that-are shaping-the-u-s-and-the-world/.

DESILVER, D. "More Older Americans Are Working, and Working More than They Used To". PewResearch.org, 2016. Último acesso em 26 jan. 2018. Disponível em: http://www.pewrescarch.org/fact-tank/2016/06/20/more-older-americans-are-working-and-working-more-than-they-used-to/.

FIDELITY. "Health Care Costs for Couples in Retirement Rise to an Estimated $245,000". Fidelity.com, 2015. Último acesso em 26 jan. 2018. Disponível em: https://www.fidelity.com/about-fidelity/employer-services/health-care-costs-for-couples-retirement-rise.

KELLEY, B. "Harnessing the Global Talent Pool to Accelerate Innovation". BradenKelley.com, 2014. Último acesso em 26 jan. 2018. Disponível em: http://bradenkelley.com/Harnessing-Global-Talent-Pool-White-Paper.pdf.

KNIGHT, R. "The Right Way to Offboard a Departing Employee". HBR.org, 2016. Último acesso em 26 jan. 2018. Disponível em: https://hbr.org/2016/01/the-right-way-to-off-board-a-departing-employee.

KNOWLEDGE@WHARTON. "The Case for Phased Retirement, Knowledge". Wharton.Upenn.edu, 2016. Último acesso em 26 jan. 2018. Disponível em: http:// knowledge.wharton.upenn.edu/article/the-case-for-phased-retirement/.

LEVIT, A. "The Career Advisory Board Job Preparedness Indicator Survey". CareerAdvisoryBoard.org, 2014. Último acesso em 26 jan. 2018. Disponível em: http://www.careeradvisoryboard.org/content/dam/

dvu/www.careeradvisoryboard org/2014-JPI-Executive-Summary.pdf.
LIU, J. et al. "Global Health Workforce Labor Market Projections for 2030". Ncbi.nlm.nib.gov, 2017. Último acesso em 26 jan. 2018. Disponível em: https://www.ncbi.nlm.nih.gov/pmc/articles/PMC5291995/.
LORENZO, G. "Why Baby Boomers Refuse to Retire". FastCompany.com, 2016. Último acesso em 26 jan. 2018. Disponível em: https://www.fastcompany.com/3056475/why-baby-boomers-refuse-to-retire.
MANYIKA, J. et al. "Harnessing Automation for a Future that Works". McKinsey.com, 2017. Último acesso em 26 jan. 2018. Disponível em: https://www.mckinsey.com/global-themes/digital-disruption/harnessing-automation-for-a-future-that-works.
PARK, M. "US Fertility Rate Falls To Lowest on Record". CNN.com, 2016. Último acesso em 26 jan. 2018. Disponível em: https://www.cnn.com/2016/08/11/health/us-lowest-fertility-rate/index.html.
RAPOZA, K. "Chinese Aging Population Becoming More of a Problem". Forbes.com, 2017. Último acesso em 26 jan. 2018. Disponível em: https:// www.forbes.com/sites/kenrapoza/2017/02/21/chinas-aging--population-becoming-more-of-a-problem/H4cc2 39fe140f.
SHRM FOUNDATION/ECONOMIC INTELLIGENCE UNIT. "Engaging and Integrating a Global Workforce". SHRM.org, 2015. Último acesso em 26 jan. 2018. Disponível em: https://www.shrm.org/hr-today/news/hr-magazine/documents/3-15%20eiu%20theme% 202%20report-final.pdf.
SHOTWELL, L,; YEWDELL, A. "Tapping into the Global Talent Market". SHRM.org, 2016. Último acesso em 26 jan. 2018. Disponível em: https://www.shrm.org/hr-today/trends-and-forecasting/special-reports-and-expert-views/pages/lynn-shotwell.aspx.
SMITH, C.; TURNER, S. "The Millennial Majority Is Transforming Your Culture". Deloitte.com, 2017. Último acesso em 26 jan. 2018. Disponível em: https:// www2.deloitte.com/content/dam/Deloitte/us/Documents/about-deloitte/us-millennial-mayority-will-transform-your-culture.pdf.
STEVERMAN, B. "Having Children Can Ruin Your Retirement". Bloomberg.com, 2017. Último acesso em 26 jan. 2018. Disponível

em: https://www.bloomberg.com/news/articles/2017-09-25/having-children-can-ruin-your-retirement.

TORLONE, T. et al. "Organize Your Future with Robotic Process Automation". PwC.com, 2016. Último acesso em 26 jan. 2018. Disponível em: https://www. pwc.com/us/en/outsourcing-shared-services-centers/assets/robotics-process-automation.pdf.

TRANSAMERICA CENTER FOR RETIREMENT STUDIES. "17th Annual Transamerica Retirement Survey". TransamericaCenter.org, 2016. Último acesso em 26 jan. 2018. Disponível em: https://www.transamericacenter.org/docs/default-source/retirement-survey-of-workers/tcrs2016 sr. retirement survey of workers compendium.pdf.

UNITED NATIONS POPULATION FUND. "World Population Trends". Unfpa.org, 2017. Último acesso em 26 jan. 2018. Disponível em: http://www.unfpa.org/world-population-trends

YONCK, R. *Heart of the Machine: Our Future in a World of Artificial Emotional Intelligence.* Arcade Publishing: Nova York, 2017.

CAPÍTULO DOIS

AGENCE FRANCE-PRESSE. "Japanese Company to Start Paying Employees in Bitcoin". TheGuardian.com, 2017. Último acesso em 26 jan. 2018. Disponível em: https://www.theguardian.com/technology/2017/dec/15/japanese-company-paying-employees-bitcoin.

BLOCK, N. "On confusion about a function of consciousness". *Behavioral and Brain Sciences*, 1995. 18 (2), pp 227-87.

BRYNJOLFSSON, E.; MCAFEE, A. *The Second Machine Age: Work, progress, and prosperity in a time of brilliant technologies.* ww Norton & Company: Nova Jersey, 2014.

ENCYCLOPAEDIA BRITANNICA. "Moore's Law". Brittanica.com, 2017. Último acesso em 28 jan. 2018. Disponível em: https://www.britannica.com/topic/Moores-law.

GEISSBAUER, R. et al. "A Strategist's Guide to Industry 4.0". Strategy-Business.com, 2016. Último acesso em 28 jan. 2018. Disponível em: https://www.strategy- business.com/

article/A-Strategists-Guide-to-Industry-4.0?gko=7c4cf.

GERBERT, P. et al. "Industry 4.0: The future of productivity and growth in manufacturing industries". BSG.com, 2015. Último acesso em 28 jan. 2018. Disponível em: https://www.bcg.com/publications/2015/engineered_products_project_business_industry_4_future_productivity_growth_manufacturing_industries.aspx.

GOOGLE RE:WORK. "Wegmans: Understanding how employees value their benefits". Rework.withgoogle.com, 2017. Último acesso em 28 jan. 2018. Disponível em: https://rework.withgoogle.com/case-studies/Wegmans-conjoint-analysis/.

INTERNATIONAL FEDERATION OF ROBOTICS. "World Robotics Report". IFR.org, 2016. Último acesso em 28 jan. 2018. Disponível em: https://ifr.org/ifr-press- releases/news/world-robotics-report-2016.

KURTZWEIL, R. *The Age of Spiritual Machines*. Penguin Books: Nova York, 2000.

LOECHNER, J. "90% of Today's Data Created in Two Years". MediaPost.com, 2016. Último acesso em 28 jan. 2018. Disponível em: https://www. mediapost.com/publications/article/291358/90-of-todays-data-created-in-two-years.html.

MCKINSEY GLOBAL INSTITUTE. "The Internet of Things: Mapping the value beyond the hype". McKinsey.Com, 2015. Último acesso em 28 jan. 2018. Disponível em: https://www.mckinsey.com/-/media/McKinsey/Business%20Functions/McKinsey%20Digital/Our%20Insights/The%20Internet%20of%20Things%20The%20value%20Of%20digitizing%20the%20physical%20world/Unlocking_the_potential_of._the_Internet_of_Things_Executive summary.ashx.

MISCOVICH, P. "The Future is Automated: Here's how we can prepare for it". Weforum,org, 2017. Último acesso em 28 jan. 2018. Disponível em: https://www.weforum.org/agenda/2017/01/the-future-is-automated- here-s-how-we-can-prepare-for-it/.

NORTON, S. "CIO Explainer: What is blockchain?" wsj.com, 2016. Último acesso em 28 jan. 2018. Disponível em: https://blogs.wsj.com/cio/2016/02/02/cio-explainer-what-is-blockchain/.

OPPENHEIMER, D. "Machine Learning with Humans in the

Loop". Algorithmia.com, 2017. Último acesso em 28 jan. 2018. Disponível em: https://blog.algorithmia.com/machine-learning-with-human-in-the-loop/.

PELSTER, B.; SCHWARTZ, J. *Rewriting the Rules for the Digital Age: 2017 Deloitte Global Human Capital Trends.* Deloitte.com, 2017. Último acesso em 28 jan. 2018. Disponível em: https://www2.deloitte.com/us/en/pages/human-capital/articles/introduction-human-capital-trends.html.

STUTTAFORD, A. "Automation: There's no you in AI", NationalReview.com, 2017. Último acesso em 28 jan. 2018. Disponível em: http://www.nationalreview. com/corner/453192/automation-theres-no-you-ai.

VINGE, V. "First Word", OMNI *Magazine*, 1983. Último acesso em 28 jan. 2018. Disponível em: https://www.singularityweblog.com/when-vernor-vinge-coined-the-technological-singularity/.

YONCK, R. *Heart of the Machine: Our Future in a World of Artificial Emotional Intelligence.* Arcade Publishing: Nova York, 2017.

ZIÚHLKE, D.; GORECKY, D. "The Internet of Things Will Disrupt Manufacturing Forever, But Are You Ready?" WeForum.org, 2017. Último acesso em 28 jan. 2018. Disponível em: https://www.weforum.org/agenda/2017/01/internet-of-things-will-disrupt-manufacturing/.

CAPÍTULO TRÊS

CHANG, D. "AlphaGo and the Limits of Machine Intuition". HBR.org, 2016. Último acesso em 2 fev. 2018. Disponível em: https://hbr.org/2016/03/alphago-and-the-limits-of-machine-intuition.

COLVIN, G. *Humans Are Underrated: What high achievers know that brilliant machines never will.* Portfolio: Nova York, 2016.

DEL PRADO, G. "The Three Biggest Misconceptions About Artificial Intelligence, According to Facebook's Expert". BusinessInsider.com, 2015. Último acesso em 2 fev. 2018. Disponível em: http://www.businessinsider.com/biggest-misconceptions-about-artificial-intelligence-facebook-2015-9.

FLAUM, JP.; WINKLER, B. "Improve Your Ability to Learn". HBR.org, 2015.

Último acesso em 2 fev. 2018. Disponível em: https://hbr.org/2015/06/improve-your-ability-to-learn.

KIECHEL, W. *The Lords of Strategy: The secret intellectual history of the new corporate world*. Harvard Business Review Press: Boston, 2010.

KRUGMAN, P. "The Accidental Theorist", MIT.edu, 1997. Último acesso em 2 fev. 2018. Disponível em: http://web.mit.edu/krugman/www/hotdog.html.

LEVIT, A. "Exploring America's Tech Skills Gap and the Parallel Deficits of Applied Tech Skills and Hard Tech Skills". Career AdvisoryBoard.org, 2017. Último acesso em 2 fev. 2018. Disponível em: http://www.careeradvisoryboard.org/content/dam/dvu/www. careeradvisoryboard.org/DeVry_CAB_summary 032817-FINAL.pdf.

MEISTER, J. "Future of Work: Using gamification for human resources". Forbes.com, 2015. Último acesso em 2 fev. 2018. Disponível em: https://www.forbes.com/sites/jeannemeister/2015/03/30/future-of-work-using- gamification-for-human-resources/2/43087da981d8b.

PATEL, D. "5 Brain Training Techniques to Cultivate Your Creative Genius". Entrepreneur.com, 2017. Último acesso em 2 fev. 2018. Disponível em: https:// www.entrepreneur.com/article/294665.

ROBINSON, R. "3 Human Qualities Digital Technology Can? Replace in the Future Economy: Experience, values and judgement". Theurbantechnologist.com, 2015. Último acesso em 2 fev. 2018. Disponível em: https://theurbantechnologist.com/2015/04/12/3-human-qualities-digital-technology-cant-replace-in-the-future-economy-experience-values-and- judgement/.

SANDBERG, S. *Lean In: Women, work, and the will to lead*. Knopf: Nova York, 2013.

SHANKS, R.; SINHA, S.; THOMAS, R. "Judgment Calls". Accenture.com, 2016. Último acesso em 2 fev. 2018. Disponível em: https://www.accenture.com/us-en/insight-judgment-calls.

SHARKEY, L. and BARRETT, M. *The Future-Proof Workplace*, Wiley: Nova York, 2017.

SUSSKIND, D. and SUSSKIND, R. *The Future of the Professions*. Oxford University Press: Reino Unido, 2017.

WHYBROW, L. "The Great Onboarding ELearning Courses". eLearningIndustry.com, 2015. Último acesso em 2 fev. 2018. Disponível em: https://elearningindustry.com/great-onboarding-elearning-courses.

WILSON, J.; DAUGHERTY, P.; MORINI-BIANZINO, N. "The Jobs that Artificial Intelligence Will Create". Sloanreview.mit.edu, 2017. Último acesso em 2 fev. 2018. Disponível em: https://sloanreview.mit.edu/article/will-ai-create-as-many-jobs-as-it-eliminates/.

CAPÍTULO QUATRO

AMERICAN SOCIOLOGICAL ASSOCIATION. "Workplace Flexibility Benefits Employees". ScienceDaily.com, 2016. Último acesso em 5 fev. 2018. Disponível em: https://www.sciencedaily.com/releases/2016/01/160113133342.htm.

AUGMENT.COM. "Virtual Reality vs Augmented Reality". Augment.com, 2017. Último acesso em 5 fev. 2018. Disponível em: http://www.augment.com/blog/virtual-reality-vs-augmented-reality/.

BRODIE, C. "Welcome to Apple Park, Possibly the World's Coolest Office Building". WeForum.org, 2017. https:/Awww.weforum.org/agenda/2017/05/apple-park-coolest-office- building-in-world/.

CHOKSHI, N. "Out of the Office: More people are working remotely, survey finds". NewYorkTimes.com, 2017. Último acesso em 5 fev. 2018. Disponível em: https://www.nytimes.com/2017/02/15/us/remote-workers-work-from-home.html.

CHUNG, A. "Decoding 2030: Will the office be made irrelevant?" HuffingtonPost.com, 2016. Último acesso em 5 fev. 2018. Disponível em: https://www.huffingtonpost.com/entry/decoding-2030-will-the--office-be-made-irrelevant_us_582ab1b6e4b0852d9ec21cae.

DIAB, A. "5 Flexible Work Strategies and the Companies Thriving With Them". Buffer.com, 2016. Último acesso em 5 fev. 2018. Disponível em: https://open.buffer.com/flexible-work-strategies/.

DREYFUSS, E. "My Life As a Robot". Wired.com, 2015. Último acesso em 5 fev. 2018. Disponível em: https://www.wired.com/2015/09/my-life-as-a-robot-double-robotics-telecommuting-longread/.

GOVAERT, M. "Dutch Flexible Working Act", NortonRoseFulbright.com, 2015. Último acesso em 5 fev. 2018. Disponível em: http://www.nortonrosefulbright.com/knowledge/publications/127797/dutch-flexible-working-act.

HERMAN MILLER. "Co-Working, Swarming, and the Agile Workplace". Herman Miller.Com, 2011. Último acesso em 5 fev. 2018. Disponível em: https://www.hermanmiller.com/content/dam/hermanmiller/documents/research.summaries/wp Coworking Swarming.pdf.

HIRST, P. "Flipping the Office Telepresence Model". TechCrunch.com, 2016. Último acesso em 5 fev. 2018. Disponível em: https://techcrunch.com/2016/06/18/flipping-the-office-telepresence-model/.

HIRST, P. "Modern Workplace: How MIT is expanding its flexwork guidelines". MIT.edu, 2017. Último acesso em 5 fev. 2018. Disponível em: https://executive.mit.edu/blogpost/modern-workplace-how-mit-is--expanding-its-flex-work-guidelinest.WnptziUbPIU.

HOWINGTON, J. "How Flex Impacts Work, Making Flexwork Successful, and More News". FlexJobs.com, 2016. Último acesso em 5 fev. 2018. Disponível em: https://www.flexjobs.com/employer-blog/how-flex-impacts-work-making-flexwork-successful-news/.

HRM ASIA. "Five Ways to Measure the Productivity of Virtual Teams". HRMhrAsia.com, 2017. Último acesso em 5 fev. 2018. Disponível em: http://www. hrmasia.com/content/five-ways-measure-productivity-virtual-teams.

KNOLL. "The Rise of Co-Working". Knoll.com, 2017. Último acesso em 5 fev. 2018. Disponível em: https://www.knoll.com/knollnewsdetail/the-rise-of-co-working.

MILLER, P. *The Smart Swarm*. Avery Books: Nova York, 2011.

NEWMAN, D. "The Applications of AR/VR in the Workplace". Workforce Transformation.com, 2017. Último acesso em 5 fev. 2018. Disponível em: http://www.workforcetransformation.com/en-in/workforce-trends/the-applications-of-arvr-in-the-workplace/.

QUARTEL, R. "Cyber Agility: The next frontier". AgileAlliance.org, 2017. Último acesso em 5 fev. 2018. Disponível em: https://www.agilealliance.org/cyber-agility-the-next-frontier/.

SNEE, T. "The Key to Virtual Team Leadership? Fast Typing". UIowa. edu, 2017. Último acesso em 5 fev. 2018. Disponível em: https://now.uiowa.edu/2017/06/key-virtual-team-leadership-fast-typing.

SOCIETY FOR HUMAN RESOURCE MANAGEMENT. "Flexible Schedules: Alternative work schedule policy and procedure". SHRM.org, 2017. Último acesso em 5 fev. 2018. Disponível em: https://www.shrm.org/resourcesandtools/tools-and-samples/policies/pages/cms. 000593. aspx.

THE FUTURE HUNTERS. *Workreation* [fonte: papel impresso distribuído em um evento privado.].

ZAKRZEWSKI, C. "Virtual Reality Takes On the Videoconference". wsj.com, 2016. Último acesso em 5 fev. 2018. Disponível em: https://www.wsj.com/articles/virtual-reality-takes-on-the-videoconference-1474250761.

CAPÍTULO CINCO

BRAUN, K. "Temporary Hiring Trends in 2017 and Beyond". Career Builder.com, 2017. Último acesso em 7 fev. 2018. Disponível em: https://resources.careerbuilder.com/news-research/temporary-hiring-trends-in-2017-and-beyond.

ELLIS, J. "The Washington Post Built a Social Network for Its Freelancers to Better Match Skills to Stories". NiemanLab.org, 2015. Último acesso em 7 fev. 2018. Disponível em: http://www.niemanlab.org/2015/06/the-washington-post-built-a-social-network-for-its-freelancers-to--better- match-skills-to-stories/.

FLOWERS, A. "What Would Happen If We Just Gave People Money?". Fivethirtyeight.com, 2016. Último acesso em 7 fev. 2018. Disponível em: http:// fivethirtyeight.com/features/universal-basic-income/.

FRASE, P. *Four Futures: Life after capitalism*, Verso Books: Londres, 2016.

KATZ, L.; KRUEGER, A. "The Rise and Nature of Alternative Work Arrangements in the United States 1995-2015". Harvard.edu, 2016. Último acesso em 7 fev. 2018. Disponível em: https://scholar.harvard.edu/files/lkatz/files/katz_krueger_cws_resubmit_clean.pdf.

RASCH, R. "Your Best Workers May Not Be Your Employees". IBM.com,

2014. Último acesso em 7 fev. 2018. Disponível em: http://www-01.ibm.com/common/ssi/cgi-bin/ssialias?infotype=SA&subtype=-WH&chtmlfid=LOL14027USENHloaded.

SUSSMAN, A.; ZUMBRUN, J. "Contract Workforce Outpaces Growth in Silicon-Valley Style 'Gig' Jobs". wsj.com, 2016. Último acesso em 7 fev. 2018. Disponível em: https://www.wsj.com/articles/contract-workforce-outpaces-growth-in-silicon-valley-style-gig-jobs-1458948608.

THE FUTURE HUNTERS. *Workreation* [fonte: papel impresso distribuído em um evento privado.].

WORK MARKET. "Case Study: Tastemakers". Work Market.com, 2017. Último acesso em 7 fev. 2018. Disponível em: http://content.workmarket.com/case-study-tastemakers/.

CAPÍTULO SEIS

ANDERSON, M.; BENKO, C.; VICKBERG, S. "The Corporate Lattice". Deloitte.com, 2011. Último acesso em 19 jan. 2018. Disponível em: https://www2.deloitte.com/insights/us/en/deloitte-review/issue-8/the-corporate-lattice- rethinking-careers-in-the-changing-world-of-work.html.

ARNOLD, J. "Enhance Your HR Effectiveness with Cross-Training". SHRM.org, 2017 Último acesso em 19 jan. 2018. Disponível em: https://wwrw.shrm.org/hr-today/news/hr-magazine/0417/pages/enhance--your-hr-effectiveness-with-cross-training.aspx.

BAL, M.; JANSEN, P.; VAN KLEEF, M. "The impact of career customization on work outcomes: Boundary conditions of manager support and employee age". *Journal of Organizational Behavior*, 2015. 36 (3), pp 421-40.

CARTER, B. *2016* "Employee Engagement and Loyalty Stats". AccessPerks.com, 2016. Último acesso em 19 jan. 2018. Disponível em: https://blog.accessperks.com/2016-employee-engagement-loyalty-statistics.

CHAMBERLAIN, A. "Why Do Employees Stay? A Clear Career Path and Good Pay, For Starters". HBR.org, 2017. Último acesso em 19 jan. 2018. Disponível em: https://hbr.org/2017/03/why-do-employees--stay-a-clear-career-path-and-good-pay-for-starters.

DIZIK, A. "The Downside of Limitless Career Options". BBC.com/Capital, 2017. Último acesso em 19 jan. 2018. Disponível em: http://www.bbc.com/capital/story/20170626-the-downside-of-limitless-career-options.

FRANKEL, S. "Employers are Using Workplace Wearables to Find Out How Happy and Productive We Are". *Quartz*, 2016. Último acesso em 19 jan. 2018. Disponível em: https://qz.com/754989/employers-are-using-workplace-wearables-to-find-out-how-happy-and-productive-we-are/.

GINAC, L.; SHAW, D. "How to Use Career Paths to Support Your IT Talent in a Changing Industry." TalentGuard.com, 2017. Último acesso em 19 jan. 2018. Disponível em: https://talentguard.com/wp-content/uploads/2017/05/How-to-Use-Career-Paths-to-Support-IT-Talent.pdf.

HOFFMAN, R.; CASNOCHA, B.; YEH, C. "Tours of Duty: The new employer-employee contract". HBR.org, 2013. Último acesso em 19 jan. 2018. Disponível em: https://hbr.org/2013/06/tours-of-duty-the-new-employer-employee-compact.

NESTLÉ PURINA. "Careers", site Nestle Purina Careers, 2019. Último acesso em 19 jan. 2018. Disponível em: https://www.nestlepurinacareers.com/why-purina/.

TEELEY, M. "Raytheon Challenges High Tech Talent". TrainingMag.com, 2017. Último acesso em 19 jan. 2018. Disponível em: https://trainingmag.com/trgmag-article/raytheon-challenges-high-tech-talent.

UNITED STATES NAVY. "Career Intermission Program". Public.navy.mil, 2017. Último acesso em 19 jan. 2018. Disponível em: http:/Awww.public.navy.mil/bupers-npc/career/reservepersonnelmgmt/IRR/Pages/CIP.aspx.

CAPÍTULO SETE

BERSIN, J.; SOLOW, M.; WAKEFIELD, N. "Design Thinking: Crafting the employee experience". Deloitte.com/Insights, 2016. Último acesso em 20 jan. 2018. Disponível em: https://www2.deloitte.com/insights/us/en/focus/human-capital-trends/2016/

employee-experience-management-design-thinking.html.

BETTERWORKS. "5 Ways Setting the Right Goals will Position Your Enterprise for Success". BetterWorks.com, 2014. Último acesso em 20 jan. 2018. Disponível em: https://www.betterworks.com/articles/5-ways-setting-the-right-goals-will-position-your-enterprise-for-success/.

CAMERON, K.; QUINN, R. "About the Organizational Culture Assessment Instrument". OCAI-Online.com, 2017. Último acesso em 20 jan. 2018. Disponível em: https://www.ocai-online.com/about-the-Organizational-Culture-Assessment-Instrument-OCAI.

CASTRO, F. "The Beginner's Guide to OKR". FelipeCastro.com, 2017. Último acesso em 20 jan. 2018. Disponível em: http://felipecastro.com/en/okr/what- is-okr/.

COHAN, P. "Adobe's Stock Up 68% Since It Dumped Stack Ranking, Will Microsoft's Follow?" Forbes.com, 2013. Último acesso em 20 jan. 2018. Disponível em: https://www.forbes.com/sites/petercohan/2013/11/29/adobes-stock-up-68-since-it-dumped-stack-ranking-will-microsofts-follow/&5fafe5181bab.

DWECK, C. *Mindset: The New Psychology of Success*. Ballantine Books: Nova York, 2007.

HOTKO, B. "Rounding for Outcomes". The Studer Group, 2017. Último acesso em 20 jan. 2018. Disponível em: https://www.studergroup.com/hardwired-results/hardwired-results-01/rounding-for-outcomes.

INSTITUTE OF DESIGN AT STANFORD. "An Introduction to Design Thinking Process Guide". Stanford d.school, 2017. Último acesso em 20 Jan. 2018. Disponível em: https://dschool-old.stanford.edu/sandbox/groups/designresources/wiki/36873/attachments/74b3d/ModeGuideBOOTCAMP2010L.pdf.

KAISER ASSOCIATES. "Designing and Delivering Best-in-Class Employee Experiences Across the Talent Management Lifecycle". HR.com, 2016. Último acesso em 20 jan. 2018. Disponível em: https://www.hr.com/en?t=/network/event/attachment.supply &fileID=1467732816610.

KAPLAN, M. et al. "Shape Culture, Drive Strategy", Deloitte.com/Insights, 2016. Último acesso em 20 jan. 2018. Disponível em: https://www2.

deloitte.com/ insights/us/en/focus/human-capital-trends/2016/ impact-of-culture-on-business-strategy.html.

KING, A.; LIEDTKA, J. *Solving Problems with Design Thinking*. Columbia University Press: Nova York, 2013.

KOUBA, A. "Don't Kill Your Performance Review". SilkRoad.com, 2015. Último acesso em 20 jan. 2018. Disponível em: https://www.silkroad.com/blog/dont-kill-your-performance-review/.

SEN, A.; ALAWADHI, N. "Goodbye Annual Appraisals, IBM Says Hello to Checkpoint". *Economic Times*, 2016. Último acesso em 20 jan. 2018. Disponível em: https://tech.economictimes.indiatimes.com/news/corporate/good-bye-annual-appraisals-ibm-says-hello-to-checkpoint/50829448.

SINGH, D. *Checkpoint:* "IBM's new appraisal system". PeopleMatters. in, 2016. Último acesso em 20 jan. 2018. Disponível em: https://www.peoplematters. in/article/performance-management-systems/dilpreet-singh-on-checkpoint-ibms-new-appraisal-system-13664.

SNYDER, K. "The Abrasiveness Trap: High-achieving men and women are described differently in reviews". Fortune.com, 2014. Último acesso em 20 Jan. 2018. Disponível em: http://fortune.com/2014/08/26/performance- review-gender-bias/.

SPENCE, R. *It's Not What You Sell, It's What You Stand For*. Portfolio: Nova York, 2011.

TAYLOR, W. *Simply Brilliant: How great organizations do ordinary things in extraordinary ways*. Portfolio: Nova York, 2016.

WAKEMAN, C. *The Reality-Based Rules of the Workplace*. Jossey-Bass: Nova Jersey, 2013.

CAPÍTULO OITO

BUCKINGHAM, M.; CLIFTON, D. *Now, Discover Your Strengths*. Gallup Press: Washington, D.C., 2011.

BURG, N. *How* "A Mobile App Helped One Organization Boost Employee Engagement". Forbes.com, 2015. Último acesso em 21 jan. 2018. Disponível em: https://www.forbes.

com/sites/adp/2015/12/25/how-a-mobile-app-helped-one organization-boost-employee-engagement/8425d10217573.

CARIONE, J. "The State of Citizen Development Report". Quick Base. com, 2015. Último acesso em 21 jan. 2018. Disponível em: https://www.quickbase.com/blog/intuit-quickbase-releases-the-inaugural--2015-state-of-citizen-development-report.

EY. "New Research from the Peterson Institute for International Economics and EY Reveals Significant Correlation Between Women in Corporate Leadership and Profitability". EY.com, 2016. Último acesso em 21 jan. 2018. Disponível em: http://www.ey.com/us/en/newsroom/news-releases/news-ey-new-research-from-the-peterson-institute-for-international-economics-and-ey-reveals-significant-correlation-between-women-in-corporate-leadership-and-profitability.

GARTNER, Inc. "IT Glossary: Citizen developer". Gartner.com, 2017. Último acesso em 21 jan. 2018. Disponível em: https://Awww.gartner.com/it-glossary/citizen-developer/

GERZEMA, J.; D'ANTONIO, M. *The Athena Doctrine: How women (and the men who think like them) will rule the future.* Jossey-Bass: Nova Jersey, 2013.

GORDON, S. "Female Leaders Boost the Bottom Line". FT.com, 2017. Último acesso em 21 jan. 2018. Disponível em: https://www.ft.com/content/f88a7c58-96ff-11e7-8c5c-c8d8fa6961bb.

GRENNY, J.; MAXWELL, D. *The Behavioral Science Guys: One simple skill to curb unconscious gender bias.* YouTube.com: VitalSmarts Video, 2015. Último acesso em 21 jan. 2018. Disponível em: https://www.youtube.com/watch?v=SEHi4yauhu8.

GUZMAN, Z. "Zappos CEO Tony Hsieh on Getting Rid of Managers: What 1 wish Pd done differently". CNBC.com, 2016. Último acesso em 21 jan. 2018. Disponível em: https://www.cnbc.com/2016/09/13/zappos-ceo-tony-hsieh-the-thing-i-regret-about-getting-rid-of-managers.html.

LEVIT, A. "Make Way for Generation Z". NYT.com, 2015. Último acesso em 21 jan. 2018. Disponível em: https://www.nytimes.com/2015/03/29/jobs/make-way-for-generation-z.html.

LEVIT, A. "6 Workplace Realities Women Will Face in 2040". FastCompany.com, 2015b. Último acesso em 21 jan. 2018. Disponível em: https://www. fastcompany.com/3054373/6-workplace-realities-women-will-face-in-2040.

MEDLAND, D. "Today's Gender Reality In Statistics, Or Making Leadership Attractive To Women". Forbes.com, 2016. Último acesso em 21 jan. 2018. Disponível em: https://www.forbes.com/sites/dinamedland/2016/03/07/todays-gender-reality-in-statistics-or-making-leadership-attractive-to-women/H4d6c27f76883.

PATEL, D. "The Top 5 Traits Gen Z Looks For In Leaders". Forbes.com, 2017. Último acesso em 21 jan. 2018. Disponível em: https://www.forbes.com/sites/deeppatel/2017/08/27/the-top-5-traits-gen-z-looks-for-in-leaders/€7035ce6c609d.

SMITH, C.; TURNER, S. "The Millennial Majority Will Transform Your Culture". Deloitte University Press, 2017. Último acesso em 21 jan. 2018. Disponível em: https://www2.deloitte.com/content/dam/Deloitte/us/Documents/about-deloitte/us-millennial-mayority-will-transform-your-culture.pdf.

THE FUTURE HUNTERS. *The Rise of the NeoHUMANIC Workforce*. Fonte: folheto distribuído em evento privado da The Future Hunters, 2017.

UNIVERSUM. "Generation Z Grows Up". UniversumGlobal.com, 2015. Último acesso em 21 jan. 2018. Disponível em: https://universumglobal.com/product/generation-z-grows/

CAPÍTULO NOVE

AGENCE FRANCE-PRESSE. "French Win 'Right to Disconnect' from Out-of-Hours Work Emails". Telegraph.co.uk, 2016. Último acesso em 22 jan. 2018. Disponível em: http://www.telegraph.co.uk/news/2016/12/31/french-win-right-disconnect-out-of-hours-work-emails/.

ALTER, R. "The Economy of Influence: Integrity for inclusive growth." OECDlInsights.org, 2016. Último acesso em 22 jan. 2018. Disponível em: http://oecdinsights.org/2016/12/09/

the-economy-of-influence-integrity-for-inclusive-growth/.

BERTRAND, M.; MULLAINATHAN, S. "Are Emily and Greg More Employable than Lakisha and Jamal? A Field Experiment on Labor Market Discrimination". NBER.org, 2003. Último acesso em 22 jan. 2018. Disponível em: http://www.nber.org/papers/w9873.

BLOEM, C. "84 Percent of People Trust Online Reviews As Much As Friends. Here's How to Manage What They See". Inc.com, 2017. Último acesso em 22 jan. 2018. Disponível em: https://www.inc.com/craig-bloem/84-percent-of-people-trust-online-reviews-as-much-html.

BSR. "The Future of Business Ethics". BSR.org, 2017. Último acesso em 22 Jan. 2018. Disponível em: https://Awww.bsr.org/reports/BSR_Future_of.Business_Ethics_BSR.pdf.

CHEESE, P. "Taylor Review Has the Potential to Change the Future of Work". OnRec.com, 2017. Último acesso em 22 jan. 2018. Disponível em: http://www.onrec.com/news/news-archive/taylor-review-has-potential-to-change-the-future-of-work.

DEFENSE ADVANCED RESEARCH PROJECTS AGENCY. "Designing Agile Human-Machine Teams". Darpa.mil, 2016. Último acesso em 22 jan. 2018. Disponível em: https://www.darpa.mil/program/2016-11-28.

ENGLER, H. "Criminalized Compliance May Backfire in Quest for Better Wall Street Cultures". Reuters.com, 2017. Último acesso em 22 jan. 2018. Disponível em: https://www.reuters.com/article/bc-finreg-criminalized-compliance/criminalized-compliance-may-backfire-in--quest-for-better- wall-street-cultures-idUSKCN1AX2F4.

FREY, T. *Epiphany Z: Eight radical visions for transforming your future.* Morgan James Publishing: Virgínia, 2017.

HASTREITER, N. "What's the Future of Online Reputation Management?" FutureofEverything.io, 2016. Último acesso em 22 jan. 2018. Disponível em: http://www.futureofeverything.io/2017/06/27/online-reputation-management/.

KLAHRE, A. "3 Ways Johnson & Johnson Is Taking Talent Acquisition to the Next Level". JNJ.com, 2017. Último acesso em 22 jan. 2018. Disponível em: https://www.jnj.com/innovation/3-ways-johnson--and-johnson-is-taking-talent-acquisition-to-the-next-level.

MORRIS, D. "New French Law Bars Work Email After Hours". Fortune. com, 2017. Último acesso em 22 Jan. 2018. Disponível em: http://fortune.com/2017/01/01/french-right-to-disconnect-law/.

NOBL COLLECTIVE. "How GE Implemented FastWorks to Act More Like a Startup". Futureofwork.nobl.io, 2017. Último acesso em 22 jan. 2018. Disponível em: http://futureofwork.nobl.io/future-of-work/how-ge-implemented-fastworks-to-act-more-like-a-startup.

PARSI, N. "5 Leaders Who Are Disrupting Diversity". SHRM.org, 2017. Último acesso em 22 jan. 2018. Disponível em: https://www.shrm.org/hr-today/news/hr- magazine/0217/pages/5-leaders-who-are-disrupting-diversity.aspx.

PEPSICO. "Pepsi Statement Re Pepsi Moments Content". PepsiCo.com, 2017. Último acesso em 22 Jan. 2018. Disponível em: http://www.pepsico.com/live/pressrelease/pepsi-statement-re-pepsi-moments-content04052017.

SOCIETY FOR HUMAN RESOURCE MANAGEMENT. "The Employer Brand: A strategic tool to attract, recruit and retain talent". SHRM.org, 2008. Último acesso em 22 jan. 2018. Disponível em: https://www.shrm.org/ResourcesAndTools/tools-and-samples/hr-ga/Documents/08-0201StaffingInsert_FINAL.pdf.

Ouça este e milhares de outros livros no Ubook.
Conheça o app com o **voucher promocional de 30 dias**.

Para resgatar:
1. Acesse **ubook.com** e clique em **Planos** no menu superior.
2. Insira o código #ubk no campo **Voucher Promocional**.
3. Conclua o processo de assinatura.

Dúvidas? Envie um e-mail para contato@ubook.com

*

Acompanhe o Ubook nas redes sociais!
ubookapp ubookapp ubookapp